Jürgen Hartmann

Politische Theorie

Jürgen Hartmann

Politische Theorie

Eine kritische Einführung
für Studierende und Lehrende
der Politikwissenschaft

2. Auflage

Bibliografische Information der Deutschen Nationalbibliothek
Die Deutsche Nationalbibliothek verzeichnet diese Publikation in der
Deutschen Nationalbibliografie; detaillierte bibliografische Daten sind im Internet über
<http://dnb.d-nb.de> abrufbar.

2. Auflage 2012

Alle Rechte vorbehalten
© VS Verlag für Sozialwissenschaften | Springer Fachmedien Wiesbaden GmbH 2012

Lektorat: Frank Schindler | Verena Metzger

VS Verlag für Sozialwissenschaften ist eine Marke von Springer Fachmedien.
Springer Fachmedien ist Teil der Fachverlagsgruppe Springer Science+Business Media.
www.vs-verlag.de

Das Werk einschließlich aller seiner Teile ist urheberrechtlich geschützt. Jede Verwertung außerhalb der engen Grenzen des Urheberrechtsgesetzes ist ohne Zustimmung des Verlags unzulässig und strafbar. Das gilt insbesondere für Vervielfältigungen, Übersetzungen, Mikroverfilmungen und die Einspeicherung und Verarbeitung in elektronischen Systemen.

Die Wiedergabe von Gebrauchsnamen, Handelsnamen, Warenbezeichnungen usw. in diesem Werk berechtigt auch ohne besondere Kennzeichnung nicht zu der Annahme, dass solche Namen im Sinne der Warenzeichen- und Markenschutz-Gesetzgebung als frei zu betrachten wären und daher von jedermann benutzt werden dürften.

Umschlaggestaltung: KünkelLopka Medienentwicklung, Heidelberg
Druck und buchbinderische Verarbeitung: Ten Brink, Meppel
Gedruckt auf säurefreiem und chlorfrei gebleichtem Papier
Printed in the Netherlands

ISBN 978-3-531-18598-9

Inhalt

Einleitung 9

1 Was ist politische Theorie? George Sabine und John G. Gunnell 17
   1.1   Politische Theorie – ein Begriff, zwei Welten 17
   1.2   George Sabines Theoriebild: Fakten, Ursachen,
           Ordnungsmodell 19
   1.3   John Gunnells Theoriebezirke: Große und kleine Theorie 24

2 Die Klassiker des politischen Denkens.. 29
   2.1   Geschichte der politischen Ideen 29
   2.2   Vertrag, Verfassung, Staat: Die Fundamentalklassiker 32
   2.3   Freiheit, Volk und Verfassung... 43
   2.4   Einhegung des Volkes: die Republik 49
   2.5   Schnittmengen 52
   2.6   Philosophie und Geschichtsdenken... 52

3 Grundlagen des sozialwissenschaftlichen Theorieverständnisses 61
   3.1   Max Weber... 61
   3.2   Karl Popper 62
   3.3   Thomas Kuhn 63

4 Die Wende zur Empirie in der Politikwissenschaft 67
   4.1   Die Anfänge der Politikwissenschaft in den USA 67
   4.2   Politikforschung als Verhaltensforschung: Der
           Behavioralismus 70

5 Die Wende zur Philosophie in der politischen Theorie 81
   5.1   Der aristotelische Royalismus Straussens und Voegelins.................. 81
   5.2   Ideengeschichte als Wegemarkierung: Good guys, bad guys............ 85
   5.3   Hannah Arendts Wiederbelebung des Republikdenkens 87

6 Die staatstheoretische Debatte in Deutschland ... 91
- 6.1 Hans Kelsen ... 92
- 6.2 Carl Schmitt ... 94
- 6.3 Hermann Heller ... 97
- 6.4 Ernst Fraenkel ... 98
- 6.5 Fazit: Staatstheoretische Gegenwartsdiagnose ... 100

7 Die Großtheorien der empirischen Politikforschung: Demokratie und System ... 101
- 7.1 Theorien der Demokratie: Robert Dahl ... 101
- 7.2 Theorien des politischen Systems: David Easton und Gabriel Almond ... 109

8 Moderne politische Theorie als Fachphilosophie ... 117
- 8.1 John Rawls: Die Wiederentdeckung des politischen Vertrags ... 117
- 8.2 Robert Nozick: Libertäres Vertragsdenken ... 124
- 8.3 Kommunitarismus I: Liberaler Staat und öffentliche Tugend ... 126
- 8.4 Kommunitarismus II: Michaels Walzers vielgestaltige Gerechtigkeit ... 131
- 8.5 Jürgen Habermas: Die Rettung der Lebenswelt ... 133
- 8.6 Niklas Luhmann: Politik als Störfaktor im sozialen System ... 136
- 8.7 Agonistische Demokratie: Gesellschaftsfrieden ohne Konsens? ... 140
- 8.8 Fazit: Philosophie der modernen Demokratie ... 145

9 Die ökonomische Theorie und die Politik ... 153
- 9.1 Public choice: Die Präferenz für den Minimalstaat ... 153
- 9.2 Die ökonomische Theorie der Politik ... 159

10 Rational choice (RC): Die Präferenz als Angelpunkt politischen Handelns ... 163

11 Die Kontextualisierung des rationalen Handelns in den politikwissenschaftlichen Theorien ... 169
11.1   Die Auflösung des behavioralistischen Konsenses ... 169
11.2   Herbert Simon: Bounded rationality ... 171
11.3   James March und Johan Olsen: Institutionen ... 172
11.4   Aaron Wildavsky und Robert Putnam: Kultur ... 175
11.5   Fazit: Erklärungsvorschläge, keine politische Theorie ... 179

12   Politische Theorie als Politikwissenschaft: ein Verpackungsfehler ... 183

Literatur ... 187

Einleitung

Die politische Theorie hat ihren festen Platz im Curriculum der Politikwissenschaft, im Neuerscheinungsprogramm sozialwissenschaftlicher Verlage und last but not least im Stellenplan der größeren politikwissenschaftlichen Institute. Und doch, sucht man nach einer kurzen Beschreibung ihres Gegenstandes, gerät man leicht in Verlegenheit. Vielleicht wird man erst einmal daran erinnert, dass es da noch eine Geschichte der politischen Ideen gibt. Die einschlägige Sektion der DVPW schmückt sich mit dem Namen „politische Theorie und Ideengeschichte". Oder man stößt womöglich darauf, dass einige Autoren, die der politischen Theorie zugeordnet werden, ihr Tun inhaltlich gleichbedeutend als politische Philosophie etikettieren – wobei dann oft gar nicht so diskret herüberkommt, dass es sich hier zweifelsfrei um eine Adelsform der Auseinandersetzung mit Politik handelt. Doch es macht wenig Sinn, politische Theorie in ihrer Vieldeutigkeit im Beiwort Geschichte auffangen oder sie durch die politische Philosophie substituieren zu wollen. Gewisse Formen der wissenschaftlichen Auseinandersetzung mit Politik lassen sich weder auf die historische Betrachtung noch aufs Philosophieren ein, obgleich auch sie stark von der Beschreibung und Erklärung empirischer Phänomene abstrahieren.

Selbst wenn man der akzeptierten Selbstbezeichnung „politische Theorie" folgt, wird man nicht viel klüger: Auf der einen Seite die Beschäftigung mit philosophischen Politiktheorien, auf der anderen die den meisten Politikwissenschaftlern wohlvertraute Beschäftigung mit Institutionen, Entscheidungen und Konflikten der politischen Erfahrungswelt.[1] Der Facettenreichtum der politischen Theorie erschließt sich dem suchenden Leser freilich erst dann, wenn er eine Reihe Bücher durchblättert, Einleitungen überflogen und Inhaltsverzeichnisse konsultiert hat. Geradezu typisch für die Situation: Klaus von Beyme legte Anfang der 1990er Jahre nahezu gleichzeitig Bücher mit den Titeln „politische Theorie" und „Theorie der Politik" vor, die sich jeweils mit gänzlich verschiedenen Gegenständen, einmal mit sozialwissenschaftlichen und ein anderes Mal mit

---

[1] David Kettler: The Political Theory Question in Political Science, in: American Political Science Review, 100. Jg. (2006), S. 531-538.

philosophischen und wissenssoziologischen Theorien befassen.² Brodocz und Schaal wiederum packen beides unter der gemeinsamen Überschrift der politischen Theorie zusammen.³ Das „Oxford Handbook of Political Theory" gleicht einem Sammelcontainer, in dem sage und schreibe 46 Autoren ihre Beiträge ablegen, ohne dass auch nur etwas von dem Themenkanon aufscheint, der sich doch immerhin in den für das Studium bestimmten Übersichtswerken erkennen lässt.⁴

Da wirkt es geradezu erfrischend, dass Wolfgang Müller schon vor geraumer Zeit die Frage nach dem „wozu?" politischer Theorie aufgeworfen hat. Er präsentiert seine Antworten freilich, ohne den offenkundigen Dualismus eines eher normativen und eines eher empirischen Theorieverständnisses zu problematisieren. Immerhin gibt er den interessanten Hinweis, dass internationale Fachstandards wohl auf ein empirisches Theorieverständnis deuten.⁵ Ganz so klar ist dies denn doch leider nicht. Sonst gäbe es kaum Klärungsbedarf. Hans-Joachim Lieber publiziert ein dickleibiges Werk über politische Theorie, ohne auch nur einmal zu sagen, was er darunter versteht.⁶ Er setzt stillschweigend voraus, dass der Leser eine Abhandlung über klassische und moderne Staatstheorien erwartet.⁷ Oder der letzte Band einer von Iring Fetscher und Herfried Münkler herausgegebenen und ihresgleichen suchenden Handbuchreihe vermerkt unter den politischen Theoretikern der Gegenwart Jürgen Habermas, eher einen Philosophen als Sozialwissenschaftler.⁸ Er ignoriert aber John Rawls als den wohl bekanntesten politischen Philosophen der Gegenwart. Politische Theorie, dieser Eindruck drängt sich auf, bedarf aus Betreibersicht keiner großen Erklärung. Das Defensivbedürfnis wird aber hier und dort zu mächtig, um sich gegen Erklärun-

---

² Klaus von Beyme: Die politischen Theorien der Gegenwart. Eine Einführung, 7. Aufl., Opladen 1992; Klaus von Beyme 1991: Theorie der Politik im 20. Jahrhundert. Von der Moderne zur Postmoderne, Frankfurt/M.
³ André Brodocz und Gary S. Schaal (Hrsg.): Politische Theorien der Gegenwart, 2 Bde., 3. Aufl., Opladen 2009.
⁴ John S. Dryzek, Bonnie Honig und Anne Phillips (Hrsg.), The Oxford Handbook of Political Theory, Oxford 2006.
⁵ Wolfgang C. Müller: Politische Theorie und Ideengeschichte: Wozu?, in: Österreichische Zeitschrift für Politikwissenschaft, 23. Jg.(1994), S. 213, 223.
⁶ Hans Joachim Lieber: Politische Theorien von der Antike bis zur Gegenwart, Wiesbaden 2000.
⁷ Auch dem Verfasser dieser Zeilen geht es nicht besser. Diese Assoziation mit der politischen Theorie ist fest etabliert. Siehe Jürgen Hartmann und Bernd Meyer: Die politischen Theorien der Gegenwart, Wiesbaden 2005.
⁸ Iring Fetscher und Herfried Münkler (Hrsg.): Pipers Handbuch der politischen Ideen, 5 Bde., München 1985ff.

gen zu verschließen.⁹ Und nach dem Motto, dass Angriff immer noch die beste Art der Verteidigung ist, wird dann noch kurzerhand statuiert, dass politische Theorie und Ideengeschichte ein in immer kleinere Segmente zerbröselndes Fach zusammenhalten. Leider stimmt die Beobachtung, dass die Kästchen immer kleiner werden, in denen Politikwissenschaft stattfindet. Was jedoch die behauptete Integrationskraft der Theorie betrifft: Einspruch, Euer Ehren!¹⁰ Immerhin, die Belagerten kennen ihren Clausewitz und wissen, dass es der Angreifer viel mehr bedarf, um eine an Zahl schwächere Schar von Verteidigern zu bezwingen.

Doch ist es wirklich so wichtig, was man unter politischer Theorie versteht und ob sie in der Politikwissenschaft unter falscher Flagge segelt? Politikwissenschaft wird heute in der allgemeinen wie in der universitären Öffentlichkeit als Sozialwissenschaft wahrgenommen, als eine Disziplin, die mit Fakten und Beobachtungen arbeitet.¹¹ Ihre Themen sind der Staat, die organisierten Interessen, die Art und das Ausmaß der Staatstätigkeit, Kontroversen über die Wünschbarkeit politischer Ziele, Krieg und Frieden und nicht zuletzt die weltwirtschaftliche Dimension gesellschaftlicher Wohlfahrt.

Das Studium dieser Themen geht durchaus nicht theoriefrei vonstatten. Dabei kommen allerdings so genannte Bereichstheorien zum Zuge: Theorien kurzer und mittlerer Reichweite, die sich maximal auf ganze Gattungen politischer Phänomene konzentrieren, wie etwa die Parteien- und Parlamentarismusforschung, die Bürokratie- und Policy-Forschung sowie die zwischenstaatlichen Beziehungen. Die Theoriengebäude der politischen Philosophie sind eine andere Spezies. In dieser Differenz hat das Verständigungsproblem über politische Theorie seinen Ursprung.

Nicht allzu selten geschieht es beim Umgang der Fachwissenschaftler mit dem Begriff der politischen Theorie, dass sie so intensiv aneinander vorbeireden, dass sich der vielbemühte Dialog unter Taubstummen zu regen scheint. Anschei-

---

⁹ Hubertus Buchstein und Gerhard Göhler (Hrsg.): Politische Theorie und Politikwissenschaft, Wiesbaden 2007.
¹⁰ Grit Straßenberger und Herfried Münkler: Was das Fach zusammenhält. Die Bedeutung der politischen Theorie und Ideengeschichte für die Politikwissenschaft, in: Hubertus Buchstein und Gerhard Göhler (Hrsg.): Politische Theorie und Politikwissenschaft, Wiesbaden 2007, S. 45-79.
¹¹ Darauf stellen sich auch jüngste Rechtfertigungen der politischen Theorie als Bestandteil der Politikwissenschaft ein. Sie reagieren damit auf den kontroversen Beschluss des politikwissenschaftlichen Fachbereichs der amerikanischen Pennsylvania State University, die politische Theorie aus dem Lehrangebot zu streichen. Dazu Andrew Rehfeld: Offensive Political Theory, in: Perspectives on Politics, 8. Jg. (2010), S. 465-487.

nend steht es jedem Theorieinteressierten frei, politische Theorie nach Gusto und Bekenntnis zu umschreiben. Kein Problem für Kenner der Materie, die Richtungen, Positionen und Wissenschaftler zu verorten wissen! Doch eine schwierige Sache für all diejenigen, die sich auf die politische Theorie nicht spezialisiert haben, sondern zunächst einfach nur wissen wollen, was darunter vorzustellen ist.

Der Erkundungsversuch mag bei Eingeweihten, die in der politischen Theorie zu Hause sind, damit enden, dass sie Theorien im Hauptstrom der Politikwissenschaft, d.h. im Gegenstandsbereich der politischen Systeme, der internationalen Beziehungen und der politischen Ökonomie nicht für Theorie ansehen, weil sie sich nicht philosophisch gewanden. Umgekehrt wird die „eigentliche" politische Theorie von denen, die sich mit der Politik als gesellschaftliche Tatsache auseinandersetzen, wohl eher als fremd wahrgenommen.

Es liegt auf der Hand, dass diese Bemerkungen den Einwand provozieren, Masse sei nun mal etwas anderes als Klasse, politische Theorie sei eben anspruchsvoller als die Politikwissenschaft in den Niederungen des Beobachtens, des historischen Argumentierens und der quantitativen Analyse. Doch für die Bewertung der politischen Theorie ist die vorherrschende wirklichkeitswissenschaftliche Gegenstandsbindung keineswegs belanglos. Diese zeigt recht zuverlässig, welche Erwartungen die überwältigende Mehrzahl der Politikwissenschaftler an ihr Fach hegen, und auch, wie das Fach im Wissenschaftsbetrieb und in der Öffentlichkeit wahrgenommen wird. In dieser Perspektive rangiert die politische Theorie an der Peripherie des Fachs. Die politische Theorie und die übrige Politikwissenschaft gehen getrennte Wege.[12] Deshalb ist es unerlässlich, den Ursachen auf den Grund zu gehen. Und diese Ursachen deuten auf die Entwicklungsgeschichte der Politikwissenschaft.

Die Politikwissenschaft bietet das Bild eines Compositum mixtum. Außer einer vagen Identifikation mit Konzepten wie Macht, Legitimität und Interesse gleicht sie einer Ansammlung von Schwerpunkten, Methoden und Begrifflichkeiten. Das eingetragene Markenzeichen der politischen Theorie stiftet vor diesem Hintergrund Verwirrung. Es kann so verstanden werden, als sei im Fach Theorie allein unter diesem Gütesiegel anzutreffen. Gäbe es eine Konvention, nicht nur von politischer Theorie, sondern auch von politikwissenschaftlicher Theorie zu sprechen, wäre vieles klarer.

---

[12] Ian Shapiro: Problems, Methods, and Theories: What's Wrong with Political Science and What to Do about It, in: Stephen K. White und J. Donald Moon (Hrsg.), What Is Political Theory?, London, Thousand Oaks and New Delhi 2004, S. 193f.

Einleitung

Die Hinführung auf das Thema dieses Buches erreicht an dieser Stelle einen kritischen Punkt. Wem die scheinbare Beliebigkeit politischer Theorie schon immer schwante, wird sich in seiner Reserve bestätigt fühlen und fragen, warum dazu eigens noch ein Buch gelesen werden soll. Der Autor hofft, in diesem Fall helfen zu können. Wer aber ohnehin davon überzeugt ist, das Tun der meisten Politikwissenschaftler teile die Eigenschaften des Handwerks, irgendwie nützlich, zumindest für die Legitimation von Studiengängen und Stellenplänen, aber bei weitem nicht so erhaben wie die Auseinandersetzung mit politischer Theorie, wird nicht gerade hier zur besseren Einsicht finden.

Der fachliche Konsens, die politische Philosophie nicht aus der Politikwissenschaft auszuklammern, sondern sie als politische Theorie gelten zu lassen, liegt an der Wurzel aller Unklarheit über den Status der Theorie in der Disziplin. Denn bei aller Ausfaserung des Fachs hat sich doch immerhin eine Grobgliederung in die vier Schwerpunktbereiche politische Theorie, amerikanische bzw. variierend nach Standort, deutsche oder britische Innenpolitik, Vergleich politischer Systeme und Internationale Beziehungen gehalten.[13] Wo sich die Theoriebildung nicht in den Bahnen der auf die Bobachtung gestützten Sozialwissenschaft vollzieht, soll im Folgenden deshalb von politischer Theorie im Sinne philosophischer Reflexion die Rede sein.

Theorie hat in jeder Wissenschaft den Ruf einer ernsten und schwierigen Sache – die Krone jeder Disziplin! Für die politische Theorie gilt dies nicht. Die Politikwissenschaft insgesamt ist wie auch die verwandte Soziologie eine Wirklichkeitswissenschaft. Die meisten Studierenden der Politikwissenschaft wie auch der überwiegende Teil des Lehr- und Forschungspersonals kennen die politische Theorie lediglich aus flüchtigen Begegnungen im Studium und im Prüfungsgeschehen. Die Theorien, die in das Wissen und die Fertigkeiten einfließen, die im Studium vermittelt werden, beziehen sich in aller Regel auf konkrete Forschungs- und Gegenstandsbereiche.

Die Vertreter des Teilgebiets der politischen Theorie indes betreiben eine so hohe Auflösung politischer Probleme in philosophische Dilemmata, dass es selbst mit einer guten fachwissenschaftlichen Ausbildung schwer fällt, auch nur sprachlich mitzuhalten. Die Schwelle für philosophisch nicht vorgebildete Politikwissenschaftler, sich auf die fachfremde Argumentationsebene überhaupt einzulassen, dürfte recht hoch liegen. Leider erwächst aus der Kommunikationsbarriere allzu selten der Wunsch, der politischen Theorie einige Fragen zu stellen, die bei

---

[13] Timothy V. Kaufman-Osborne: Dividing the Domain of Political Science: On the Fetishism of Subfields, in: Polity, 38. Jg. (2006), S. 44ff.

einer nach eigenem Bekenntnis politikwissenschaftlichen Subdisziplin erlaubt sein müssen:

- Wie hält es diese Art der politischen Theorie mit Politikmodellen, die zwar aus der engen Ereignis- und Geschichtsbindung der politikwissenschaftlichen Gegenstandsbereiche heraustreten, aber mit Philosophie nichts im Sinn haben?
- Warum werden die philosophischen politischen Theorien eigentlich so selten mit kritischen Kontrollfragen behelligt, wie sie im Fach gang und gäbe sind? Welchen Erklärungswert dürfen sie beanspruchen?

Auch die politische Theorie muss es sich gefallen lassen, nach dem Maßstab der Wirklichkeitswissenschaft beurteilt zu werden, hier also der Politikwissenschaft, in der sie institutionell, d.h. mit ihren Stellen, Etats, Studienplänen und Studierenden beheimatet ist.

Die andere, empirisch orientierte Theorie in der Politikwissenschaft ist ein Produkt des letzten halben Jahrhunderts. Sie entstand als Nebenprodukt der so genannten behavioralistischen Revolte in der amerikanischen Politikwissenschaft. Die Generalparole des Behavioralismus, auf den in diesem Band ausführlich einzugehen sein wird, war die Abkehr vom Formalismus und Normativismus der herkömmlichen Politikwissenschaft. Daten, Methoden und Beobachtung waren die Kernpunkte dieses Aufstands gegen die damalige fachliche Tradition. Theoretisch war der Behavioralismus uninteressiert, ja unbedarft.

Die Bandbreite der Theorien, die mit der Wende zur methodengestützten Beobachtung in der Politikwissenschaft heimisch wurden, reicht von der mathematischen Spieltheorie über die Mikroökonomie bis hin zu anthropologischen und soziologischen Theorien.

Diese neue Epoche der Disziplingeschichte war für die Entwicklung der politischen Theorie wichtig. Der Behavioralismus schleuste die Theorieproduktion im Fach auf das philosophiefremde und der Beobachtung zugängliche Terrain der Erforschung politischer Systeme, der internationalen Politik, der politischen Verwaltung und der Public policies (Politikfelder) herunter.

Eine Auseinandersetzung mit den Theorievarianten in der Politikwissenschaft darf nicht darauf verzichten, auf die alten Theorien der Politik einzugehen. Sie verkörpern das politische Denken vor der Politikbetrachtung im modernen Universitätsbetrieb. Wenn auch in philosophischer Sprache dargeboten, sind diese Theorien eine andere Spezies als die Gedanken, die das tägliche Brot der heutigen Fachphilosophie sind. Mit ihr befasst sich in der Politikwissenschaft die

Einleitung

Geschichte politischer Ideen. Die Ideengeschichte ist philosophisch nicht ambitioniert. Sie setzt sich mit dem historischen und soziologischen Kontext der Klassiker auseinander. Weil diese Klassiker in den Horizonten ihrer Epoche etwas über das wirkliche Leben, hier also über die Bewegkräfte der Politik mitteilen wollten, ist die Ideengeschichte nicht nur für den Hauptstrom der modernen Politikwissenschaft, sondern auch für die moderne politische Theorie wichtig – für Letztere deshalb, weil auch sie häufig an die Denker der Vergangenheit anknüpft.

Die Politikwissenschaft insgesamt erhält wichtige Impulse aus dem US-amerikanischen Zweig der Disziplin. Dessen ungeachtet hat sie daneben ein weiteres, nationales Profil. In Deutschland etwa hat sie zahlreiche Berührungspunkte mit der rechtswissenschaftlichen Staats- und Verfassungslehre; die britische Politikwissenschaft glänzt mit großen Ideengeschichtlern. Anderswo, etwa in Frankreich, wird die politische Theorie der Soziologie und Fachphilosophie überlassen.

Die politische Theorie ist ein akademisches Business, wie andere Teildisziplinen, etwa die internationalen Beziehungen, auch. Es wird von zahlreichen Stakeholders betrieben, die ihre Foren brauchen und einander zitieren.[14] Das Geschäft mit der politischen Theorie läuft glänzend. Wie Ruth Grant feststellt, verzeichnete die politische Theorie an den Political Science Departments US-amerikanischer Universitäten ein stärkeres Wachstum als die Philosophy Departments. Vier Fünftel aller gewerbsmäßigen Politiktheoretiker sind dort organisatorisch in der Politikwissenschaft beheimatet.[15] In Anbetracht des Gewichts der amerikanischen Fachvertreter in der internationalen Politikwissenschaft und ihrer Trend setzenden Kraft, dazu das schiere Volumen der Buchveröffentlichungen und einschlägigen Periodika, bleibt es nicht aus, dass überall, wo Politikwissenschaft getrieben wird, Sozialwissenschaft auf Philosophie stößt und auf beiden Seiten Fremdheitsempfindungen aufkommen.

Theorien der internationalen Politik werden in diesem Buch nicht berücksichtigt. Der Grund: Bei allen Unterschieden haben die politikphilosophischen und die politiksoziologischen bzw. politikwissenschaftlichen Theorien doch eines gemeinsam: Sie befassen sich mit einem Phänomen, das als Staat oder politisches System geläufig ist. Dieses Gebilde hat eine demokratisch legitimierte Regierung oder auch nicht. Es schützt die Menschenrechte oder es tritt sie mit Füßen, es ist innovationsfreudig oder starr. Kurz: Es besitzt eine Struktur, die im Auftrag der

---

[14] Vincent Andrew: The Nature of Political Theory, Oxford und New York 1999, S. 27.
[15] Ruth W. Grant: Political Theory, Political Science, and Politics, in: Stephen K. White und J. Donald Moon (Hrsg.), What Is Political Theory?, London, Thousand Oaks und New Delhi 2004, S. 174.

Gesellschaft oder eines Teils der Gesellschaft Herrschaft ausübt und das Gewollte gegebenenfalls erzwingt.

Die internationalen Beziehungen sind heutzutage zwar in hohem Maße verrechtlicht, und sie vollziehen sich auch stärker als jemals zuvor in der neueren Geschichte kooperativ. Doch sie ereignen sich in einer Staaten- oder genauer: in einer Regierungswelt, mag die internationale Wirtschaftswelt auch immer stärker in diese Welt eindringen. Erst allmählich erreichen die Probleme der internationalen Beziehungen auch die politische Theorie.[16] Diese Entwicklung soll im Folgenden jedoch kein Thema sein.

---

[16] Dazu weiterführend Gert Krell: Weltbilder und Weltordnung. Eine Einführung in die Theorie der internationalen Beziehungen, 4. Aufl., Baden-Baden 2009, stellenweise mit Bezug auf die Klassiker des politischen Denkens und politikwissenschaftliche Theorien auch Jürgen Hartmann: Internationale Beziehungen, 2. Aufl., Wiesbaden 2009, S. 21-72.

1 Was ist politische Theorie? George Sabine und John G. Gunnell

1.1 Politische Theorie – ein Begriff, zwei Welten

Wissenschaftliche Theorien verbinden Aussagen über empirisch belegte Gesetzmäßigkeiten. Die Naturwissenschaften heben so gut wie ausschließlich auf die Beweis- oder Widerlegungsstrategie der Messung und des Experiments ab, die Soziologie bedient sich darüber hinaus der qualifizierenden Beobachtung und die Politikwissenschaft schließlich noch des historischen Arguments. Maßgeblich für dieses Theorieverständnis ist, wie es Karl Popper eingängig und wirkungsmächtig dargestellt hat, die Fundierung wissenschaftlicher Theorien in Tatsachen, über die vernünftige Menschen schwerlich streiten können.[1]

Auf Theorien, die Ausschnitte der politischen Erfahrungs- und Verhaltenswelt zu erklären und zu verstehen beanspruchen, wurde griffig der Begriff der Bereichstheorien – auch Theorien mittlerer Reichweite genannt – gemünzt.[2] Beispiele sind Parteientheorien, Theorien der Verbände, der Bürokratien, des Wählerverhaltens und des Politikzyklus. Diese Theorien heben auf die Verknüpfung von Ursache und Wirkung ab. Es geht um die Entzifferung einer komplexen Realität. Der typische Darstellungsmodus sind Modelle. Man mag sie als vereinfachende Bilder verstehen, die bestimmte Merkmale und Zusammenhänge herausheben, andere jedoch vernachlässigen.

Es ist zur kuriosen Konvention geworden, dass Theorien ohne diese Gegenstandsbindung gemeint sind, wenn von politischen Theorien die Rede ist. Illustrieren wir die Eigenart dieser Theorien kurz an einem philosophisch denkbar wenig ambitionierten Beispiel:

Die ökonomische Theorie der Politik operiert mit der Annahme, dass Individuen auch in der Politik stets ihren persönlichen Vorteil verfolgen. Dabei blendet sie historische und gesellschaftliche Kontexte aus. Ihre Annahme lässt sich

---

[1] Karl Popper: Logik der Forschung, Tübingen 1969 (Erstausg.1934).
[2] Jürgen W. Falter und Gerhard Göhler: Politische Theorie. Entwicklung und gegenwärtiges Erscheinungsbild, in: Politische Vierteljahresschrift, 17. Jg. (1986), S. 123f.

auf Institutionen, Verhandlungssituationen, politische Beteiligung, das Gefühlsleben und den Nutzen einer Politik für den Geldbeutel anwenden. So ist der Mensch nun einmal, ein unermüdlicher Kalkulator, ob nun als Kunde im Technischen Kaufhaus, in der Wahlkabine oder vor der Entscheidung, aus einer politischen Partei auszutreten! Wir erkennen in diesem Beispiel, das im Folgenden näher zu erörtern sein wird, dass die politische Theorie ein Menschenbild braucht. Politik läuft so und nicht anders ab, weil der Mensch so beschaffen ist.

Die ökonomische Theorie der Politik müsste, um bei diesem Beispiel zu bleiben, aufgegeben werden, wenn ihr Mal um Mal nachgewiesen werden könnte, dass sie lediglich einen nicht allzu bedeutsamen Teilaspekt des politischen Handelns trifft. Der Homo oeconomicus, ihr Menschenbild, ist ein analytischer Fixpunkt für die Betrachtung der Welt. Seine Wurzeln hat er in der Überzeugung, dass sich Menschen rational verhalten, wenn sie unablässig Kosten- und Vorteilserwartungen durchspielen.

Das Vorurteil, die Überzeugung und die Lebensphilosophie, ja auch schlicht und einfach Bequemlichkeit finden in diesem Menschenbild keinen Platz. Dabei mögen sich Menschen durchaus berechnend verhalten, wenn sie an Gewohnheiten und Überzeugungen hängen. Aber sie schlagen Optionen aus und sie wählen Abkürzungen, um zu einer baldigen Entscheidung zu kommen; sie geben dem Gewohnten den Vorzug oder sie lassen ihrem Temperament die Zügel schießen. Menschenbilder, die dem Rechnung tragen, sind sperriger als der Mensch in der ökonomischen Theorie. Die genannten Eigenschaften sind Bestandteil der persönlichen und sozialen Identität. Deshalb sind Kultur-, Milieu- oder Klassentheorien per definitionem kontextfreundlicher als schlanke, rationalistische Theorien. Der Kontext lässt dem Einzelnen, der stets auf seinen Vorteil blickt, Raum, aber er bettet seine Wünsche und die Macht seines Willens in Verhältnisse ein, die sich seiner Kontrolle entziehen. Weder die eine noch die andere, weder die schlanke noch die dichte Theorie ist als solche „falsch". Jede trifft einen Ausschnitt der komplexen politischen Wirklichkeit.

Ganz anders verhält es sich mit den Metatheorien der Politik. Hier geht es nicht um Verhaltensanreize und um gesellschaftlich gesetzte Grenzen, sondern um Werte, insbesondere um Freiheit und Gerechtigkeit, sprich: um die Verwirklichung von Lebensplänen. Damit sich die Individuen im legitimen Streben nach privatem Glück, beruflichem Erfolg und einer guten Zukunft für ihre Kinder nicht ins Gehege kommen, braucht es eine politische Ordnung, den Staat. Er garantiert Chancen, kommuniziert mit den Bürgern und geht im Rahmen des Möglichen und Vernünftigen auf ihre Vorstellungen ein, kurz: Wir haben es mit einer Instanz zu tun, welche die Pluralität der Überzeugungen und Interessen koordiniert. Diese Ordnung darf den Bürgern aber nicht aufoktroyiert werden, sie muss ihren freien Willen ausdrücken.³

Die Theoriespezies, die sich diesem Anliegen begründungsfähiger und -bedürftiger Anliegen widmet, analysiert Staat und Politik nicht, sie konstruiert. Und dieses Konstruieren folgt den Regeln der Stimmigkeit. Auch hier verhält es sich so, dass die Theoretiker ihr Vorhaben von verschiedenen Standpunkten her angehen. Statt des Einzelnen mag das Ganze (Gemeinwohl) der Staatskonstruktion gewählt werden. Dann ist der Staat nicht bloß Moderator oder Koordinator, sondern selbst ein Zweck, dessen Erfüllung dem Einzelnen Genugtuung und Lebenssinn verschafft.

Wir haben es hier mit Philosophen zu tun, die sich in der Art des Philosophen mit Politik auseinandersetzen. Ihr Treiben ist für die Politikwissenschaft durchaus relevant, mögen diese Philosophen auch selbst, was der Regelfall ist, die Erkenntnisse der Politikforschung gar nicht oder bloß flüchtig zur Kenntnis nehmen. Relevant ist dieses Denken für die Politikwissenschaft deshalb, weil die Impulse für ihre Fragen und Erörterungen letztlich aus der Lebenswirklichkeit kommen, und diese ist ja nun einmal auch von Moral und Ethik bestimmt. Diese Wirklichkeit wird in der politischen Theorie nur eben im philosophischen Gestus aufgenommen und auf Fragestellungen zugespitzt, die sich philosophisch bearbeiten lassen. Damit gerät die Reflexion über Politik abstrakter, aber auch grundsätzlicher als in der beobachtenden Sozialwissenschaft. Probleme geraten in den Blick wie das Verhältnis von Freiheit und Gleichheit sowie kultureller Pluralismus und Staatlichkeit. Einige Abstraktionsstufen darunter setzen sich empirisch arbeitende Politikwissenschaft mit denselben Fragen auseinander, hier aber mit der Absicht, eine Realität zu beschreiben und zu erklären.

1.2 George Sabines Theoriebild: Fakten, Ursachen, Ordnungsmodell

An Versuchen, sich auf ein Verständnis von Theorie zu einigen, das von Vertretern beider Spezies, der philosophischen wie der empirischen, akzeptiert werden könnte, herrscht ein beredter Mangel. Die Abgrenzung der politischen Theorie von der Ideologie ist wohl konsensfähig. Sie hilft hier jedoch nicht weiter, weil sie nichts zur Ortsbestimmung der sozialwissenschaftlichen Politiktheorie beisteu-

---

³ Isaiah Berlin: Does Political Theory Still Exist?, in: Ders., Concepts and Categories: Philosophical Essays, hrsg. Von Henry Hardy, London 1978, S. 148.

ert.[4] Das Sowohl-als-auch bei den Beschreibungen der politischen Theorie überlagert die wenigen klaren, wohlüberlegten Festlegungen.[5] Unter diesen verdienen zwei besondere Beachtung.

George H. Sabine, Mentor der politischen Ideengeschichte, definierte im ersten Aufsatz des gerade erst gegründeten „Journal of Politics" eine politische Theorie durch

- Faktenaussagen über die historische Situation, in der sie entstanden ist,
- Kausalaussagen über das wahrscheinliche Auftreten bestimmter Folgen beim Vorliegen bestimmter Voraussetzungen und
- die Vorstellung einer erstrebenswerten politischen Ordnung.[6]

In den empirischen Bezug, den Erklärungsanspruch und den normativen Gehalt politischer Theorie mag spontan eine frühe Vorwegnahme des heute vorherrschenden sozialwissenschaftlichen Theorieverständnisses hineingedeutet werden. Bei näherem Hinsehen wird deutlich, dass dieses Verständnis von Sabine nicht gemeint sein kann. Ihm schweben noch keine sozialwissenschaftlichen Theoriebilder vor. Er hat etwas anderes im Sinn: die Werke der ideengeschichtlichen Klassiker bzw. die historischen politischen Theorien. Von Machiavelli bis Marx lassen sich eine analytische und eine werthafte Seite ihrer Überlegungen nachweisen. Dennoch nimmt dieses Buch Sabines drei Kriterien als roten Faden, um die im Folgenden referierten Theorien auf ihre Brauchbarkeit zu prüfen. Denn Sabine dachte an Aristoteles, Machiavelli, Hobbes, Locke und Rousseau, an klassische Theorien, nicht an Fachphilosophie, wie sie heute unter der Flagge der politischen Theorie betrieben wird – an Theorien also, die nach den tragenden Gründen für die reale Politik und den realen Staat fragen.

Andrew Hacker, ein weiterer bekannter Theoretiker alter Schule, meint mit seiner Unterscheidung von politischer Theorie und politischer Philosophie das Gleiche. Letzterer weist er das Ressort normativer und präskriptiver Aussagen zu. Den Theoriebegriff aber reserviert er zum einen weniger scharf für abstrakte

---

[4] Klaus von Beyme: Politische Theorien im Zeitalter der Ideologien 1789-1945, Opladen 2002.
[5] Klaus von Beyme: Theorie der Politik im 20. Jahrhundert. Von der Moderne zur Postmoderne, Frankfurt/M. 1991, S.9; Wolf-Dieter Narr: Theoriebegriffe und Systemtheorie. Einführung in die moderne politische Theorie, 2. Aufl., Stuttgart 1971, S. 41ff.
[6] George H. Sabine: What Is a Political Theory?, in: Journal of Politics, 1. Jg. (1939), S. 5f.

1.2 George Sabines Theoriebild: Fakten, Ursachen, Ordnungsmodell

Aussagen über die politische Wirklichkeit und zum anderen für die Kombination von Faktenaussagen und Wertepostulaten.[7]

Sabine führt das normative Kriterium in den Theoriebegriff ein, um die Zustandsdiagnose und die Kausalitätsaussage noch um eine Zieldimension zu ergänzen, die dem politischen Handeln Orientierung gibt.[8] Fortschrittliche Denker wollen die Spannung zwischen Ist-Zustand und Norm durch die Bewegung auf einen besseren Zustand hin abbauen. Andere, konservative Klassiker wehren Veränderung mit der Rechtfertigung und Stabilisierung eines bedrohten Status quo ab. Hacker ist der normative Gehalt einer Theorie gar so wichtig, dass er es ablehnt, den allein auf empirische Bewährung angelegten Theorien überhaupt Theoriefähigkeit zuzubilligen.[9]

Eines zeigen schon diese knappen Erläuterungen. Theorien, wie sie heute in den verschiedensten Sparten der Politikwissenschaft heimisch sind, konnte Sabine nicht gemeint haben: Weder schlicht erklärende Theorie noch luftige philosophische Konstruktion, die auf die Boden-, hier besser: auf die Geschichts- und Gesellschaftshaftung verzichtet.

Die blanke Parteinahme für politische Ideale oder Utopien wird wissenschaftlich nicht mehr akzeptiert, ob man dies nun beklagt oder nicht. Der fachliche Konsens über das, was eine politikwissenschaftliche Theorie leisten soll, verlangt entweder empirisch belegbare Beweis- und Erklärungskraft oder philosophische Begründungsfähigkeit.

Noch ein weiterer Unterschied trennt Sabines Theoriekonzept vom heute üblichen Verständnis: Die Klassiker vergangener Jahrhunderte schrieben für die Gebildeten und Mächtigen ihrer Gesellschaften. Sie leisteten mit sprachmächtigen Bildern, treffenden Beobachtungen und empirieferner Zuspitzung Überzeugungsarbeit. Sabine schreibt der politischen Theorie, bei der ihm diese Klassiker vor Augen stehen, die pädagogische Absicht zu, Wirkung zu erzielen, und damit hat er wohl Recht.

Noch vor anderthalb Jahrhunderten war Politik das Geschäft weniger Privilegierter. Rousseau mochte schon große Resonanz erzeugen, wenn er in den Pariser Salons diskutiert wurde. Ein Burke mochte mit seinen Unterhausreden die Parteikollegen in den Reihen der Whigs ihre Sympathien für den Antiroyalismus im revolutionären Frankreich überdenken lassen.

---

[7] Andrew Hacker: Political Theory: Philosophy, Ideology, Science, New York 1961, S. 2f.
[8] Sabine, What Is a Political Theory?, S. 6f., 10.
[9] Hacker, Political Theory, S. 3f.

Aber die Vorstellung, dass ein gelernter Politikwissenschaftler wie Herbert A. Simon, der sich auf die goldenen Auen der Ökonomie verirrt und dort die höchsten Weihen – den Nobelpreis – empfangen hat, Politikern und Medienmoguln nun sein Denken über eine bessere Welt andienen wollte, um aus dem Jammertal der real existierenden Gesellschaft herauszufinden, ist zu absurd, um auch nur flüchtige Heiterkeit auszulösen. Die meisten müssten erst einmal eine Weile rätseln, um den Namen überhaupt unterzubringen.

Sabine, damit mag der Punkt abgeschlossen sein, resümiert die politische Theorie der vorszientistischen Epoche in der Politikwissenschaft. Aber weil die alten Denker, die er vor Augen hat, durchaus die Welt erklären, nicht nur eine neue, bessere Welt erdenken wollten, taugt sein Tatsachen- und Ursachenpostulat um nichts weniger für die Bewertung moderner politischer Theorien.

Bernard Crick zieht – ähnlich wie Hacker – eine Grenze zwischen politischer Theorie und politischer Philosophie. Damals ein bekannter Kritiker der behavioralistischen Umwälzung in der amerikanischen Politikwissenschaft (1959),[10] leistet Crick gleichwohl eine Standortbestimmung der politischen Theorie, die der Beobachtung der politischen Wirklichkeit den schlechthin zentralen Rang beimisst. Der politischen Theorie hält er die Political opinion entgegen, die politischen Alltagsmeinung. Sie spielt für die Annäherung an die Theorie aber keine Rolle.

Politische Theorie umschreibt Crick als den Versuch, mit allgemeinen Aussagen spezifische politische Tatsachen zu erklären. Dabei muss sie unbeschadet ihrer Reichweite und ihrer Abstraktionshöhe stets den Faktor Geschichte berücksichtigen.[11] Diese Bedingung drückt einen massiven Vorbehalt gegen kontextfreie Theorie aus. Geschichte, so ist hinzuzufügen, steht hier aber nicht für den Gegenstand und die Methode des Historikers. Geschichte deutet vielmehr auf die Zeit- und Kulturbindung des politischen Geschehens. Im Zentrum des Politikstudiums und der politischen Theorie stehen die Gründe für die Stabilität und den Verfall politischer Ordnungen und für die Antriebe politischen Handelns. Die politische Philosophie, so Crick, zielt demgegenüber auf philosophische Erkenntnis.[12] Worauf auch sonst, fragt sich der verdutzte Leser?

Politische Theorie, lassen sich Cricks Gedanken kurz fassen, entsteht nicht aus philosophischen Fragen, sondern aus dem Bedürfnis, die Wirklichkeit zu

---

[10] Bernard Crick: The American Science of Politics, London 1959.
[11] Bernard Crick: On Theory and Practice, in: Klaus von Beyme (Hrsg.), Theory and Politics. Theorie und Politik. Festschrift zum 70. Geburtstag für Carl-Joachim Friedrich, Den Haag 1971, S. 279ff.
[12] Ebd., S. 277.

erklären. Wenn politische Philosophie die gesellschaftliche Wirklichkeit an sich heranlässt, wird sie deshalb noch nicht zur Politikwissenschaft. Denn sie blickt nicht auf die Tatsachen, um zu erklären, sondern auf die logische Struktur dieser Tatsachen und deren Tauglichkeit für das philosophische Argument.[13] Cricks Theoriebegriff hat sich nicht durchgesetzt, ganz im Gegenteil: Dabei wäre er herausragend geeignet gewesen, politikwissenschaftliche Forschung und politische Theorie begrifflich in Einklang zu bringen.

Crick sagt es zwar nicht so deutlich, aber es heißt ihn kaum verdrehen, wenn man bündig übersetzt: Politische Philosophie ist ein Thema für sich, etwas ganz anderes als das, was die benachbarten Disziplinen der Politikbetrachtung wie Soziologie und Geschichtswissenschaft mit dem Fach verbindet. Politische Philosophie, so Crick klipp und klar, ist nicht Theorie, sondern Metatheorie der Politik: die Beschäftigung mit Theorie der Theorien.[14] Der politische Philosoph begründet die Idee einer guten und gerechten Ordnung. Er setzt sich mit Ideen auseinander, lehnt sich an die eine an, prüft und verwirft wieder eine andere und konstruiert Synthesen.

Giovanni Sartori wird noch deutlicher: Das empirische Moment, der Erklärungsvorschlag für politische Tatsachen, kurz: das, was heute als empirische oder sozialwissenschaftliche Theorie gilt, erreicht die politische Philosophie gar nicht erst.[15] Umgekehrt kommt die Politikwissenschaft aber bisweilen auch nicht umhin, nach dem Maßstab für falsch oder richtig zu fragen, wenn sie Defizite, Missstände und ungerechte Zustände beschreibt, die nach dem Empfinden der Alltagsmoral nicht richtig und gerecht sein können.

Crick versteht unter politischer Theorie offenkundig nicht die Gattung der großen Theorien, also keine ambitionierten Entwürfe, die dem Denken über Politik Perspektive geben, sondern ganz nüchtern und bescheiden fachwissenschaftliche Theorien, die aber durchaus die Tatsache zur Kenntnis nehmen, dass auch Werte ein Bestandteil der politischen Realität sind.[16] Erst Normen ermöglichen ein Urteil, das sich im Übrigen an die Fakten hält. Urteile aber wurzeln in Menschen- und Gesellschaftsbildern. Wer sich mit dem Phänomen politischer Diskriminierung auseinandersetzt, wird schwerlich umhinkommen, einen Maßstab

---

[13] So auch Sheldon Wolin: Politics and Vision. Continuity and Innovation in Western Political Thought, Boston und Toronto 1960, S. 5.
[14] Crick: On Theory and Practice, S. 282.
[15] Giovanni Sartori: Philosophy, Theory and the Science of Politics, in: Political Theory, 2. Jg. (1974), S. 133-162.
[16] Crick, On Theory and Practice, S. 297.

zu bestimmen, nach dem sich bemisst, wo Diskriminierung beginnt, wo keine stattfindet oder wo sie sich in Grauzonen verbirgt.

Wenn sich die Politikwissenschaft Cricks Definition der politischen Theorie angeschlossen und für alles, was nicht darunter fällt, die Bezeichnung politische Philosophie akzeptiert hätte, ließe sich die Vorbesichtigung der politischen Theorie an dieser Stelle beenden. Dem ist aber nicht so. Die akademische politische Theorie betreibt Theorie weder im älteren Sinne Sabines noch im Verständnis Cricks. Sie widmet sich der politischen Philosophie.

Die seit über dreißig Jahren erscheinende Fachzeitschrift „Political Theory" veröffentlicht überwiegend Artikel, die der politischen Philosophie zuzurechnen sind. Ihre Autorinnen und Autoren sind zum großen Teil in die Political science departments der Universitäten eingebunden. Viele darunter reichen Beiträge bei der sozialphilosophischen Zeitschrift „Ethics" ein, wie Brian Barry zu berichten weiß, der länger den Redaktionen beider Journale angehört hat.[17] Von diesen schreiben etliche wiederum für eine philosophische Zeitschrift wie „Philosophy & Public Affairs". Das Themenspektrum unterscheidet sich nur in Nuancen. Das Gleiche gilt für neuere Zeitschriften wie „Contemporary Political Theory" und „European Journal of Political Theory". Barry urteilte schon vor 30 Jahren unverblümt, die politische Theorie führe sich auf wie ein Trabant der Fachphilosophie. Wenden wir uns nun weiteren Autoren zu, die sich um Klarheit bemüht haben.

1.3 John Gunnells Theoriebezirke: Große und kleine Theorie

John G. Gunnell kommentiert die Debatte um die Theorie in der Politikwissenschaft mit der bündigen Feststellung, die politische Theorie habe sich als profiliertes Forschungsgebiet aus der Politikwissenschaft verabschiedet. Wie er im ersten Band einer seither zu Beginn jeder Dekade vorgelegten Revue zum Stand der Politikwissenschaft schreibt, hatte die politische Theorie, wie sie von Sabine vorgestellt wurde, in der Auseinandersetzung mit den politischen Denkern der Vergangenheit noch eine klare Struktur. Gunnell verwendet für diese Theorien das griffige Kürzel *PT*. Bevor sich die Philosophie der politischen Theorie bemächtigt hätte, bedurfte es, wenn die Rede auf politische Theorie kam, keiner großen Vorverständigung über Arbeitsfelder und Methoden. Diese Konvention hat sich verflüchtigt. Nach wie vor ist die *PT* im Fach präsent. Doch im Übrigen

---

[17] Brian Barry: Do Neighbors Make Good Fences? Political Theory and the Territorial Imperative, in: Political Theory, 9. Jg.(1981), S. 294.

1.3 John Gunnells Theoriebezirke: Große und kleine Theorie

haftet das Theorieetikett auf sehr unterschiedlichen Forschungsfeldern. Theorien für die Beobachtung, die Interpretation und die quantifizierende Beschreibung der politischen Welt mit all ihren divergierenden, ja widersprüchlichen Voraussetzungen und Erkenntnisinteressen bezeichnet Gunnell als *pt*. Diese *pt* hätten die *PT* längst überwuchert.[18] Was liegt also näher, als auf der Suche nach dem Ort der politischen Theorie in der Politikwissenschaft auch die *pt* näher in Augenschein zu nehmen?

Fassen wir die bis hier angestellten Überlegungen kurz zusammen:

- Die älteren Theorien der Klassiker des politischen Denkens verkörpern große Theorie (*PT*). Sie stehen im Mittelpunkt der Geschichte politischer Ideen und der Interpretation der Klassiker.
- Der ältere Konsens über die politische Theorie löste sich auf, als die Mehrheit der Politikwissenschaftler die Pfade der Sozialwissenschaft beschritt. Die Theoriebildung, die hier vonstatten ging, produzierte politikwissenschaftliche Fachtheorien (*pt*), die auf hohem Verallgemeinerungsniveau die politische Wirklichkeit zu erklären beanspruchen. Die philosophisch Interessierten gingen ihrer eigenen Wege. Das Denken über Ziele, Moral und Gerechtigkeit in der Politik verselbständigte sich, es lockerte oder kappte gar die Verbindung zur wirklichkeitsbezogenen Politikwissenschaft.
- In diesem Prozess driftete die politische Theorie (*PT*) ins Fachgebiet der Philosophie, ohne freilich die Postadresse der Politikwissenschaft aufzugeben.

Politische Theorie kommt im Allgemeinen nicht mit einem ortsbestimmenden Attribut daher. Dies hat dem Eindruck Vorschub geleistet, es mangele der politischen Theorie an Konturen, sie bedeute beliebig mal dies, mal das. Dieser Zustand ist misslich, seine Dauerhaftigkeit aber mehr als wahrscheinlich. Sofern man die politische Theorie als Bestandteil der Politikwissenschaft versteht, stellt sich die Frage, die sich damit auch gleich beantwortet, welche Version der politischen Theorie – *PT* oder *pt* – dem Fach insgesamt denn nun am nächsten steht. Allein die Tatsache, dass sich die politische Theorie unter dem ausladenden Dach des Universitätsfachs Politikwissenschaft eingerichtet hat, besagt noch lange nicht, dass dort auch Politikwissenschaft stattfindet.

Blickt man auf die letzten Jahrzehnte zurück, so ist festzustellen, dass politische Theorie und politische Philosophie in der Sache dasselbe geworden sind.

---

[18] John G. Gunnell: Political Theory: The Evolution of a Sub-Field, in: Ada W. Finifter (Hrsg.), Political Science: The State of the Discipline, Washington/D.C. 1983, S. 3-45.

Like it or Not: Inzwischen ist es Konvention, politische Theorie ausschließlich in dieser Bedeutung zu verstehen. Sozialwissenschaftliche Politiktheorien werden aus diesem Grunde nicht zur politischen Theorie gezählt.

Leider gibt es für die Benennung des Theorienkomplexes der *pt* keine Konvention. Im Folgenden werden sie als politikwissenschaftliche Theorien bezeichnet, ganz in dem Sinne, wie Gunnell *pt* und *PT* unterscheidet. Dem Autor dieser Zeilen ist wohl bewusst, dass er damit ziemlich allein steht. Im Deutschen ist häufig von empirisch-analytischer Theorie die Rede, meint man diesen Theorienkomplex, und von normativer Theorie, ist die politische Theorie gemeint.[19] Diese Unterscheidung wurde, terminologisch etwas variiert, vor gut 40 Jahren in den ersten politikwissenschaftlichen Lehrbüchern eingeführt, die in Deutschland in Umlauf kamen.[20] Die historisch-dialektische Theorie, die damals als letzter Theorienkomplex aufgeführt wurde, d.h. marxistisch inspirierte Theorie, ist im Wettkampf der Ideologien und mit dem Untergang des real existierenden Sozialismus auf der Strecke geblieben.

Hinter Attributen wie „empirisch" und „analytisch" steht das behavioralistische Theoriebild. Politikwissenschaftliche Theorie ist vieles: Statistik, historische Pfadanalyse, Institutionenanalyse, Konstruktivismus, um nur einige Beispiele zu nennen. Eines verbindet diese Vielfalt: die Bindung an die Welt der Tatsachen. Die politische Theorie hat sich von dieser Bindung gelöst, weil sie zur Philosophie mutiert ist.

Die Theorien in der Politikwissenschaft lassen sich am besten in der Art des Argumentierens und Begründens sowie im Ausmaß des Einlassens auf beobachtungsgestützte Einwände unterscheiden: ob sie mit der soziologischen und historischen Politikanalyse kommunizieren oder mit der Philosophie.[21] Definiert sich die politische Theorie in das Treiben der übrigen Politikwissenschaft hinein, muss sie sich an der Elle sozialwissenschaftlicher Theorieerwartung messen lassen: Sie darf auch dort, wo sie mit Normen operiert, die nachweisbare politische Wirklichkeit nicht aussperren.

---

[19] Dieter Nohlen und Rainer-Olaf Schulze: Theorie, in: Dieter Nohlen und Rainer-Olaf Schulze Hrsg.)., Lexikon der Politik, Bd. 1: Politische Theorien, München 1995, S. 651; Ulrich von Alemann: Grundlagen der Politikwissenschaft, Opladen 1994, S. 124ff.

[20] Klaus von Beyme: Die politischen Theorien der Gegenwart. Eine Einführung, 1. Aufl., München 1972, S. 32ff., 43ff.; Frieder Naschold: Politische Wissenschaft, Freiburg/München 1970, S. 36ff.; Wolf-Dieter Narr: Theoriebegriffe und Systemtheorie: Einführung in die moderne politische Theorie, München 1969, S. 41ff., 45ff.

[21] Siehe auch David Held: Editor's Introduction, in: Ders. (Hrsg.), Political Theory Today, Cambridge 1991, S. 13.

Die Auseinandersetzung mit der politischen Theorie zwingt zur Parteilichkeit. Doch die Parteinahme wird zumeist umgangen, wie die vielsagenden Definitionsverzichte selbst in Lehrbüchern zur politischen Theorie belegen. Freilich bleibt sie auch dort am Ende nicht aus: Sie versteckt sich nur in Auslassungen und Stoffentscheidungen.

2 Die Klassiker des politischen Denkens

2.1 Geschichte der politischen Ideen

Die Geschichte der politischen Ideen steht zwischen Geschichtswissenschaft und politischer Philosophie, wird aber trotzdem zur Politikwissenschaft gerechnet.[1] Als eigener Zweig der Politikbetrachtung hat sie ihre Wurzeln in der Tradition der älteren, will sagen: vorsozialwissenschaftlichen Politikwissenschaft. Die Politikwissenschaft in der frühen Bundesrepublik nahm das Studium klassischer politischer Denker wie selbstverständlich in den Teilgebietskanon auf.[2] Die britische Politikwissenschaft war traditionell stärker vom Klassikerstudium geprägt als die amerikanische. In Deutschland beließen die etablierten Fächer dem eigenständigen Politikstudium bis in die Nachkriegszeit keine Nische. Philosophie und Staatslehre teilten den Gegenstand der späteren politischen Philosophie unter sich auf. Und die Schwergewichte der philosophischen Fakultäten, Philosophie und Geschichtswissenschaft, wollten von einer neuen Disziplin nichts wissen, die zwar beide Fächer berührte, aber doch nicht recht in ihr gewachsenes Profil passte. Theorie war in der frühen deutschen Politikwissenschaft in beträchtlichem Maße Klassikerstudium: Ideengeschichte.[3]

Die Ideengeschichte steht zwischen Historiographie, Philologie und Philosophie.[4] Dies drückt sich auch in den variierenden Selbstbezeichnungen aus. Im Angebot stehen politische Ideengeschichte, Geschichte der politischen Ideen und Theoriegeschichte. Abgesehen davon, dass es einige Klassiker gibt, die seit Sabine und anderen zum Kanon gehören, herrscht bei den Theoretikern des 20. Jahr-

---

[1] Klaus von Beyme: Politische Ideengeschichte. Probleme eines interdisziplinären Forschungsbereiches, Tübingen 1969.
[2] Arno Mohr: Politikwissenschaft als Alternative. Stationen einer wissenschaftlichen Disziplin auf dem Weg zu ihrer Selbständigkeit in der Bundesrepublik Deutschland, Bochum 1988.
[3] Jürgen Hartmann: Geschichte der Politikwissenschaft. Grundzüge der Fachentwicklung in den USA und in Europa, Opladen 2003, S. 139ff.
[4] Claus-E. Bärsch: Vom Sinn der politischen Ideengeschichte für das Studium, in: Politische Vierteljahresschrift, 12. Jg. (1981), S. 331.

hunderts Uneinigkeit, welche Autoren denn nun würdig sind, in die Übersichtsdarstellungen aufgenommen zu werden.

Drei Zugänge zur Ideengeschichte lassen sich unterscheiden. Da gibt es einmal die Tradition der kämpferischen, neo-aristotelischen Philosophie, die bei den Klassikern verschiedener Zeiten auf die Wiederkehr der immergleichen Fragen pocht. Ihr Stil ist werk- und textorientiert. Es geht darum, einen Sinn herauszuschälen, eine Lehre, die über die Zeiten hinweg trägt. Das alles geschieht seriös, quellennah und gebildet. Die Tradition führt Regie.[5] Mit gebotener Schuldigkeit werden Marx oder vielleicht noch der eine oder andere sozialistische Denker gewürdigt, im Übrigen finden sich dieselben Klassiker in vertrauter Ein- oder Zwietracht zwischen den Buchdeckeln vereinigt. Spätestens mit Max Weber sind die Grenzen des Konsenses erreicht.[6]

Nehmen wir ein Werk, das sich ausnahmsweise auch auf das 20. Jahrhundert einlässt. In der Einleitung ist von Krisen die Rede, von Ordnungswissen, dessen die Zeit bedürfe. Beachtenswert ist dabei die Bemerkung, Hannah Arendts Interpretation der Republik in der amerikanischen Gründertradition zeige Perspektiven für die Rekonstruktion der Polis in der Moderne auf. Das Thema des Tugendverfalls klingt an.[7] Kern dieser Art Ideengeschichte ist wieder die politische Philosophie.[8] Politische und Sozialgeschichte sind hier lediglich didaktisches Beiwerk.

Anders steht es mit der zweiten Variante der Ideengeschichte, die Epochen und Ereignisse zur Interpretation heranzieht.[9] Sie will Kontextgeschichte politischer Ideen sein und die Verbindung historischer politischer Theorien mit den Konflikten und Horizonten ihrer Zeit freilegen. Bekanntester Exponent dieser Ideengeschichte ist in Deutschland Iring Fetscher. Diese Art der Ideengeschichte hat keine Botschaft, und sie programmiert den Kanon auch anders.[10] Die Denker

---

[5] Siehe auch Klaus von Beyme: Die Rolle der Theoriegeschichte in der amerikanischen Politikwissenschaft, in: Politische Vierteljahresschrift, Sonderheft 15 (1984), S. 186f.

[6] Hans Maier und Horst Denzer (Hrsg.): Klassiker des politischen Denkens, 3. Aufl., München 2007.

[7] Karl Graf Ballestrem und Henning Ottmann (Hrsg.): Politische Philosophie des 20. Jahrhunderts, München 1990.

[8] Udo Bermbach: Über die Vernachlässigung der Theoriegeschichte als Teil der Politischen Wissenschaft, in: Politische Vierteljahresschrift, Sonderheft 15 (1984), S. 17f.

[9] Arno Mohr: Politische Ideengeschichte, in: Arno Mohr (Hrsg.), Grundzüge der Politikwissenschaft, München 1995, S. 143-235.

[10] Iring Fetscher und Herfried Münkler (Hrsg.): Pipers Handbuch der politischen Ideen, 5 Bde., München 1985ff.

der Veränderung kommen stärker zu Wort, das außereuropäische Denken erhält großen Raum.

Der Fachphilosoph kann es sich leisten, aus einer historischen Philosophie die Essenz für die Gegenwartsphilosophie herauszufiltern und ihre Argumente in Beiträgen zur aktuellen Debatte zu verarbeiten. Er ist schließlich weder Historiker noch Politikwissenschaftler und will beides wohl auch nicht sein. Der Ideengeschichtler, der die in einer Epoche wirkenden sozialen Kräfte ernst nimmt, wird zögern, so zu verfahren.[11] Er wird sich eher an Sabines Kriterien einer politischen Theorie halten: Faktenorientierung, Kausalität und normative Wirkung.

Eine dritte Variante der Ideengeschichte hat sich an der Universität Cambridge entwickelt:[12] Ihr Anliegen ist die Interpretation der Klassiker vor dem intellektuellen Hintergrund ihrer Zeit. Welche Bedeutung hatten Hobbes' und Machiavellis Sprache in ihrer Zeit? Wie und wo gilt es mit Blick auf die Gegenwart zu relativieren? Welcher Metaphern bediente man sich damals, um verstanden zu werden und Wirkung zu erzielen? Fragen dieser und ähnlicher Art lassen sich nur beantworten, wenn zur Interpretation die geringeren Denker, Literaten und Gelehrten der Epoche herangezogen werden. In einem programmatischen Aufsatz weist Quentin Skinner auf das Dilemma der Ideengeschichte hin:[13] Er warnt vor der Neigung, alle Antworten auf die Probleme der Epoche aus nur einem berühmten Klassiker herauslesen zu wollen.

Womöglich schrieb dieser Klassiker, der sich nicht mehr befragen lässt, seine Gedanken mit einer viel bescheideneren Absicht nieder, als die großen politischen Fragen seiner Zeit ins Visier zu nehmen. Gravierender noch, so weiter der Tenor der Cambridge-Schule, ist der Fehler, einen Klassiker aus dem Kenntnisstand der Gegenwart zu beurteilen, wo es geboten wäre, die zeitgenössische politische Situation und den Stand der damaligen Wissenschaft zu ermitteln. Nur so lässt sich nachweisen, ob der Autor die unterstellten Fakten parat hatte und ob sie im damals üblichen Gestus aufgenommen wurden.

Geschichte wird stets rückwärts geschrieben, in wachsender Distanz zu den Ereignissen. Der jüngere Berichterstatter weiß mehr, auch über die Vorgeschichte eines Klassikers, als dieser selbst. Über dessen historische Wirkung ist er allemal besser im Bilde. Das kann dazu führen, dass einem Klassiker das Bewusstsein von der Bedeutung zugeschrieben wird, die seine Zeilen womöglich erst sehr viel

---

[11] William Adams: History, Interpretation & the Politics of Theory, in: Polity, 21. Jg. (1989), S. 45-66.
[12] David Miller: The Resurgence of Political Theory, in: Political Studies, 38. Jg. (1990), S. 424.
[13] Quentin Skinner: Meaning and Understanding in the History of Ideas, in: History & Theory, 8. Jg. (1969)., S. 3-53.

später bekommen haben. Der klassische Fall wäre Rousseau, ein armer Schlucker bis an sein Lebensende, der schwerlich ahnen konnte, dass er die Betreiber der Französischen Revolution einmal mit Slogans und Ideen munitionieren sollte.

Schließlich gibt es noch die Manie, dem Werk der Klassiker Kohärenz zu unterstellen. Jeder Theoretiker der Vergangenheit bietet reichlich Anschauung, dass er dazulernte, neu- und umformulierte und ein Spätwerk produzierte, das wie ein Bruch mit dem früheren Schaffen anmutet. Kurz: Skinner verlangt philologisch saubere Quellenkritik.[14]

Marcus Llanque greift diese Idee auf, erweitert sie aber zu einem „Gewebe politischer Diskurse:" Neue Ideen stoßen Debatten an und sie produzieren Theorien, die daran anknüpfen oder ein Thema variieren. Diese Diskurse vollziehen sich in Epochen, irgendwann erlahmen sie und werden als Kanon tradiert.[15] Während Llanque in ideengeschichtlicher Manier aber stets den Kontext der Epoche mitbedenkt, als Inkubator von Ideen und als deren Resonanzboden, steigen etwa Gary S. Schaal und Felix Heidenreich ganz aus dem Epochendenken aus und bringen Denker verschiedener Zeit in Theoriefamilien zusammen, die sich über mehrere Jahrhunderte erstrecken. Dabei scheint dann ein John Locke als früher Ahnherr der modernen Demokratie auf.[16] Genau darin unterscheidet sich das philosophische Herangehen, das die Ideen ihres Kontextes entkleidet, von der Geschichte politischer Ideen.

2.2 Vertrag, Verfassung, Staat: Die Fundamentalklassiker

Im Folgenden sollen einige Klassiker referiert werden, die fest zum Kanon gehören, aus dem sich politische Theorie und Ideengeschichte gleichermaßen bedienen. Auf einen größeren Anmerkungsapparat wird verzichtet.

---

[14] Beispiele für diese Art der Ideengeschichte: John Dunn: Rethinking Modern Political Theory. Essays 1979-83, Cambridge u.a. 1985; J.G.A. Pocock.: Virtue, Commerce, and History: Essays on Political Thought and History, Chiefly in the Eighteenth Century, Cambridge u.a. 1985; Quentin Skinner: The Foundations of Modern Political Thought, Cambridge 1978.
[15] Marcus Llanque: Politische Ideengeschichte. Ein Gewebe politischer Diskurse, München 2008.
[16] Gary S. Schaal und Felix Heidenreich: Einführung in die politischen Theorien der Moderne, Opladen 2009.

2.2.1 Aristoteles

Beginnen wir mit Aristoteles (384-322 v. Chr.). Ihm wird gemeinhin die Urheberschaft des ersten großen politikphilosophischen Entwurfs zugebilligt. Es lässt sich darüber streiten, ob nicht Platon (427-347 v. Chr.) der Vortritt zu lassen wäre. Platons früher Entwurf eines Idealstaates, der von einer Philosophenaristokratie gelenkt, von Kriegern geschützt und von Handwerkern ernährt wird, setzt sich indes noch nicht mit praktischen Problemen der Politik auseinander.[17] Aristoteles' Denken ist vor dem Hintergrund der griechischen Polis (Mehrzahl: Poleis) zu betrachten: kleinräumige Stadtstaaten. Die Polis war ein Klassenstaat: Ein überschaubarer Kreis von Familienoberhäuptern, eine Art Bürgeradel, besorgte das Regieren und die Rechtsprechung. Allein er war zur Teilhabe an Gesetzgebung und Ämterwahl berechtigt. Kaufleute und Handwerker hatten zwar Pflichten, z.B. den Waffendienst, aber geringere Rechte. Das ökonomische Unterfutter der Poleis waren Rechtlose. Ihre Arbeit ermöglichte überhaupt erst die ökonomische Lebensfähigkeit der vorhandenen Ordnung.

Für Aristoteles ist die Politik eine praktische, eine Handlungswissenschaft.[18] Sie hat die Aufgabe, die Bürger zum richtigen Handeln unter ihresgleichen anzuleiten. Der Einzelne ist hier noch kein auf Selbstbestimmung angelegtes Wesen, kein Individuum, wie ihn die Moderne sieht. Er bedarf des Lebens in der Gemeinschaft, die Gemeinschaft ist ein Lebenszweck. Das gute Leben braucht deshalb eine gute, wohlgeordnete Polis. Hier drängt sich die Assoziation mit dem ganzheitlichen Denken im asiatischen und arabisch-islamischen Raum auf. Gestrenge Aristoteliker mögen diese Parallele ablehnen. Wie dem auch sei. Der gute, auf die Gemeinschaft orientierte Bürger reimt sich jedenfalls gut auf traditionsverwurzelte Gesellschaften, die nicht groß zwischen privater und öffentlicher Sphäre unterscheiden.

Vom Kontext nun zum Werk: Das von Aristoteles berufene gute Leben als Zweck der Polis ist keine hedonistische Fettlebe. Gut ist es, wenn es zum Nutzen und Frommen aller ausschlägt, die derselben Gemeinschaft angehören.[19] Mit der Beobachtung, dass es immer Menschen gibt, die den eigenen Vorteil vor die Gemeinschaftsbelange stellen, bringt Aristoteles das wirkliche Leben ins Spiel. Lip-

---

[17] Platon: Der Staat. Über das Gerechte, übers. u. bearb. von O. Apel, Hamburg 1961.
[18] Dazu und im Folgenden Aristoteles: Politik, hrsg. von Olof Gigon, 8. Aufl., München 1998.
[19] Christof Rapp: Aristoteles zur Einführung, Hamburg: Junius 2001; Otfried Höffe: Aristoteles, 2. Aufl., München: C.H. Beck 1999; Ulrich Charpa: Aristoteles, Frankfurt/M. und New York 1991.

penbekenntnisse, Korruptheit und Opportunismus sind der Spezies Mensch eigen.

Die Schlussfolgerung, die er daraus zieht, mag erklären, warum er in der politischen Philosophie so gut wie keine schlechten Noten bekommt. Die zahlreichen Charakterschwächen des Menschen lassen sich zwar nicht aus der Welt schaffen. Aber sie werden erfolgreich konterkariert, wenn nur die politischen Institutionen so beschaffen sind, dass die Bürger dazu angehalten werden, sich von ihren guten Antrieben, von Tugenden, aber nicht von Leidenschaften wie Bereicherung, Machtstreben und Rache leiten zu lassen. Gute Institutionen können Menschen also zum richtigen Handeln leiten, schlechte Institutionen leisten schlechtem Verhalten Vorschub. Menschen sind allemal tugendfähig, d.h. dazu begabt, in Gemeinschaftsbelangen zwischen gut und schlecht zu unterscheiden und zu wählen.

Die für die Polis richtige Verfassung muss den Charakter ihrer Bürger, ihren räumlichen Ort und ihre Nachbarn berücksichtigen. Gehörige Skepsis ob der menschlichen Natur schwingt in der Auffassung mit, dass sich die Poleis in einem immerwährenden Kreislauf befinden. Gute Verfassungen weichen schlechteren, aber auch schlechte Verfassungen wandeln sich zum Besseren. Jeder guten Staatsform in aufsteigender Reihe entspricht in der Verfallslinie eine schlechte. Demokratie, Aristokratie und Monarchie bezeichnen gute, Pöbelherrschaft, Oligarchie und Despotie schlechte Herrschaftsformen. Die guten und die schlechten Poleis unterscheiden sich nicht in der Anzahl der Herrschenden, aber sie weisen große Unterschiede in der moralischen Qualität ihrer Bürger auf.

Die denkbar beste aller Welten wäre eine gemischte Verfassung: die Politie. Sie vereinigt Elemente aller guten Formen. Das Volk (Demos) beschließt die Gesetze, die Besten (Aristokraten) besetzen die Ämter und sprechen Recht, ein Monarch schützt die Polis und führt sie im Krieg. Aristoteles' Idee der gemischten Verfassung sollte noch die politischen Denker der Moderne inspirieren, als bekannteste darunter Montesquieu und die Autoren der Federalist Papers.

Hat man es mit schlechten Bürgern zu tun, wird auch die beste Verfassung kein gutes Staatswesen auf die Beine stellen können. Aber eine brauchbare Verfassung kann womöglich die schlimmsten Auswüchse verhindern. Der entscheidende Punkt für das Erkennen einer guten Politik und den Willen, ihr zu folgen, ist das vernünftige Gespräch unter den Bürgern: die Beratung. Nur sie enthüllt unterschiedliche Standpunkte, eröffnet die Abwägung von Für und Wider und bahnt die Verständigung an. Die Idee der Deliberation ist seither ein Kernthema der politischen Theorie. Die Deliberanten sind heute freilich andere als damals:

2.2 Vertrag, Verfassung, Staat: Die Fundamentalklassiker 35

Sie artikulieren individuelle Interessen und stimmen sie gemeinschaftsverträglich aufeinander ab.

Nach Lage der Dinge war Aristoteles' Denken allein auf die „haves", auf die Artikulationsfähigen in den nach heutigen Maßstäben primitiven Gesellschaften gemünzt. Wie in halbwegs intakten Sklavengesellschaften üblich, war humanes Haushaltszubehör keineswegs anstößig. Sklaven gehörten wie Frauen und Kinder zum Oikos, zum Haushalt. Hier handelte es sich um einen niederen, von der Polis bzw. vom öffentlichen Leben abgekoppelten Lebensbereich.

Das frühe christliche Mittelalter tat Aristoteles in Acht und Bann. Seine Schriften atmeten nicht den Geist der Frohen Botschaft. Er lebte einfach zu früh, als dass ihm das christliche Rom eine Chance gab. Nur dank der Gebildeten in der arabischen Welt blieben seine Schriften bewahrt und lebendig, bis dann schließlich doch christliche Gelehrte, besonders wirkungsmächtig Thomas von Aquin, nach mehr als tausend Jahren auf die Idee kamen, den großen Hellenen als Steinbruch für christliche Staatsideen auszubeuten. Namentlich die Idee des guten Lebens wurde in eine von christlichen Werten geleiteten Ordnung umgedeutet. Die Parolen der Tugend, der Beratung und der gemischten Verfassung halten bis heute eine bekennende Gemeinde von Aristotelikern zusammen.

2.2.2 Niccoló Machiavelli

Niccoló Machiavelli (1467-1527) bricht als erster Klassiker mit der aristotelischen und christlichen Politiklehre. Er beschreibt einfach, wie im politischen Betrieb der oberitalienischen Stadtstaaten List, Mord und Intrige das Tagesgeschäft beherrschen – nicht etwa der gelehrte Diskurs und die Reflexion über gemeinschaftsförderndes Handeln: schlicht Machtstreben und Machterhalt und der dafür erforderliche Instrumentenkoffer. Die großen Beweger der Politik sind bei Machiavelli Menschen mit nicht allzu hehren Absichten. Ferner doziert Machiavelli über das Kalkül mit unveränderlichen Gegebenheiten sowie über das Erkennen der Chance, Macht an sich zu reißen und den Gegner auszuschalten. Der Renaissance-Intellektuelle führt erstmals den Einzelnen als Mittelpunkt der Politik vor. Wie sich zu dieser Zeit auch Kunst und Wissenschaft allmählich von den Denkverboten der Kirche emanzipieren, entschlackt Machiavelli die Betrachtung der Politik von den Dogmen des Mittelalters. Wohlmeinende wollen Machiavelli für die aristotelische Tradition retten, indem sie dem Mantel-und-Degen-Szenario des Principe[20] die Discorsi[21] gegenüberstellen. Dort kramt der Vielgeschmähte in den Rechts- und Verfassungssystemen der Antike, um Alternativen zu den Kleinstaatendespoten seiner Zeit zu finden. Andere dreschen wie weiland das Heilige Offizium oder Fridericus Rex auf den Florentiner Schreiber ein, er habe mit der literarischen Zurschaustellung der politischen Betriebsmittel seiner Zeit späteren Epochen den Bazillus der Machtgier eingepflanzt.[22] Wieder andere kümmern sich nicht groß um die Interpretationsgefechte und arbeiten sein Werk als Ausdruck eines Epochenwandels heraus.[23] Im Milieu der oberitalienischen Kleinstaaterei gab es nicht nur unverbrämtes Machtgerangel zwischen Fürsten und Kriegsherren, sondern gleichzeitig durchgreifende Wandlungen in Handel, Produktion und Kriegshandwerk. Sie alle hatten einen Nenner: Abschied von der geistigen und gesellschaftlichen Tretmühle des Mittelalters!

2.2.3 Thomas Hobbes

Thomas Hobbes' (1588-1679) Werk steht im Banne des Kausalitätsdenkens der zeitgenössischen Naturwissenschaft. Er überträgt es auf gesellschaftliche Phänomene. Staat und Politik sind Menschenwerk. Sie resultieren aus Wirkungsketten, und deren Auslöser sind wieder Motive, die sich aus der Beschaffenheit des Menschen erklären.

Menschen sind nach Hobbes nicht viel anders als Tiere. Zwar mit Vernunft begabt, kennen sie keine Moral. Hobbes fingiert in seinem Hauptwerk, dem „Leviathan", einen ursprünglichen Naturzustand, um damit die Zwecke jeglicher Herrschaft zu verdeutlichen.[24] Sein archimedischer Punkt ist die singuläre Ausgabe der Gattung Mensch: der Einzelne. Dieser streift in grauer Vorzeit über

---

[20] Niccolò Machiavelli: Der Fürst, hrsg. von Horst Günther, Frankfurt/M. 2000 (Erstausg.1532).
[21] Niccolò Machiavelli: Discorsi. Staat und Politik, hrsg. von Horst Günther, Frankfurt/M. 2000 (Erstausg.1532).
[22] Leo Strauss: Thoughts on Machiavelli, Glencoe 1958; Dolf Sternberger: Drei Wurzeln der Politik, 2 Bde., München 1978.
[23] Herfried Münkler: Machiavelli. Die Begründung des politischen Denkens der Neuzeit aus der Krise der Republik Florenz, 5. Aufl., Frankfurt/M. 1995.
[24] Thomas Hobbes: Leviathan oder Stoff, Form und Gewalt eines kirchlichen und bürgerlichen Staates, hrsg. und eingeleitet von Iring Fetscher, 10. Aufl., Frankfurt/M. 2000; Ders.: Vom Menschen. Vom Bürger, eingel. und hrsg. von Günter Gawlick, 3. Aufl., Hamburg 1994.

2.2 Vertrag, Verfassung, Staat: Die Fundamentalklassiker

Wiesen und durch Wälder und begnügt sich mit dem, was die Natur ihm bietet. Was er braucht, fällt ihm in dieser Epoche noch zu, oder er verschafft es sich mit List und Geschick. Doch allmählich wird sein Leben kompliziert. Die Reproduktion seiner selbst gelingt so gut, dass er in Sichtweite immer öfter auf andere trifft, die der gleichen Lebensweise frönen. Nach und nach geraten die vielen Einzelgänger aneinander. In moderner Diktion entbrennt ein Kampf um begrenzte Ressourcen. Mit den Konkurrenten der eigenen Gattung geht der Einzelne nicht anders um als mit Raubtieren. Sie werden beiseite geräumt, sei es durch überlegene Kraft oder mit allerlei Tricks. Menschen sind freilich gefährlichere Gegner als Wölfe oder Raubkatzen. Sie besitzen alle die gleichen Gaben und Schwächen. Jeder Tiefschlaf wird zum Lebensrisiko, weil er dem Schwächling von nebenan die Chance zum Totschlag verschafft.

Der Naturzustand wird bald unerträglich, weil es einfach zu viele Menschen gibt, die einander Feind sind. Das Ruhe- und Sicherheitsbedürfnis des Einzelnen wird übermächtig. Die Menschen verabschieden sich aus ihrer natürlichen Freiheit, die ihnen mehr Pein bringt als Genuss, und entscheiden sich für eine drastische Lösung ihres Sicherheitsproblems: Sie gründen den Staat. In einem Herrschafts- und Unterwerfungsvertrag übertragen sie ihre zuletzt mit Angst und Unsicherheit teuer bezahlte Freiheit unwiderruflich auf einen Dritten, den Souverän. Dieser Vertragsakt ist als Versprechen eines jeden gegenüber jedem anderen ausgestaltet, künftig nach den Gesetzen und sonstigen Maßgaben des Souveräns zu leben. Der Souverän selbst ist durch den Vertrag nicht gebunden.

Dieser Herrschaftsvertrag hat einen einzigen Zweck: Sicherheit für Leib und Leben jedes Vertragschließenden! Zu diesem Behufe darf der Souverän alle geeigneten Maßnahmen treffen und Strafen verhängen. Nur eines ist durch den Vertrag nicht gedeckt: Todesstrafe und Gefahr im Militärdienst. Lebensgefahr setzt die Gehorsamspflicht außer Kraft. Gewiss hat der Souverän, der ja keine Vertragspartei ist, das Recht, Mörder und Deserteure mit dem Tode zu bestrafen. Doch ebenso gewiss haben die Betroffenen das Recht, sich zu entziehen, wenn sich die Chance bietet. Für den Staat bzw. den Herrscher letztlich eine Erfolgsfrage! Wenn der Souverän den Erfolg seiner Anordnungen nicht mehr gewährleisten kann, stehen ihm große Probleme ins Haus.

Was daraus für das Verhalten des Herrschers folgt, deutet Hobbes vage an, indem er darauf hinweist, der kluge Herrscher möge sparsam mit Befehlen und Gesetzen umgehen. Zuviel Reglementierung lädt zuerst in den kleinen Dingen zum Regelverstoß ein. Vom kleinen zum großen Ungehorsam ist es nur ein Schritt, wenn die Übertretung als solche zur Gewohnheit wird. Um die Religion als Quelle politischen Zwistes auszuschalten, soll der Herrscher bestimmen, was die Menschen öffentlich bekennen müssen. Welchem Glauben sie privat huldigen, ist allein ihre Sache. Die Religion ist hier blankes Derivat des Vertragszwecks. Indem sie dem Herrscher anheimgestellt wird, dient sie dem öffentlichen Frieden.

Man erkennt hier, dass Hobbes eine Realität beschreibt, dass er mit Erfahrung und Wahrscheinlichkeit, heute würde man sagen: dass er soziologisch argumentiert. Deshalb misst man ihm mit guten Gründen den Rang eines Denkers zu, der in ähnlichen Bahnen dachte wie Jahrhunderte später Politiktheoretiker, die wissenschaftliche Erkenntnisse über das Sozialverhalten in ihr Werk einarbeiteten.

An Hobbes scheiden sich die Geister wie an keinem anderen Klassiker. Hören wir zunächst die aristotelischen Fundamentalisten: Eine größere Untat konnte geistesgeschichtlich überhaupt nicht geschehen, als dem Menschen die Moralität abzusprechen und dafür eine rechtspositivistische Ersatzkonstruktion zu suchen. Hobbes, so der implizite Vorwurf, habe mit seinem Nihilismus den Totalitarismen des 20. Jahrhundert den Weg bereitet, indem er den Einzelnen auf sein Sicherheitsbedürfnis und den Staat auf die blanke Ordnungsapparatur reduziert habe.[25] Das ist starker Tobak. Aber auch konträre Deutungen bedienen sich kräftig aus dem historischen Wissen späterer Zeiten. Der umstrittene Engländer habe mit dem Rekurs auf die Vertragskonstruktion das liberale Denken eingeläutet und den sich entfaltenden Handelskapitalismus im England des 17. Jahrhunderts legitimieren wollen.[26] Die Geschäfte der frühen Kapitalisten hätten durch Bürgerkriegs- und Religionskämpfe, die Meister Hobbes selbst ins französische Exil getrieben hätten, schweren Schaden genommen. Der naturrechtliche Gehorsamsvorbehalt gegen ein Staatshandeln, das die eigene Existenz gefährde, signalisiere schemenhaft Bürgerrechte und legitimen Widerstand gegen den ungerechten Herrscher.[27] Die eine Interpretation ist so zweifelhaft wie die andere. Beide beurteilen Hobbes aus dem Wissen der historischen Retrospektive.[28] Dessen ungeachtet ist es offensichtlich, dass der Geist und die Interessen des frühkapitalistischen England in Hobbes' Werk ihren Niederschlag finden.[29]

---

[25] Leo Strauss: Hobbes' politische Wissenschaft, Neuwied und Berlin 1965 (Erstausg.1936); Peter J. Opitz: Thomas Hobbes, in: Eric Voegelin (Hrsg.), Zwischen Revolution und Restauration. Englisches politisches Denken im 16. und 17. Jahrhundert, München 1968, S. 78, 80.
[26] MacPherson: Besitzindividualismus, S. 113ff.
[27] Peter-Cornelius Mayer-Tasch: Hobbes und Rousseau, Aalen 1976, S. 76ff.
[28] Herfried Münkler: Thomas Hobbes, Frankfurt/M. und New York 1993.
[29] Ian Shapiro: The Evolution of Rights in Liberal Theory, Cambridge 1986, S. 73ff.

2.2.4 John Locke

Auch John Locke (1632-1704) geht in seinem politischen Hauptwerk, den „Abhandlungen über die Regierung", von einem vorstaatlichen Zustand aus.[30] Dabei billigt er den Menschen allerdings mehr Gesellschaftsfähigkeit zu als sein Vordenker Hobbes. Die Menschen des Naturzustands leben als Bauern und vermischen ihre Arbeit mit dem bestellten Land. Damit erwächst aus dieser Arbeit ein Eigentumsanspruch. Die Menschen leben nach wie vor in einem Zustand natürlicher Freiheit, aber sie bilden durch Konventionen über das Recht auf Eigentum bereits eine Gesellschaft. Wer diese Übereinkünfte verletzt, wer tötet oder stiehlt, verwirkt seine Freiheit und stellt sich außerhalb der Gesellschaft. Die Geschädigten mögen auf Rache verzichten, den Frevlern das Leben schenken und sie als Sklaven in Besitz nehmen. Lockes Menschen sind ungleich; Ausdauer, Geschick und Kraft sind ungleich verteilt.

Der tüchtige Bauer wird bessere Ernten einfahren als der weniger strebsame oder vom Schicksal gebeutelte Nachbar. Aber was nützt das Anhäufen von Feldfrüchten, wenn selbst eine große Sippschaft mit gesundem Appetit noch viel davon übrig lässt? Wenn das Gottesgeschenk der Naturgaben verdirbt, ist dies Sünde. Mit einem genialen Kniff hilft Locke aus dieser moralischen Falle für den Tüchtigen heraus und gibt grünes Licht für die Vorboten des Hochkapitalismus: Er behauptet, die Menschen seien irgendwann einmal, jedenfalls die Gewiefteren mit ihren überfüllten Scheuern, auf die Idee gekommen, das vom Verderb bedrohte Ergebnis der agrarischen Plackerei gegen beständige und unverderbliche Güter wie Gold und Silber einzutauschen. Diese fallen nicht unter das biblische Verbot.

Auf diese Weise wird das Geld erfunden, die kapitalistische Erfolgsstory nimmt ihren Anfang. Gleichzeitig bereitet dieser Anfang den Auftritt des Staates vor. Denn der Markt, der sich jetzt entwickelt, bringt einerseits große Geldvermögen hervor, während andererseits viele gerade so zurechtkommen und noch mehr in bitterer Armut leben. Missgunst, Diebstahl und Betrug greifen um sich. Die Reichen werden ihrer Güter bald nicht mehr froh. Abermals droht Stagnation, weil der Diebe zu viele sind und der Reichen zu wenige. Und wieder rettet der erfinderische Locke die Situation, indem er jetzt endlich den Staat auf die Gesellschaftsbühne ruft.

---

[30] John Locke: Zwei Abhandlungen über die Regierung, hrsg. und eingeleitet von Walter Euchner, 8. Aufl., Frankfurt/M. 2000.

Der Staat erwächst aus der Einsicht namentlich der Reichen, dass angesichts der überhand nehmenden Gefahren für ihr Hab und Gut nur eine Assekuranz weiterhilft. Sie vereinbaren in einem Herrschaftsvertrag, einen Souverän einzusetzen: den Staat. Dieser Staat schützt mit Gerichten, Polizei und Armee, also mit einem effektiven Apparat, die Freiheit und das Eigentum seiner Untertanen, und er ahndet Verstöße gegen die Gesetze. Sowohl die Vertragschließenden als auch – im Unterschied zu Hobbes – der Souverän sind Vertragsparteien. Die Eigentümer überlassen dem Staat einen Teil ihres Vermögens als Steuerleistung, damit Soldaten, Richter und Beamte bezahlt werden können. Sie bestimmen ferner selbst, was an Steuern gezahlt werden muss und wie lange sie erhoben werden dürfen. Und sie geben auch ihre Freiheit nicht an der Staatspforte ab, sondern dulden lediglich gewisse Beschränkungen, die sich aus dem Staatszweck, letztlich also dem Schutz der eigenen Interessen ergeben. Über die Art und das Ausmaß dieser Einschränkungen befinden sie mittels ihrer Vertreter in der Legislative selbst. Ein Herrscher, der das Leben und Eigentum seiner Untertanen missachtet, verwirkt das Recht auf Gehorsam. Dann ist auch Widerstand legitim – mit dem Ziel, den Herrscher zu stürzen.

Der Staat ist hier nichts anderes als nur die letzte Konsequenz aus der Natur des Menschen: Wie vormals das Geld die Lösung für die drohende Dämpfung persönlicher Findigkeit und Schaffenskraft brachte, so tritt später der Staat auf, damit es sich auch fürderhin lohnt, in einer Welt der Neider und Diebe reich zu werden oder es zu bleiben. Locke interessiert sich allein für die Leistungsträger, die anderen bleiben stumm. Trotzdem sind diese Komparsen für das gebotene Stück eminent wichtig – erinnern sie doch daran, dass es keinen gesellschaftlichen Fortschritt, letztlich auch keinen Staat gäbe, wenn im Naturzustand alle von vornherein mit den gleichen Fähigkeiten angetreten wären.[31]

Lockes Welt ist lichter als die von Hobbes. Was Wunder? Mit seiner Philosophie reiste er auf der historischen Siegerstraße. England hatte sich zu seiner Schaffenszeit vom Bürgerkrieg auskuriert, es befand sich auf dem Weg zur maritimen Handelsmacht. Eine Allianz aus Kaufleuten und kommerziell engagierten Kleinadligen schickte sich an, im Parlament die Geschicke des Landes zu bestimmen.

Kritiker werfen Locke vor, er habe sein Vertragsmodell rigoros vom Standpunkt des Individuums her entwickelt und erkläre das ökonomische Interesse zum archimedischen Punkt aller gesellschaftlichen Evolution. Der Staat als Ser-

---

[31] Walter Euchner: John Locke zur Einführung, Hamburg 1996; Walter Euchner: Naturrecht und Politik bei John Locke, Frankfurt/M. 1969.

vice-Agentur für die Wohlhabenden! Die liberale Interpretation verweist auf die Beschränkungen, die dem Staat um der Freiheit – auch zum angstfreien Genießen – willen auferlegt werden.[32] Auf diese Interpretationen soll hier nicht eingegangen werden. Allemal drängt sich die Frage auf, ob nicht Hobbes ungeachtet seines Desinteresses an Einzelheiten der Staatlichkeit doch die größere analytische Tiefe besitzt, weil er ein Staatsgründungsmotiv herausarbeitet, das alle Unterschiede zwischen Arm und Reich überbrückt: die Furcht vor gewaltsamem Tod durch den Nächsten, die Regel- und Straflosigkeit des Bellum omnia contra omnes, des Krieges aller gegen alle.

2.2.5 *Charles de Montesquieu*

Charles de Montesquieu (1689-1755) rekurriert auf das aristotelische Herangehen an das Problem des Staates. Sein großes Thema sind die politischen Institutionen[33]

Die Despotie, die gesetzlose, nicht kalkulierbare Willkürherrschaft bezeichnet einen Zustand, den es um jeden Preis zu verhindern gilt. Immer noch übel, aber doch um einiges weniger schlimm sind die Oligarchie, die Herrschaft der Habsüchtigen, und die Herrschaft des Pöbels. Alle drei sind indes der Anarchie vorzuziehen. Die Demokratie, die Aristokratie und die Monarchie werden in gut aristotelischer Manier als Gegenstücke der schlechten Herrschaftsformen vorgeführt. Ihnen verleiht Montesquieu das Attribut einer Republik, die schlechten Formen verkörpern Willkürherrschaft. Das Kennzeichen der Republik ist die Herrschaft des Gesetzes, ihre Substanz sind Herrscher- und Bürgertugenden. Aber Moral reift nicht in der Retorte. Sie hat ihre Wurzeln in Kultur und Geschichte.

Abermals im Einklang mit Aristoteles führt Montesquieu aus, dass diese Gegebenheiten in einer geeigneten Verfassung für ein Volk berücksichtigt werden müssen. Die Macht, die dem Staat innewohnt, muss zwischen verschiedenen Gewalten aufgeteilt werden: In jeder Institution wachen die Machtträger eifersüchtig über ihre Rechte und kontrollieren sich damit gegenseitig. Auf diese Weise wird die Übermacht eines einzigen Staatsorgans verhindert. Durch Übung und Gewohnheit spielt sich ein balanciertes Herrschaftssystem ein. Es gewinnt

---

[32] MacPherson, Theorie des Besitzindividualismus, S. 249f, 279ff.
[33] Dazu und im Folgenden Charles de Montesquieu: Vom Geist der Gesetze, eingeleitet von Ernst Forsthoff, 2 Bde., Tübingen 1992 (Erstausg. 1748).

die Wertschätzung auch der Regierten und begünstigt dort das Reifen der Bürgertugend. Die Institutionen sind der Schlüssel zum politischen System. Modern gesprochen, konditionieren sie das Verhalten der Regierenden und der Regierten. Institutionen rücken eine brauchbare und erwünschte politische Ordnung in greifbare Nähe.[34]

2.2.6 Zwischenfazit

Eines charakterisiert diese fünf Denker gemeinsam. Alle gehen davon aus, dass es sich bei der Natur des Menschen um eine unveränderbare Größe handelt. Mit Hobbes tritt aber ein weiteres Moment hinzu: Der Mensch ist von seinen Bedürfnissen gesteuert, aber auch zu rationalem Handeln fähig. Er mag in eine Misere geraten, die er selbst verschuldet hat. Er findet aus dieser Klemme aber auch wieder heraus, indem er mit Blick auf andere seine eigenen Bedürfnisse reflektiert. Das Bedürfnis wird zum Interesse, zum kalkulierten Vorteil. Und dieser führt zur Einsicht, um des lieben Friedens und der eigenen Sicherheit willen in eine Kooperation mit anderen einzutreten.

Nehmen wir Sabines Kriterien der politischen Theorie, so stellen wir fest, dass hier eine Wirklichkeitsanalyse geleistet wird – Menschen leben im Zustand der Friedlosigkeit, können sich aber auf das Zusammenleben in einem Staat einigen –, und dass ferner eine Kausalitätsannahme zu Grunde liegt – der Mensch ist trieb- *und* vernunftgesteuert. Lediglich beim dritten Kriterium kassieren wir eine Fehlanzeige: Diese Klassiker skizzieren keine bessere oder ideale Gesellschaft. Zwar analysieren sie sämtlich im Gestus der Philosophie. Andere Ausdrucksformen der geistigen Auseinandersetzung mit gesellschaftlichen Fragen ließen noch einige Jahrhunderte auf sich warten. Doch ihr Anliegen war kein philosophisches, sondern ein empirisches. Sie wollten verstehen und erklären, was Menschen zum Handeln bewegt und wie daraus letztlich ein Staat entsteht.

---

[34] Dazu folgende Überblicksdarstellungen Norbert Campagna: Charles de Montesquieu. Eine Einführung, Düsseldorf 2001; Michael Hereth: Montesquieu zur Einführung, Hamburg 1995.

2.3 Freiheit, Volk und Verfassung

2.3.1 Jean-Jacques Rousseau

Der primitive Mensch ist von Natur aus gut und von seinen Instinkten geleitet. Er kennt kein Eigentum, keinen Staat und lebt von dem, was die Natur ihm bietet, ohne dass er groß dafür arbeiten muss. Doch dieses Leben hat auch seine Nachteile. So ist der Mensch schutzlos der Natur ausgeliefert, im Winter heißt es Frieren und Hungern. So lautet der Ausgangspunkt der politischen Theorie Jean-Jacques Rousseaus (1712-1778). Als der Mensch beginnt, den Unbilden der Natur zu trotzen, ihr seine Lebensweise als Bauer aufzwingt und Dämme baut, um seine Siedlungen zu schützen, nimmt der moralische Verfall seinen Lauf. Der veränderte Lebensraum verliert den natürlichen Charakter als Ort, der allen gemeinsam gehört. Er zersplittert sich in Parzellen, die einzelne für sich allein zu nutzen beanspruchen. Für den Sündenfall schlechthin in der Entwicklung der Menschheit hält Rousseau das Eigentum. Es weckt die niedrigsten Instinkte.

Rousseaus Vertragslehre folgt in punkto Naturzustand und Herrschaftsbegründung im Wesentlichen den Gedanken von Hobbes und Locke.[35] Das Interesse an Sicherheit, Ordnung und Eigentum ruft den Staat auf den Plan. Aber Rousseau gibt sich mit der Errichtung des Staates als Etappe in der Menschheitsentwicklung nicht zufrieden. Der Allerweltsstaat, wie ihn die Geschichte und die zeitgenössische Gegenwart kennen und für den Hobbes und Locke vernünftige Gründe konstruieren, interessiert ihn nicht. Vielmehr will er den Staat als Mittel, um die seit grauer Vorzeit verlorene Freiheit und Gleichheit des Menschen im Naturzustand wiederzugewinnen. Dazu ist freilich ein anderer Staat vonnöten als die mit hoheitlichen Insignien versehene Lockesche Wach- und Schließgesellschaft.

Rousseau liftet den Staat zur moralischen Anstalt. Zwei Seelen ringen in der Brust des Menschen: Zum einen auf materielle oder sonstige Vorteile gerichtete Begehrlichkeiten, Hass- und Neidgefühle, zum anderen die edle Gabe, im Mitmenschen sich selbst zu erkennen. Letzteres meint grenzenlose Liebe zu seinesgleichen: Unterschiede in Besitz und Stand kümmern den edlen Menschen nicht weiter. Die karge Notanstalt des Staates taugt zwar gegen das Überhandnehmen von Mord und Totschlag und zur Verhinderung der Selbstbedienung der Armen

---

[35] Jean-Jacques Rousseau: Vom Gesellschaftsvertrag oder Grundsätze des Staatsrechts, hrsg. von Hans Brockard, Stuttgart 1986 (Erstausg. 1762); Ders: Diskurs über die Ungleichheit, neu ediert, übersetzt und kommentiert von Heinrich Meier, 5. Aufl., Paderborn u.a. 2001.

bei den Reichen dieser Welt. Sie ist jedoch ungeeignet für ein hehres Ziel wie die moralische Wiedergeburt der Menschen nach Jahrtausenden der zivilisatorischen Verlotterung. Ein anderer Staat muss her, damit auch ein den Staat begründenden neuer Gesellschaftsvertrag. Dieser Vertrag verlangt den Bürgern allerdings einiges mehr ab als den blanken Gehorsam gegenüber der Ordnungsmacht.

Der ideale Staat wird als Gegenbild zum Flächenstaat konstruiert, wie er dem exzentrischen Multitalent Rousseau aus den Reiseberichten der Zeitgenossen und den Salongesprächen des bourbonischen Frankreich vertraut war. In der Ausdehnung darf dieser Staat nicht zu groß geraten. Sonst verlieren sich die Bürger aus den Augen. Große Vermögensunterschiede müssen vermieden werden. Zudem darf sich der Staat mit der öden Nachtwächterei nicht zufrieden geben. Er darf das Leben seiner Bürger umfassend reglementieren. Wie die zivilisatorisch verbildeten Menschen nun ausgerechnet zu einem Staatsentwurf finden, der sie zu einer überlegenen Lebensform führt, weiß auch Rousseau nicht so genau. Seine Liebe zu Theaterstücken hilft weiter. Wie ein Deus ex machina betritt eine moralisch-politische Autorität, ein Verfassungsgeber, die Bühne, sobald in der Gesellschaft der Wunsch übermächtig wird, das alte Leben hinter sich zu lassen.

Dieser „Législateur" besichtigt Land und Leute und produziert einen Vertragsentwurf, der zur Grundlage eines entsprechenden Staates werden kann. Im Gründungsvertrag verspricht jeder jedem anderen, die Vertragskonditionen einzuhalten. Wem sie nicht passen, muss das künftige Staatsgebiet verlassen. Wer nachträglich kalte Füße bekommt und aussteigen will, wird der Staatsabteilung für letales Strafen überantwortet. Mit der Vorlage des Verfassungsentwurfs ist der Job für den Législateur erledigt und er retiriert aus der Geschichte.

Kern der Staatsgründung ist die Erhebung jedes einzelnen Bürgers in den Stand des Gesetzgebers. Regierung, Verwaltung und Gerichten misst Rousseau geringe Bedeutung bei. Auf sie verwendet er nur wenige Zeilen. Besteht erst einmal Klarheit, wie die Selbstgesetzgebung der Bürger funktioniert, kommt es nur noch darauf an, dass diese Bürger vorurteils- und interessenfrei ihren Willen bekunden. Geschieht dies, realisieren sie das Gemeinwohl, die Volonté générale. Gelingt es ihnen aber nicht, den alten Adam abzuschütteln, drückt ihr Votum nichts anderes als die Volonté de tous aus. Diese zeigt durchaus an, was die meisten oder gar alle wollen. Der Gesamtwillen ist hier lediglich eine Sache des Auszählens, nicht des moralischen Urteils. Rousseau will nichts dem Zufall überlassen. Durch Unterweisung in der Zivilreligion – eine Art politische Erziehung – sollen sich die Bürger darin üben, das kleine Glück im Privaten hintanzustellen, wenn es um Gemeinschaftsbelange geht. Überschaubarkeit, d.h. kleine Dimension in Fläche und Bürgerzahl, sowie ein mäßiges, aber möglichst gleich verteiltes Eigentum sind weitere Voraussetzungen für diesen Staat im Dienste des Gemeinwohls.[36]

2.3.2 Immanuel Kant

Das Anliegen des Königsberger Philosophen Immanuel Kant (1724-1804) fasziniert die politische Theorie bis zum heutigen Tage. Der Mensch ist einerseits ein naturhaftes Wesen mit Gefühlen und Motiven wie Hass, Liebe, Habgier und Mitleid. Er ist aber auch mit Vernunft begabt. Erst diese Vernunft befähigt ihn, richtig zu handeln. Die Vernunft bringt ihn aber nicht einfach dazu, sich dem Staat zu unterwerfen, wie bei Hobbes, oder den Staat kontrolliert an sich heranzulassen, um sein Eigentum zu schützen, wie es bei Locke geschieht. Vielmehr geht es darum, die Freiheit in einer Weise zu gebrauchen, die keinem anderen schadet. Ethische Maßgaben beschränken die Freiheit des Einzelnen nicht, sie regulieren sie bloß. Auch Kant nimmt einen fiktiven Naturzustand zu Hilfe, um die Notwendigkeit des Staates zu begründen.[37] Dessen Aufgabe ist der Schutz des Eigentums, das wie bei Locke mit der Bearbeitung des Bodens seinen Anfang nimmt. Der Mensch ist zwar fähig, seinesgleichen zu töten, zu malträtieren und zu berauben. Deshalb ist der Staat in seiner einfachsten Funktion dazu da, den gesellschaftlichen Frieden zu wahren und den Gesetzesbrecher zu bestrafen.

Die Befreiung aus der Unmündigkeit des allein auf seine Interessen blickenden Egos zur autonomen Persönlichkeit vollzieht sich in jedem Einzelnen. Machen die Menschen von ihrer Vernunft Gebrauch, verliert der Staat den Charakter der Zwangsveranstaltung. Kraft seiner Vernunft gelangt der Einzelne zur Einsicht, dass das Verfolgen des eigenen Vorteils auf Kosten anderer als Prinzip des Zusammenlebens nichts taugt. Wohlverstandene Freiheit respektiert die Bedingung der Freiheit, und das heißt dem anderen die gleichen Rechte zuzubilligen, die man selbst beansprucht. Den eigenen Interessen ist am besten gedient, wenn sie die Interessen des anderen als legitim respektieren. Doch Leidenschaften und falsch verstandene Interessen sind im Zusammenleben stets gegenwärtig. Selbst

---

[36] Dazu die Überblicksdarstellungen von Iring Fetscher: Rousseaus politische Philosophie. Zur Geschichte des demokratischen Freiheitsbegriffs, Frankfurt 1975; Jens-Peter Gaul: Jean-Jacques Rousseau, München 2001; Dieter Sturma: Jean-Jacques Rousseau, München 2001.
[37] Immanuel Kant: Werke in zwölf Bänden, Bd. 7, hrsg. von Wilhelm Weischedel, 15. Aufl., Frankfurt/M. 2000, S. 28ff.; Ders.: ebd., Bd. 11, 12. Aufl., Frankfurt/M. 2001, S. 204ff.

die regulative Idee der Vernunftmoral kann nur als Annäherung erreicht werden. Deshalb ist der Staat als Regulativ und Erzwingungsapparat letztlich unverzichtbar.

Staatshandeln drückt den Willen der Bürger aus. Deshalb bezeichnet Kant den angemessenen Staat als Republik. Seine Institutionen sind um ein Repräsentativorgan herum organisiert. Ein Staat, der darauf verzichtet, die Bürger einzubinden, stellt Zweckmäßigkeit vor Freiheitlichkeit. Freilich ist auch die Republik mit Sanktionsgewalt ausgestattet. Gesetzt den Fall, es gäbe nur noch Republiken in der Welt, bräuchte es auch keinen Weltstaat, um Kriege zu verhindern.[38] Wie könnten Republiken im Außenverhältnis andere Grundsätze vertreten als jene, nach denen ihre Bürger leben: Friedfertigkeit und Freiheit?

2.3.3 Edmund Burke: Eine Gegenstimme

Von Plänen zur Umgestaltung der Gesellschaft hält Edmund Burke (1729-1797) gar nichts. Was zu seiner Zeit an Nachrichten aus dem revolutionären Frankreich über den Kanal gelangte, war der Anlass für ein Traktat, das vor den Risiken lebensfremder politischer Visionen warnte.[39] Rousseau und dem Pariser Revolutionstrupp, der sich auf ihn berief, warf er zwei grundlegende Fehler vor: der Glaube an die Gleichheit der Menschen und der Eingriff in die Eigentumsverhältnisse. Menschen, so Burke, sind nun einmal verschieden, und daran wird sich nichts ändern. Immer werden einige tüchtiger sein oder einfach vom glücklichen Zufall begünstigt und bald über die anderen herausragen. Es ist vergeblich, durch Gleichmacherei daran etwas ändern zu wollen. Über kurz oder lang wird es neue Reiche und eine neue Aristokratie geben.

Die gesellschaftliche Hierarchie ist von Gott gewollt. Der Versuch, sie einzureißen, wird nur Unglück heraufbeschwören, namentlich mit der Zerstörung überlieferter Institutionen. Diese sind deshalb so wichtig, weil sie das Verhältnis zwischen Herrschenden und Untertanen in einem langen, organischen Prozess allmählicher und kontinuierlicher Verbesserung und Anpassung berechenbar gestaltet haben. Der Herrscher weiß, wie weit er den Gehorsam seiner Untertanen strapazieren darf, ohne Widerspruch zu provozieren. Die Aristokratie betreibt die

---

[38] Dazu folgende Überblicksdarstellungen: Otfried Höffe: Immanuel Kant, 5. überarbeitete Aufl., München 2000; Günter Schulte: Immanuel Kant, Frankfurt/M. und New York 1991.
[39] Edmund Burke: Betrachtungen über die Französische Revolution, hrsg. von Ulrich Frank-Planitz, Zürich 1986 (Erstausg. 1790).

Regierungsgeschäfte seit vielen Generationen und wird den Herrscher entsprechend beraten. Aus den Konventionen, die den Herrschenden Schranken ziehen, erwachsen den Untertanen konkrete kleine Freiheiten.

Die Welt befindet sich unablässig in Veränderung. Auch in Staat und Politik kann nicht alles so bleiben, wie es ist. Doch die Anpassung an den Wandel der Zeiten muss schrittweise vonstatten gehen. Eine kluge Politik wird bewährte Institutionen und Praktiken beibehalten und sie nur soweit aufgeben oder ergänzen, wie erforderlich, um das Gesamtgefüge zu bewahren.

Ganz falsch wäre das starre Festhalten am Überlieferten. Dann droht die Gefahr, dass sich der letztlich doch unabwendbare Wandel unkontrolliert Bahn bricht. Genauso verfehlt wäre die hektische Reaktion, die mehr preisgibt als nötig und damit Zweifel an der Stabilität der überlieferten Ordnung wecken könnte. Eine gute, schützenswerte Gesellschaft bricht die Brücke zur Vergangenheit nicht ab. Die Frage nach der guten oder schlechten Politik beantwortet sich nicht durchs Philosophieren, sondern durch den Respekt vor der Tradition und durch reformerisches Augenmaß. Die besten Garantien dafür bieten die freie politische Debatte, die Balance zwischen Herrscher und Parlament, der Wechsel der Parteien in der Regierung und nicht zum Geringsten das Eigentum, das den Einzelnen in eine Verantwortung zwingt, die auch im Staat Früchte trägt.[40]

2.3.4 *John St. Mill*

John Stuart Mill (1806-1873) sind die Probleme sozialer Ungleichheit und Klassenherrschaft aus der Anschauung der zeitgenössischen britischen Gesellschaft vertraut. Er ist ein Fortschrittsoptimist. Seine Zielprojektion ist utilitaristisch. Sie folgt den Lehren seines Landsmannes Jeremy Bentham. Die Gesellschaft muss das Glück der größten Zahl im Auge behalten. Mill formuliert als Maxime, die Politik müsse so handeln, dass es keinem in der Gesellschaft schlechter gehen darf. Der Fixpunkt des Millschen Denkens ist die Autonomie des Einzelnen. Nur der im Denken und Handeln unabhängige, gegen Konformitätsdruck resistente Bürger besitzt die Fähigkeit, sich vernünftig zu artikulieren, die Argumente anderer aufzunehmen und sich von guten Gründen überzeugen lassen. Freiheit realisiert sich im Dialog mit anderen, unter anderem über die Frage, was der Staat tun muss, um im Interesse aller zu handeln. Letztlich entscheidet zwar die

---

[40] Dazu folgende Überblicksdarstellungen: Crawford B. MacPherson: Burke, Oxford: Verlag 1980; Robert Zimmer: Edmund Burke zur Einführung, Hamburg: Junius 1995.

Mehrheit. Aber die Mehrheitsentscheidung beängstigt nicht, weil sie als Ergebnis einer freien, vernünftigen Debatte zustande kommt. Gefahr droht, wenn aus Bequemlichkeit, Furcht oder um des lieben Friedens willen das eigene Urteil gescheut wird und andere für einen selbst denken und entscheiden.[41]

Mill ist nicht so naiv, Vermögensunterschiede herunterzuspielen, wo es um die Chancen der Freiheit geht. Er verlangt, den Boden als Vermögensgrundlage in Abständen neu zu verteilen, damit niemand zu lange die Vorteile eines großen Reichtums genießt, der nicht erarbeitet, sondern aus einer Erbschaft zugefallen ist. Der Staat soll die Arbeiter dazu bringen, Vermögen zu bilden. Eigentum fördert das verantwortliche Urteil über den Umgang des Staates mit dem Eigentum anderer.[42] Die Diskriminierung von Frauen und Arbeitern muss, auch und gerade beim Wahlrecht, beendet werden. Das Parlament soll ein Spiegel der Gesellschaft sein. Schon deshalb ist eine Art Verhältniswahlsystem angeraten. Gesetzgebung ist eine technische Angelegenheit, Beamte und Experten sollen sich darum kümmern. Doch das Parlament hat das politische Für und Wider der Grundsatzfragen zu diskutieren und dann zu entscheiden.[43] Mill öffnet das liberale Denken für die soziale Frage. Das Eigentum ist lediglich eine unter vielen Dimensionen der Freiheit. Chancengleichheit und Persönlichkeitsentfaltung sind genauso wichtig.[44]

2.3.5 Zwischenfazit

Konfrontieren wir nun auch diese Denker mit den Sabineschen Theoriekriterien: Sie diagnostizieren zunächst den Zustand ihrer Gesellschaften. Bei Rousseau, Burke und Mill geschieht dies drastischer als bei Kant. Sie lebten freilich in unruhigen Zeiten: die Dekadenz des bourbonischen Frankreich, das Aufbegehren des Bürgertums und die sozialen Gegensätze des frühindustriellen Zeitalters führten deutlich erkennbar ihre Feder. Kant lebte im beschaulichen zeitgenössischen Königsberg, in der entlegenen Provinz eines wohlgeordneten preußischen Staates; vom Weltgeschehen erfuhr er allenfalls aus der Zeitung, und im Übrigen

---

[41] Zum Folgenden John Stuart Mill: Über die Freiheit, hrsg. von Manfred Schlenke, Stuttgart 1988 (Erstausg. 1859); Ders.: Betrachtungen über die repräsentative Demokratie, hrsg. und eingeleitet von Kurt Shell, Paderborn u.a. 1971 (Erstausg.1859).
[42] John Stuart Mill: Gesammelte Werke, Bd. 5: Grundsätze der politischen Ökonomie, Bd. 1, übers. von Theodor Gomperz, Aalen 1968 (Erstausg. 1881).
[43] John Stuart Mill: Betrachtungen über die repräsentative Demokratie, S. 98f., 101ff.
[44] Dazu die Überblicksdarstellungen von Peter Rinderle: John Stuart Mill, München 2000; Jürgen Gaulke: John Stuart Mill, Reinbek 1996.

verkehrte er mit nüchternen, dem vernünftigen Gespräch zugetanen Zeitgenossen. Wo Mill die Massenquartiere britischer Proletarier und die Fabrikschornsteine von Manchester und Birmingham vor Augen hatte, war es in Kants Erfahrungswelt wohl eher das Alltagsgeplauder mit lebensklugen einfachen Leuten und Stubengelehrten.

Kommen wir jetzt zum zweiten Theorieaspekt, der Ursachenbestimmung: Die Natur des Menschen ist bei diesen Klassikern keine starre Größe mehr, wie bei Hobbes und Locke, sondern vielmehr formbar. Der Mensch lernt dazu, er lernt die falsche Lektion, er korrigiert sich, er ist erziehbar und damit manipulierbar, und zwar im Guten wie im Schlechten. Die Ursache des diagnostizierten Gesellschaftszustandes ist der unaufgeklärte Mensch. Weckt man seinen Verstand, erkennt er sein wohlverstandenes Interesse. Damit rückt die Möglichkeit einer besseren Gesellschaft in den Bereich des Denk- und Machbaren.

Und hier sind wir beim dritten Kriterium der politischen Theorie. Die Vision eines Staates steigt auf, der den Rahmen für die Entfaltung dieser besseren Gesellschaft absteckt. Dies alles ist nicht nur frühe politikwissenschaftliche Theorie, nicht nur *pt*, sondern zugleich auch große politische Theorie, die auf Normierung, auf Wegweisung aus ist.

2.4 Einhegung des Volkes: die Republik

2.4.1 *James Madison*

James Madison (1757-1804) argumentiert im berühmten Federalist Paper No. 10, es möge schon gute menschliche Eigenschaften geben. Wenn es aber um Geld und geldwerte Vorteile, um Macht oder Ansehen geht, lehrt die Lebenserfahrung, dass jeder sich selbst der Nächste ist. Und wo die Möglichkeiten des Einzelnen an ihre Schranken stoßen, verbündet er sich mit Gleichgesinnten, um mit ihnen gemeinsam Beschlüsse zum Nachteil anderer zu fassen. Mehrheitsherrschaft ist deshalb eine gefährliche Sache. Es braucht nicht viel Phantasie, um sich auszumalen, wie sich die Habenichtse gegen die Reichen zusammenrotten, um sie im Namen der Mehrheit auszunehmen. Die von niederen Leidenschaften beherrschte Mehrheit mag auch Denk- oder Glaubensverbote aussprechen.

Das Volk soll durchaus an der Willensbildung im Staat teilhaben. In einer klug konzipierten Republik werden die negativen Wirkungen der Volksbeteiligung durch Gewaltenteilung soweit neutralisiert, dass sie keinen unübersehbaren Schaden anrichten. Die vertikale Gliederung des Staates in den Bund und autonome Gliedstaaten und vor allem die horizontale Gewaltenteilung zwischen Legislative, Exekutive und Judikative sowie schließlich eine bikamerale Legislativkörperschaft mit ihren unterschiedlich großen Wahlbezirken und versetzten Wahlperioden für Ämter und Mandate teilt die Mehrheit in eine Vielzahl von Mehrheiten auf, und die Beschlüsse dieser Teilmehrheiten brauchen zu guter Letzt noch das Plazet der Exekutive.

Unter diesen Umständen wird es höchst unwahrscheinlich, dass eine um ein singuläres Interesse organisierte Mehrheit sämtliche Staatsebenen und Staatsorgane kontrollieren könnte. Die plurale Mehrheit, die schließlich einen gemeinsamen Willen bekundet, setzt sich aus einer Koalition der unterschiedlichsten Interessen und Gruppen zusammen. Der Kompromiss und die Mäßigung sind Trumpf im Mehrheitsbildungsprozess. Und dies bedeutet, dass jene Kräfte in der Vorhand sind, die den Status quo favorisieren und Wandel allenfalls in kleinen Schritten zulassen wollen.[45]

Die Verfassung dient dem Zweck, das Volk in Schach zu halten und die Eigentums- und Statusinteressen der Bessersituierten zu schützen. So sehr diese Konstruktion der gemischten Verfassung an Aristoteles erinnert, tritt bei Madison das vom antiken Vordenker Aristoteles so überaus geschätzte Moment der Bürgertugend in den Hintergrund. Und auch, was Locke betrifft, gibt es einen fundamentalen Unterschied. Locke gedachte mit der Gründung des Staates lediglich die Diebe von der Reichen Pforten fernzuhalten. Madison weiß einiges mehr als der englische Klassiker, fürchtet er doch in dem, was Rousseau als Chance in der Entwicklung der Menschheit auffasst: die Form- und Erziehbarkeit des Menschen, das Risiko verderblicher Ideen, die dazu anstiften, die bestehenden Verhältnisse anzugreifen. In der Diagnose liegen beide dicht beieinander. Madison hat bei alledem eine Vision: Es möge alles so bleiben, wie es ist, und damit es so bleibt, muss der Staat so beschaffen sein, dass er dem Wandel Platz gibt, aber dem Ausmaß und der Richtung dieses Wandels Grenzen zieht.

Der Blick in die Frühgeschichte der amerikanischen Republik bestätigt diese Interpretation. Madisons politischer Gegenspieler Thomas Jefferson versuchte, genau das zu erreichen, was die Verfassungskonstruktion verhindern sollte – die Republik kleiner Farmer gegen die des großen Geldes, die Republik der Schuldner gegen die der Gläubiger. Jefferson blieb historisch auf der Verliererstraße.

---

[45] Alexander Hamilton, James Madison und John Jay: Die Federalist-Artikel. Politische Theorie und Verfassungskommentar der amerikanischen Gründerväter. Mit dem englischen und deutschen Text der Verfassung der USA, übersetzt, eingeleitet, kommentiert und hrsg. von Angela Adams und Willi P. Adams, Paderborn u.a. 1994 (Erstaufl., 1788).

2.4 Einhegung des Volkes: die Republik

2.4.2 Alexis de Tocqueville

Zu guter Letzt sei noch Alexis de Tocqueville (1805-1859) vermerkt. Er äußerte sich in seinem berühmten Buch über Amerika voller Bewunderung über die Freiheit, in der die Amerikaner lebten.[46] Er führt diese Freiheit nicht sosehr auf die Institutionen zurück, sondern auf den Geist der amerikanischen Gesellschaft, in der jeder sein eigener Herr sein will. Hier klingt das aristotelische Tugendmotiv an. Eben dieser Geist fehlt im alten Europa, das politische Eruptionen erlebte, wenn die Knechtschaft zu hart drückte und die Unterdrücker erste Anzeichen der Schwäche erkennen ließen. Neue Formen der Unterdrückung sind, wie im Fall der Französischen Revolution, die unausweichliche Folge, wenn ein reformunfähiges altes Regime von der Wucht der Massenerhebung beiseite gefegt wird. Dessen ungeachtet konstatiert Tocqueville bei den Amerikanern den Keim einer Knechtschaft, der sie sich freiwillig unterwerfen. Sie huldigen dem Mammon, messen daran Trefflichkeit und sozialen Erfolg und zeichnen sich im Übrigen durch eine Gleichheit der Einstellungen und Lebensweisen aus, die es dem Nonkonformisten schwer macht, seine Stimme zu erheben. Die Demokratie nivelliert Ansprüche und Maßstäbe. Dies ist nichts für den klassisch gebildeten Aristokraten Tocqueville! Die liebevolle Schilderung der amerikanischen Gründerväter und ihrer Ideen verrät, dass ihm eine Republik besser gefiele, in der Geistiges höhere Reputation genießen würde. Also auch hier eine realistische Diagnose seiner Zeit, aber die rückwärts gewandte Vision einer Gesellschaft, die dem Wandel widersteht.

2.4.3 Zwischenfazit

Madison und Tocqueville formulieren große politische Theorie im Sinne der *PT*. Die Zukunft ist offen. Es ist keineswegs sicher, dass die Menschen auch künftig so handeln, wie sie es in der Vergangenheit getan haben. Deshalb gilt es Vorsorge zu treffen, dass die Zukunft kalkulierbar bleibt, entweder durch ein kluges Arrangement der Institutionen des Staates oder durch ein kluges Regieren der Aristokratie. Es handelt sich um normative Theorie mit einem konservativen Drall, keine in die Zukunft gerichtete Theorie.

---

[46] Alexis de Tocqueville: Über die Demokratie in Amerika, München 1976 (Erstausg. 1835/40).

2.5 Schnittmengen

Bei den hier referierten Klassikern, die auch als Steinbruch für die Ideen modernerer Theoretiker dienen, registrieren wir folgende Themen:

- Der Staat als politische Ordnung leistet dem guten Regieren Vorschub, weil er auf die Tugendfähigkeit des Menschen abhebt. Diese Ordnung trägt gleichzeitig den negativen Seiten der menschlichen Natur Rechnung und kontrolliert sie in geeigneten Institutionen (gemischte Verfassung, Republik).
- Der Staat als Ergebnis individuellen Nutzenkalküls kommt durch Vertrag zustande. Sein Zweck erschöpft sich im Gewaltmonopol und im Schutz der Existenzgrundlagen (Herrschaftsvertrag).
- Im Staat als Arena einer Willensbildung verschmilzt das wohlverstandene Eigeninteresse mit dem Gemeinschaftsinteresse (Gemeinwohl).
- Die ergebnisoffene Beratung ist das Zentralereignis der Politik (Deliberation).

Bei der Bewertung dieser Klassiker genügt es nicht, auf das zu blicken, was in den Texten steht. Man wird ihnen nur gerecht, wenn man zwischen den Zeilen liest. Heute ist Kommunikation ein Haupt- und Schlüsselthema der politischen Theorie. Diese bewegt sich aber in einem Horizont soziologischen, psychologischen und philosophischen Wissens, das den Klassikern noch nicht geläufig war. Nur deshalb, weil Kommunikation bei Hobbes und Locke, ja auch bei Kant nicht ausdrücklich zum Thema gemacht wird, kann man ihnen schlecht vorhalten, dass ihr Werk auf diesem Auge blind ist. Die Entscheidung vereinzelter Menschen, sich auf ein Regelset zu einigen und durch Übereinkunft den Staat ins Leben zu rufen, muss ja irgendwie durch Sprache vermittelt werden. Deshalb muss die moderne Lesart dieser Klassiker etwas hinzudenken, was ihnen selbst nicht als Problem erschien, vielleicht auch deshalb, weil es ihnen bereits selbstverständlich war.

2.6 Philosophie und Geschichtsdenken

2.6.1 George Wilhelm Friedrich Hegel

Was in Frankreich in revolutionären Ereignissen und in Großbritannien evolutionär vonstatten ging, die Anpassung der Politik an die Erfordernisse der bürgerlichen Gesellschaft, das formulierte die deutsche Philosophie in gedanklichen

2.6 Philosophie und Geschichtsdenken

Chiffren. Die Staats- und Geschichtsphilosophie, insbesondere diejenige Georg Wilhelm Friedrich Hegels (1770-1831), wurde deshalb zu einem politisch und philosophisch anregenden Unterfangen.

Der menschliche Geist ist fähig, in der Wirklichkeit das Walten der Vernunft zu erkennen. Die Erscheinungen der realen Welt in Vergangenheit und Gegenwart lassen sich, da vernünftig, auf einen Begriff bringen. Jedes Phänomen beinhaltet eine Idee, die der Erkenntnis zugänglich ist. Weil sich das Wesen der Dinge in den Ideen offenbart, kommt es darauf an, diese Ideen zu erkennen. Mit dem Erkennen einzelner Tatsachen ist für das Begreifen der in der Welt waltenden Vernunft nichts gewonnen. Die Idee ist ein Ordnungsprinzip, das es erlaubt, die verwirrende, scheinbar unendliche Vielfalt der Erscheinungen zu systematisieren. Wie man sich heute ausdrücken würde, erhält die Welt durch die Kenntnis der Ideen klare Strukturen.

Große Teile der Wirklichkeit werden bei ihrer Spiegelung in der Welt der Ideen ausgeklammert. Andernfalls würde die Ideenwelt bald so unübersichtlich wie die reale Welt. Die Ideen dienen nicht der Tatsachenerklärung. Sie sind Bausteine eines vernünftigen Weltbildes. In der Chiffre der hochabstrakten und nebulösen Hegelschen Sprache lässt sich leicht die bürgerliche Gesellschaft des frühen 19. Jahrhunderts erkennen. Hegel ist aber weder ein Konservativer, der die frühkapitalistische Gesellschaft abgelehnt, noch ein fahnenschwenkender Liberaler, der gegen die Fürstenherrschaft aufbegehrt hätte. Er ist einfach nur der konstruierende Interpret seiner Welt.[47]

Jeder Begriff, so Hegels Angelpunkt, bringt den Gegenbegriff hervor. Auf der begrifflichen Ebene stehen sich Behauptung und Widerspruch, These und Gegenthese gegenüber. Ähnlich in der wirklichen Welt: Soziale Kräfte stimulieren Gegenkräfte, die darauf drängen, das Bestehende durch Neues zu ersetzen. Das Neue entsteht, es verdrängt das Alte aber nicht vollständig, sondern verändert es bloß. Auch im Neuen lassen sich noch Elemente des Alten erkennen. Ähnlich verhält es sich auf der Betrachtungsebene. Der Begriff wankt unter dem Aufprall des Gegenbegriffs. Beide verschmelzen zu einer Synthese. Philosophisch äußert sich dieser Prozess im Fortschreiten zu immer höherer Erkenntnis. In der Erscheinungswelt äußert sich dieser Prozess im politischen Konflikt, Reform und Revolution. Auch die Welt der Erscheinungen und die der Ideen bilden eine

---

[47] Georg Wilhelm Friedrich Hegel: Grundlinien der Philosophie des Rechts oder Naturrecht und Staatswissenschaft im Grundrisse, in: Werke in zwanzig Bänden, Bd. 7, 6. Aufl., Frankfurt/M. 2000, S. 24f.

Einheit. Die Erscheinungen erschließen sich der Welterklärung aber erst durch die geistige Verarbeitung in den Ideen.

Am Anfang aller Geschichte und Staatlichkeit sieht Hegel das antagonistische Verhältnis von Mensch und Natur. Hier die Natur, die ohne Zutun des Menschen keine Lebensgrundlagen produziert; dort der Mensch, der sich ohne die Beherrschung der Natur weder kleiden noch ernähren kann. Natur und Mensch verhalten sich wie These und Antithese. Erst durch die Beherrschung der Natur wird dieser Widerspruch auf höherem Niveau gelöst. Der Mensch eignet sich die Natur durch Arbeit an. Das Ergebnis ist Eigentum oder anders ausgedrückt: ein Wert, dessen Genuss ausschließlich dem Eigentümer zusteht. Die Eigentumsbildung geht nicht konfliktfrei vonstatten. Neue Formen der Arbeit und des Eigentums treten auf. Konkurrierende Rechte und Ansprüche, ein kompliziertes Spiel von Thesen und Antithesen, bringt eine neue Synthese hervor: den Staat. Der Staat verordnet Regeln. Er gibt allgemeine Gesetze und steckt den Rahmen für die bürgerliche Gesellschaft ab, für Verträge, Rechte und Pflichten. So wird der Staat zur Bedingung der bürgerlichen Gesellschaft. In einer bekannten Formel bezeichnet Hegel den Staat als die Wirklichkeit der sittlichen Idee. Der bürgerliche Staat entspricht perfekt der Idee des Staates als solche.[48]

Zum Staat gelangt die Gesellschaft freilich erst dann, wenn sie das Stadium der Herrschaft des Gesetzes erreicht, d.h. wenn sie eine allgemeine Gewalt einrichtet, die für alle Bürger gleichermaßen verbindlich ist und eine unbestimmte Anzahl von Fällen gleich behandelt. In zwar schwer verständlicher Sprache, aber doch klaren gedanklichen Linien lassen sich in alledem die Umrisse des Rechtsstaates erkennen, ebenso Elemente der Staatsbegründung, wie wir sie bei den alten Vertragstheoretikern antreffen. Normativen Gehalt gewinnt dieses Staatsdenken erst in der Zusammenschau mit Hegels Geschichtsphilosophie.

Im 19. Jahrhundert kam das Geschichtsdenken auf. Das politische Denken früherer Zeiten, ja im Grunde genommen noch das liberale Denken des 19. Jahrhunderts interessierte sich nicht für die Geschichte. Die Vergangenheit war hier bloß Material für Vorbilder, für die Demonstration von Fehlentwicklungen, für den Zusammenhang von Politik und Moral. Eine systematische Geschichtsforschung, die Suche nach den Gründen für den Verlauf historischer Ereignisse kam zu Hegels Lebzeit erst in Gang.

Seine Geschichtsphilosophie unterscheidet zwischen subjektivem Geist, objektivem Geist und absolutem Geist. Der absolute Geist ist der Geist philosophischer Erkenntnis: die Vernunft. Subjektiver Geist manifestiert sich in den Phäno-

---

[48] Ebd., S. 398f, 406f.

2.6 Philosophie und Geschichtsdenken

menen der Wirklichkeit, z.B. in den Motiven, die Staatsmänner zu ihrem Handeln veranlassen, in den Eigenschaften der Völker und in staatspolitischen Theorien. Wenn der absolute Geist, also die Philosophie, den subjektiven Geist, d.h. die Wirklichkeit durchdringt, vermag er den objektiven Geist zu erkennen. Hier handelt es sich um jene Kraft, die all die scheinbaren Zufälle der Geschichte lenkt und die unübersehbare Verschiedenheit der Staaten und Völker ordnet. Objektiver Geist ist ein Synonym für den von Hegel beschworenen Weltgeist. Er wird erst auf der Höhe philosophischer Erkenntnis erkennbar.

Jedes Volk hat einen Geist. Hegel spricht hier von Volksgeistern. Er meint ein Phänomen, das in moderner Sprache als Kultur bezeichnet würde. In der Menschheitsgeschichte, von der Hegel im Stile der Zeit lediglich den mediterran-europäischen Aspekt zur Kenntnis nimmt, diagnostiziert er eine Abfolge von Kulturen. Jede für sich verkörpert einen historischen Fortschritt. Zunächst erscheinen die alten Kulturen des Orients, dann Hellas, danach Rom, schließlich der Aufstieg Germaniens, hier zu verstehen als die europäische Staatenwelt nach dem Westfälischen Frieden. Letzteres brachte mit der Erfindung des Repräsentationsprinzips eine neue geschichtliche Kraft hervor. Es macht das Ganze in seinen Vertretern sichtbar – Hegel hatte hier den britischen Parlamentarismus vor Augen – und ermöglicht dabei auch die Abbildung der wichtigsten Klassen, Bauern, Kaufleute und Beamte, in den staatlichen Organen.

Die Kräfte, welche die Vorgänge in einer Epoche lenken, und die Ereignisse, die den Übergang von einer Epoche zur nächsten markieren, kristallisieren sich in großen Männern. Hegel war ein glühender Bewunderer Bonapartes. Der französische Kaiser trat als Geburtshelfer der bürgerlichen Gesellschaft auf. Historische Gestalten sind, ohne dies zu wissen, Werkzeuge des Weltgeistes. Sie folgen ihren Ambitionen und Leidenschaften, machen ihre Pläne und erfüllen damit eine ihnen vom Weltgeist aufgegebene historische Mission.

Diese Vollstreckerfunktion bezeichnet Hegel als die List der Vernunft. Wenn es dem absoluten Geist gelingt, den objektiven Geist, d.h. das Walten der Vernunft in der Geschichte zu erkennen, kann es keinen weiteren geschichtlichen Fortschritt mehr geben. Der absolute Geist ist dann *bei sich selbst*. Hegel ist der Vernunft in der Geschichte auf die Spur gekommen. Aufgabe der Philosophie und der Politik kann es jetzt nur noch sein, nach dem erkannten Vernunftprinzip zu handeln. Wer sich nun noch weigert, das Vernünftige in der Geschichte zu erkennen, beweist seine Unvernunft.[49]

---

[49] Georg Wilhelm Friedrich Hegel: Vorlesungen über die Philosophie der Geschichte, in: Werke in zwanzig Bänden, Bd. 12, 6. Aufl., Frankfurt/M. 2002.

Die Hegelsche Philosophie fand vor allem in Deutschland viele Bewunderer und Anhänger. Doch ihre komplizierte, deutungsbedürftige Sprache löste eine Vielfalt zum Teil widersprüchlicher Interpretationen aus. Dies zeigte sich folgenschwer an der konträren Deutung seiner Sentenz „was vernünftig ist, das ist wirklich, und was wirklich ist, das ist vernünftig." Konservative Schüler Hegels nahmen den Satz für die Rechtfertigung des politischen Status quo in Anspruch. Hegel tue kund, dass der Zustand der Welt vernünftig sei. Seine linken Schüler wandten ein, die Vollendung der Geschichte sei erst noch zu leisten, da die zeitgenössischen Zustände augenscheinlich nicht das Attribut vernünftig verdienten. Eine Wirklichkeit, die der Idee des Vernünftigen entspreche, sei erst noch herbeizuführen. Es heiße Missbrauch mit der Hegelschen Dialektik treiben, wenn der Lauf der Geschichte a) überhaupt enden sollte und b) wenn er gerade dann aufhöre, da die Welt von Unrecht, sozialem Elend, Repression und unvernünftiger Herrschaft gekennzeichnet sei. Aus den kritischen Impulsen des linken Hegelianismus entstand die politische Philosophie von Karl Marx.

In der politischen Theorie zeitigte vor allem Hegels begriffsrealistische Sprache Wirkung. Fortan nahm sie den Begriff für die Sache selbst und konstruierte aus den Begriffen den Sinnzusammenhang eines Ganzen.

2.6.2 *Karl Marx*

Karl Marx (1818-1883) stand im Bann der Hegelschen Philosophie. In der Argumentationstechnik ähnlich, aber in der Ursachenzuschreibung höchst unterschiedlich, ist der Geschichtsverlauf ein zentrales Thema auch der Marxschen Theorie. Marx wirft Hegel vor, die Befreiung des Menschen vollziehe sich bei ihm bloß im Philosophischen. Nach seiner Auffassung hängen die Existenz und das Denken des Menschen allein von der materiellen Reproduktion ab. Die Bedingungen dieser Reproduktion halten Menschen gleichermaßen in geistiger Unmündigkeit wie in materieller Abhängigkeit gefangen.

Die bisherige Menschheitsgeschichte war davon charakterisiert, dass Arbeit stets mit Unterdrückung und Ausbeutung einherging. In der Urgesellschaft ist der Mensch mit sich und mit der Natur noch eins. Freilich ist er in dieser Zeit den Unbilden der Natur ausgesetzt; er hat kein Bewusstsein seiner selbst. In der Sklavengesellschaft bilden sich Beziehungen zwischen Herr und Knecht heraus. Sie stehen für Herrschaft ohne Recht. In der Feudalgesellschaft gewinnen die Beziehungen zwischen Herrscher und Beherrschten Rechtscharakter. Kirche und Religion legitimieren die Verhältnisse. Herrscher und Beherrschte kennt auch noch

2.6 Philosophie und Geschichtsdenken

die nächste Epoche, die bürgerliche Gesellschaft. Die Ausbeutung der Arbeit durch das Kapital wird hier durch scheinfreiwillige Verträge verschleiert, deren Gültigkeit der Staat garantiert.

Nicht mehr nebulöse Welt- oder Volksgeister wie bei Hegel, sondern Klassen sind die großen Bewegkräfte der Geschichte. Die Menschheitsgeschichte ist ein kontinuierlicher Prozess der Entfremdung des Menschen von seiner Arbeit.[50]

Solange sich die wenigen Eigner der Produktionsmittel das Produkt der gemeinsamen Arbeit besitzloser Massen aneignen, solange den arbeitenden Menschen gleichbedeutend der Sinn für die harmonische Beziehung von Mensch und Natur verschlossen bleibt, kann von der Befreiung des Menschen aus Unmündigkeit und Abhängigkeit keine Rede sein. Eine wirkliche Befreiung im philosophischen wie im materiellen Sinne wird erst dann möglich, wenn die arbeitenden Menschen Ausbeutung, Abhängigkeit und Herrschaft abschütteln. Dann steht auch der Freiheit des Geistes nichts mehr im Weg. Niemand muss sich dann mehr als notwendig um Nahrung, Kleidung und das Dach über dem Kopf kümmern.

Arbeiterklasse und Revolution sind die Schlüsselbegriffe der Marxschen Gesellschaftsanalyse. Die Arbeiterklasse hat in der bürgerlich-kapitalistischen Gesellschaft ein grundlegendes Interesse, ihre Situation zu verändern. Der Wandel zum Besseren setzt indes voraus, dass die Ursachen der Ausbeutung beseitigt werden. Deshalb setzt die Befreiung der Arbeiterklasse die Beseitigung des kapitalistischen Systems voraus. Danach beginnt eine neue Epoche. Fortan herrschen die Produzenten selbst. Die Produktionsmittel gehören allen gemeinsam; jeder hat Anspruch auf den Genuss der produzierten Güter.

In Hegelscher Manier entwickelt Marx die Idee, dass die sozialistische Gesellschaft im Keim, sozusagen als Antithese, bereits in der vollendeten bürgerlichen Gesellschaft enthalten ist. Die gemeinschaftliche Produktion ist bereits in der arbeitsteiligen Fabrikarbeit realisiert. Die Besitzlosigkeit der Lohnarbeiter nimmt die Gleichheit der Arbeiter im herrschaftsfreien Zustand der kommunistischen Gesellschaft vorweg. Im Klassenkampf reift in der Arbeiterklasse noch zusätzlich die politische Solidarität des Proletariats.

Sobald das Proletariat seine Stärke im solidarischen Handeln erkennt, vollzieht es den Schritt von der Klasse an sich zur Klasse für sich. Die Klasse an sich drückt den objektiven Sachverhalt einer produzierenden Klasse aus. Die Klasse

---

[50] Karl Marx und Friedrich Engels: Manifest der kommunistischen Partei, in: Karl Marx und Friedrich Engels Werke, Bd. 4, 5. Aufl., Berlin: Dietz 1971, S. 462f, 472f.

für sich erkennt ihre historische Bestimmung, sich aus der ihr aufgezwungenen Lage zu befreien.[51]

Grundlegend für das Verlassen einer überlebten und das Eintreten in eine neue Epoche ist das Spannungsverhältnis zwischen den Produktivkräften und den Produktionsverhältnissen, bzw. das Spannungsverhältnis von Basis und Überbau. Die Produktivkräfte – die Basis – bezeichnen den Stand der Produktionstechnik, die Infrastruktur, die Kosten und das Angebot benötigter Rohstoffe sowie das verfügbare Potenzial an Arbeit. Demgegenüber bezeichnen die Produktionsverhältnisse – der Überbau – Phänomene wie Staat, Recht, Ideologie, Religion und Philosophie. Die Produktivkräfte sind das Primäre. Sie entwickeln sich dynamischer als die Produktionsverhältnisse.

Revolutionen sind große gesellschaftliche Transformationsvorgänge. In der Revolution vollzieht sich der Übergang von einer Epoche der Klassenverhältnisse zu einer anderen. Die bürgerliche Revolution löst die Feudalgesellschaft ab. Sie verhilft der kapitalistischen Produktionsweise und dem bürgerlichen Staat, der sie absichert, zum Durchbruch. In ähnlicher Weise fegt die sozialistische Revolution den Kapitalismus als Gesellschaftsformation beiseite. Sie leitet zu einer kommunistischen Gesellschaft über.

In der Abfolge der Klassenkämpfe wird die Verwandtschaft zur Hegelschen Dialektik deutlich. Beim Übergang von einer Gesellschaft zur anderen ist die jeweils fortschrittlichere Klasse zur Trägerin der politischen Macht bestimmt. Dieselbe Klasse wird reif zur Ablösung, sobald das von ihr geschaffene Produktionssystem seinen Höhepunkt überschreitet. Marx stellt sich die Klassenauseinandersetzungen – um es mit einem modernen sozialwissenschaftlichen Terminus auszudrücken – als Nullsummenspiele vor, bei denen nur einer gewinnen kann. Die dialektisch aufsteigende Kette der Gesellschaftsformationen findet den Abschluss in der klassenlosen kommunistischen Gesellschaft.[52]

Eine weitere Gemeinsamkeit von Marx und Hegel liegt in dieser Vorstellung vom Ende des dialektischen Geschichtsprozesses, sobald ein idealer Zustand erreicht ist. Die Vollendung der Geschichte findet bei Marx nicht in der Gegenwart statt, sondern wird in die Zukunft projiziert. Aus seiner Warte wird sich die Befreiung der Arbeiterklasse und somit der ganzen Menschheit in einer gleichermaßen utopischen und dennoch mit wissenschaftlicher Exaktheit zu erreichen-

---

[51] Karl Marx: Das Elend der Philosophie, in: Karl Marx und Friedrich Engels Werke, Bd. 4, 5. Aufl., Berlin: Dietz 1971, S. 180f.
[52] Marx und Engels: Manifest der kommunistischen Partei, ebd.

den Gesellschaft ereignen. Marx stellt nach einem berühmten Wort „Hegel vom Kopf auf die Füße."

Die klassenlose Gesellschaft hebt die Unterschiede zwischen Stadt und Land sowie zwischen intellektueller und körperlicher Arbeit auf. Heißt es noch in dem von Marx nur vage umschriebenen Durchgangsstadium zwischen sozialistischer Revolution und Vollendung des Kommunismus, in der sozialistischen Gesellschaft: „Jedem nach seiner Leistung, jedem nach seinen Bedürfnissen," so gilt in der kommunistischen Gesellschaft das Prinzip: „Jedem nach seinen Bedürfnissen." Jeder kann haben, was er braucht und wünscht. Der Mensch im Kommunismus ist nach dem Stand der Bildung, Technik und Produktion nicht mehr an die Ausübung spezieller Berufe oder Tätigkeiten gebunden. Er kann sich je nach Belieben entschließen, wie Marx es ausdrückt, morgens Bauer, nachmittags Fischer und abends Philosoph zu sein. Auch hier wird der philosophische Impuls deutlich. Der kommunistische Mensch wird als autonomes Individuum gedacht, das in der Wahrnehmung seiner Freiheit durch keinerlei materielle oder intellektuelle Schranken mehr gehemmt ist. In der kommunistischen Gesellschaft wird der Staat entbehrlich. Die kommunistischen Menschen regeln ihre Angelegenheiten selbst: durch gesellschaftliche Übereinkunft. Sie brauchen keine Erzwingungsinstanz, weil sie als freie und gleiche Menschen beschließen.[53]

Der Überfluss in der kommunistischen Gesellschaft darf nicht dahin missverstanden werden, als sollte er auch unvernünftige Bedürfnisse befriedigen, z.B. den Wunsch nach Luxus, Prestige und Prasserei. Der kommunistische Mensch hat ein aufgeklärtes Antlitz. Er handelt verantwortlich und definiert seine Bedürfnisse vernünftig. Er ist zugleich ein geistig reger Mensch mit entwickelten ästhetischen Empfindungen und Wissensdurst.

Das Marxsche Werk vereinigt alles, was es zur umfassenden Welterklärung braucht. Und es erfüllt klipp und klar Sabines Kriterien einer politischen Theorie. Es hat ein klar umrissenes Menschenbild, den lern- und entwicklungsfähigen, zur Solidarität bestimmten Menschen. Es analysiert die Gesellschaft seiner Zeit, deutet Gesetzmäßigkeit in die Entwicklung der Menschheit und projiziert die Utopie einer besseren Gesellschaft. Ferner integriert diese Theorie die junge Wissenschaft von der Ökonomie, sie leistet eine Analyse sozialer Klassen und trifft klare Aussagen zum Status von Staat und Politik.[54]

---

[53] Ebd., S. 482.
[54] Dazu folgende Überblicksdarstellungen: Iring Fetscher: Marx, Freiburg 1999; Richard Friedenthal: Karl Marx. Sein Leben und seine Zeit, 2. Aufl., München 1990.

3 Grundlagen des sozialwissenschaftlichen Theorieverständnisses

3.1 Max Weber

Weber (1864-1920) soll hier nicht, wie in Klassikerdarstellungen üblich, als Herrschafts- und Religionssoziologe vorgestellt werden. Er wird an dieser Stelle als Klassiker der Sozialwissenschaft referiert. Die Theoriebildung in der Politikwissenschaft, die nicht auf philosophischen Pfaden wandelt, hat viele Wurzeln im Weberschen Werk. Weber geht es um die Erkenntnis der gesellschaftlichen Wirklichkeit.[1] Seine Soziologie führt Ökonomie, Ideen, Religion und kulturelle Prägung als Ursachen für die Strukturen der modernen Welt vor Augen.[2] Weber ist ein Interpret dieser Welt.

Es steht dem wissenschaftlichen Beobachter frei, seinen Gegenstand nach Gusto auszuwählen. Dessen Untersuchung selbst hat aber diszipliniert und regelgebunden vonstatten zu gehen. Sie verlangt die vorurteilsfreie Auseinandersetzung mit den Tatsachen und dazu die klare Benennung des Interesses, das zur Beschäftigung mit dem Problem motiviert. Als Interpret sozialer Tatsachen nimmt Weber in der frühen Soziologie eine Gegenposition zur Sozialwissenschaft Émile Durkheims ein. Durkheim ist ein Stammvater der quantifizierenden Sozialwissenschaft. Er setzt auf die Beweisführung mit Daten.[3] Weber will die Dinge verstehen, aber nicht in der Art der freien Interpretation des Publizisten und der auf Quellenbelege gestützten Detailschilderung des Historikers. Das charakteristische Stilmittel seiner Gesellschaftsanalyse ist der Idealtypus: die Umschreibung des Gegenstandes unter Fortlassung aller Details und Variationen, die der unübersehbaren Vielzahl von Einzelfällen eigentümlich sind. Auf diese Weise

---

[1] Max Weber: Gesammelte Aufsätze zur Wissenschaftslehre, hrsg. von Johannes Winckelmann, Tübingen 1968, S. 427ff.
[2] Dirk Käsler: Max Weber: Eine Einführung in Leben, Werk und Wirkung, Frankfurt/M. und New York 1998; Max Weber: Schriften 1894-1922, ausgew. u. hrsg. von Dirk Käsler, Stuttgart 2002.
[3] Émile Durkheim: Die Regeln der soziologischen Methode, hrsg. von René König, Frankfurt/M. 1984 (Erstausg.1895).

kommt das Gemeinsame zum Vorschein. So lassen sich die Merkmale einer Kultur, einer Epoche, einer Organisation und einer Wirtschaftsweise anschaulich schildern, lässt sich ferner die Verwandtschaft mit ähnlichen Phänomenen aufzeigen und wird schließlich auch deutlich, wo die Betrachtung des Einzelfalls weitere Aspekte beachten muss. Bis heute lehnt sich die Modellbildung in der Politikwissenschaft an diese Vorgehensweise an.

3.2 Karl Popper

Betrachten wir nun mit Karl Popper (1902-1994) wieder einen Philosophen, der allerdings wie kaum ein anderer das Selbstverständnis der modernen Wissenschaft auf den Punkt gebracht hat. Nur am Rande berührt Poppers Werk die Sozialwissenschaft. Als exemplarisch für den Wissenschaftsprozess setzt Popper die Naturwissenschaft. Als maßgebliches Kriterium wissenschaftlicher Erkenntnis stellt er die Forderung auf, dass Ergebnisse, welche die Richtigkeit einer These bestätigen, immer wieder in Frage zu stellen sind. Er bezeichnet diese Methode als Fallibilismus: Der unablässige Versuch, Thesen, Überzeugungen und Theorien zu falsifizieren. Bewährt sich eine Behauptung in allen Prüfsituationen, darf sie als wahr gelten – aber nur so lange, bis es später vielleicht doch einmal gelingt, ihre Fehlerhaftigkeit nachzuweisen.

Die Gewissheiten der Welt, in der wir leben, sind nicht endgültig. Wir müssen jederzeit damit rechnen, dass sie erschüttert werden. Was in der Physik und Biologie das kritische Experiment, ist in der Sozialwissenschaft die Erfahrung und Beobachtung. Die Vorläufigkeit vermeintlicher Wahrheiten gilt um nichts weniger in der Welt der politischen Überzeugungen und des politischen Handelns. Nur eines ist sicher: Niemand ist im Besitz einer letzten Wahrheit. Jeder Zweifel ist legitim, in der Wissenschaft wie in der Politik.

Meinungs- und Wissenschaftsfreiheit sind die Eckpunkte der allein unter demokratischen Bedingungen möglichen offenen Gesellschaft. Stillstand ist als politische Maxime ebenso falsch wie die Vision einer schöneren und besseren Welt. Der Common sense lehrt, dass es stets Ungerechtigkeiten und Missstände geben wird, die nicht toleriert werden dürfen und politische Antworten verlangen. Verantwortliche Politik heißt Reform: Veränderung mit dem Ziel, Probleme zu lösen. Dabei ist es Sache der politischen Auseinandersetzung, Probleme zu definieren, sie auf die Tagesordnung zu setzen und nach getaner Arbeit wieder von der Agenda zu streichen. Gesamtlösungen stehen im Widerspruch zum Reformgedanken.

Politik ist Piecemeal technology. Sie vollzieht sich in kleinen Schritten, die sich im Fall des absehbaren Misserfolgs leicht wieder revidieren lassen, um andere Lösungen auszuprobieren.[4] Wie der Wissenschaftler im Experiment, muss die Politik kontinuierlich ihre Ziele, Instrumente und Ergebnisse in Frage stellen. Und dabei muss sie, ohne die Verantwortung aus der Hand zu geben, wissenschaftliche Erkenntnis und Kritik ins Kalkül ziehen. Auch deshalb ist eine freie Wissenschaft für die Gesellschaft wichtig.

3.3 Thomas Kuhn

Thomas S. Kuhn (1922-1996) diskutiert wissenschaftliche Theorien als zeitlich und soziologisch gebundene Phänomene. Setzt sich eine Vorstellung, was Theorie ist und was sie zu leisten hat, erst einmal durch, hantieren ganze Generationen von Wissenschaftlern damit. Sie betreiben auf ihrer Grundlage spezielle Forschungen, ohne noch groß danach zu fragen, ob diese Art der Erkenntnisfindung zeitgemäß und nicht längst rechtfertigungsbedürftig ist. Ein einst originelles und zunächst überzeugendes Theoriebild wird zur Gewohnheit, es wird zum Inbegriff „normaler Wissenschaft" oder, wie Kuhn es nennt: zum Paradigma. Als Gewohnheit, als Orthodoxie richtet es sich im Laufe der Zeit in der Wissenschaftsorganisation, in den Karrieren und in der Art des Argumentierens ein. Bequemlichkeit und organisatorische Trägheit halten das Paradigma länger über Wasser, als es verdient. Langfristig jedoch stellen findige Köpfe und neue Einfälle seine Brauchbarkeit infrage. Das Paradigma ermattet, es verliert allmählich seine Anhänger. Schließlich wird es von einem neuen Paradigma abgelöst.[5]

Kuhn entwickelt seinen Gedanken am Beispiel der Physik.[6] Überträgt man aber seinen Begriff des Paradigmas auf die Humanwissenschaften, so treffen wir

---

[4] Karl Popper: Logik der Forschung, Tübingen 1969 (Erstausg.1934); Ders.: Wissenschaftslehre in entwicklungstheoretischer und in logischer Sicht, in: Ders., Alles Leben ist Problemlösen. Über Erkenntnis, Geschichte und Politik, Sonderausgabe, München 2003 (Erstausg. 1972), S. 21f, 25.

[5] Thomas S. Kuhn: Die Struktur wissenschaftlicher Revolutionen, Frankfurt/M. 1976 (Erstausg.1962).

[6] Streng genommen taugt seine Idee des Paradigmas nicht für sozialwissenschaftliche Theorien, weil sie davon ausgeht, dass neue Paradigmen auf der Basis eines unveränderten Konsenses über gesichertes Wissen und Methoden reifen. Dazu Thomas C. Walker: The Perils of Paradigm Mentalities: Revisiting Kuhn, Lakatos, and Popper, in: Perspectives on Politics, 8. Jg. (2010), S. 435f.

in Soziologie, Geschichts- und Politikwissenschaft typischerweise kein singuläres und beherrschendes Paradigma, sondern vielmehr eine Vielzahl von Paradigmen an. Theorien haben ihre Konjunkturen, ja Moden. Am Anfang steht eine originelle These oder eine Heuristik, die plausibel auf eine Reihe politischer Phänomene anwendbar ist. Renommierte Stichwortgeber in den Fachvereinigungen und publikationsfreudige Leitautoren deklarieren die neue Theorie zum Standard. Die erhoffte Karriere fest im Blick, veredelt der wissenschaftliche Nachwuchs diese Theorie unter seinesgleichen zum Dernier cri der Fachdiskussion.

In den 1980er Jahren beflügelte das Stichwort des Korporatismus eine seit Jahrzehnten darniederliegende Verbändeforschung. In den 1990er Jahren gedieh auf den Trümmern des realen Sozialismus eine Forschung über Wandlungsprozesse zur Demokratie. Die Rede vom Mehrebenensystem macht dem guten alten Begriff des Föderalismus Konkurrenz. Sie hat ihren guten Sinn, weil sie aus handlungstheoretischer Perspektive auf das politische System blickt und nicht aus der Perspektive des Staatsrechts und der Staatsaufgaben. Heute ist es chic, Probleme der innergesellschaftlichen und der internationalen Politik in den Begriffen der Good Governance und Global Governance zu thematisieren.

Beginnend in den 1960er Jahren erlebte das Marxsche Denken in der Politikwissenschaft für ein Vierteljahrhundert eine Blüte sondergleichen. Heute wird es in Übersichtsdarstellungen bestenfalls pflichtschuldig vermerkt. In den Artikeln der Fachjournale findet es keine Resonanz mehr. Dabei bekräftigt die jüngste Weltfinanzkrise (2008/2009) so manche Marxsche These über den Staat als Reparaturbetrieb des Kapitalismus. Theorie à la mode hat dem Rauschebart aus Trier den Rücken gekehrt. So rational, wie es sich Popper wünscht, geht es in der Wissenschaft nicht zu, und in der Politik, wie uns der Common sense lehrt, sowieso nicht.

In der Sozialwissenschaft verhält es sich eher so, dass sie dermaßen wechselfreudig ist, dass sich überhaupt kein Konsens über ein Paradigma bilden kann. Gesellschaft und Politik haben viele Facetten. Der Gegenstand der Gesellschaftswissenschaft ist biegsam und wandlungsfreudig. Ein Stückweit laufen jene, die Politik analysieren, dem Aufblinken neuer Themenfelder hinterher. Andere Themenfelder wandern in Schattenzonen oder werden einfach abgeschaltet. Das Resultat: Ein Nebeneinander vitaler und matter Paradigmen. Doch wie auch immer – die Erkenntnisproduktion geht weiter.

In diesem Zusammenhang wirkt ein Gedanke Paul Feyerabends (1924-1994) geradezu erfrischend. Er fragt provokant, wenn Wissenschaft schon als Übereinkunft und soziales Ereignis enttarnt sei, dann sollte der Status der Theorie in der Wissenschaft entsprechend relativiert werden. Seine Parole des „anything goes" fordert dazu auf, jedwede Theorie, so unkonventionell sie auch daherkommen mag, als gleichwertig mit jeder anderen anzusehen.[7]

Imre Lakatos (1922-1974) deutet das Paradigma in ein Forschungsprogramm um, will sagen: Das Programm bestimmt Themenauswahl, Methoden und Hypothesen. Es erschöpft sich irgendwann. Dies geschieht aber nicht in Gestalt einer Zäsur. Vielmehr wird es solange weitergeführt, wie es bei der Anwendung auf neue Themen zu weiteren Erkenntnissen führt,[8] sei es auch nur, so wäre dem hinzuzufügen, solange es Geldgeber findet und es Wissenschaftler gibt, die einen liebgewonnenen Gegenstand oder eine Methode nicht aufgeben mögen. Dem Zustand eines paradigmatischen Pluralismus in der Politikwissenschaft, in dem erstarrte, vitale und sich ankündigende neue Paradigmen koexistieren, kommt diese Idee recht nahe.[9]

---

[7] Paul K. Feyerabend: Wider den Methodenzwang, Frankfurt/M. 1983 (Erstausg.1975).
[8] Imre Lakatos: Die Geschichte der Wissenschaft und ihre rationale Rekonstruktion, in: John Worrall und Gregorie Currie (Hrsg.), Imre Lakatos: Philosophische Schriften, Bd. 1, Braunschweig und Wiesbaden 1982.
[9] Auch Lakatos entwickelt diese Idee allerdings am Beispiel der Naturwissenschaften, Walker: The Perils of Paradigm, S. 436f.

4 Die Wende zur Empirie in der Politikwissenschaft

4.1 Die Anfänge der Politikwissenschaft in den USA

In ihrer Gründungsphase hatte die amerikanische Politikwissenschaft noch empirieferne Interessen. Es ging um Staats- und Völkerrecht, um den Rechtsvergleich und um das Studium der Klassiker politischer Ideen.[1] Nachdem es zunächst nur vereinzelte Politikprofessuren gegeben hatte, wurde 1880 an der Columbia University die erste Fakultät für Politikwissenschaft eingerichtet.

Die frühe amerikanische Sozialwissenschaft war auf Reform aus. Historiker, Ökonomen, Soziologen und auch Politikwissenschaftler drängte es, mit praktischen Vorschlägen Missstände wie Kinderverwahrlosung, Konzentration wirtschaftlicher Macht, inkompetente Verwaltungen und Korruption zu bekämpfen. Das Progressive movement mit seiner Stoßrichtung gegen diese Übel stieß um die Wende zum 20. Jahrhundert eine Vielzahl von Reformen an. Es trug eine reformistische Grundstimmung in die akademische Welt.[2]

Anglophile Politikwissenschaftler machten sich in Harvard und Princeton einen Namen. Charles E. Beard entmystifizierte die amerikanische Verfassung, indem er sie als ein Konstrukt von Eigentümer- und Gläubigerinteressen enttarnte – ein ungeheuerlicher Bruch mit der hagiographischen Darstellungstradition.[3]

---

[1] Dazu als Auswahl disziplinhistorischer Darstellungen Jürgen Hartmann: Geschichte der Politikwissenschaft. Grundzüge der Fachentwicklung in den USA und in Europa, Opladen 2003; Raymond Seidelman: Disenchanted Realists: Political Science and the American Crisis 1884-1984, Albany 1985; David M. Ricci: The Tragedy of Political Science: Politics, Scholarship, and Democracy, New Haven und London 1984; Albert Somit und Joseph Tanenhaus: The Development of American Political Science. From Burgess to Behavioralism, Boston 1967.
[2] Thomas L. Haskell: The Emergence of Professional Social Science: The American Social Science Association and the Nineteenth Century Crisis of Authority, Urbana, Chicago und London 1977.
[3] Charles E. Beard: Eine ökonomische Interpretation der amerikanischen Verfassung, Frankfurt/M. 1974 (Erstausg. 1913).

Woodrow Wilson trat für eine Reform der amerikanischen Verwaltung nach kontinentaleuropäischem Modell ein. Er versprach sich davon das Austrocknen kleiner und großer Korruption im Alltag, namentlich in den Kommunen und Einzelstaaten. Weithin bekannt machte ihn die Forderung, die amerikanischen Institutionen durch die Stärkung des Präsidentenamtes umzugestalten.[4] Wilson bewunderte den Westminster-Parlamentarismus, wie ihn Bagehot in seinem klassischen Werk exemplarisch beschrieben hatte.[5] Die Parteien fanden in der frühen Politikwissenschaft ganz allgemein großes Interesse – als Reformobjekte und als Vehikel für weiterreichende politische Reformen. Mit dem Vergleich von Parteien und Regierungssystemen traten James Bryce[6] und A. Lawrence Lowell[7] hervor. In dieser Galerie früher Politikforscher hat auch Arthur Bentley seinen Platz. Zwar blieb ihm eine politikwissenschaftliche Karriere verwehrt. Als Publizist jedoch verfasste er eines der wichtigsten Werke der frühen Politikwissenschaft über Verbände und Lobbyarbeit. Sein Opus enthielt im Kern sogar eine empirisch gestützte Theorie der Politik.[8]

Im Jahr 1903 wurde die American Political Science Association (APSA) gegründet. Der Gründungsakt stand unter dem Motto, die Politikwissenschaft solle Fakten sammeln, um politische Vorgänge besser zu verstehen. Gemeint waren Fakten als brauchbare Beobachtungen, um der informellen Dimension der Politik auf die Spur zu kommen. Diese galt als die Essenz politikwissenschaftlicher Erkenntnis, sie versprach Reputation: Welche verborgenen, doch bei näherem Hinsehen erkennbaren Mechanismen, Motive und Verhaltensweisen wirken in der Politik?

Hier ging es also darum, die Antriebskräfte der Politik zu verstehen und mit diesem Wissen eine bessere Politik zu programmieren. Das darin enthaltene theoretische Interesse hatte den Zuschnitt der Gunnellschen *pt*. Die politische Theorie, das Klassikerstudium, hatte daneben aber noch keinerlei Probleme, sich zu behaupten.

In den 1920er Jahren bestimmte schon wieder eine neue Generation von Politikwissenschaftlern den Zuschnitt des Fachs. Ihr Zentrum war die Universität Chicago. Sie hatte damals eine führende Rolle in der empirischen Sozialwissen-

---

[4] Woodrow Wilson: Congressional Government, New York 1956 (Erstausg.1884).
[5] Walter Bagehot 1963: The English Constitution, eingel. von R.H.S. Crossman, London (Erstausg.1867).
[6] James Bryce: The American Commonwealth, New York 1959 (Erstausg.1888).
[7] A. Lawrence Lowell: Governments and Parties in Continental Europe, Cambridge 1896.
[8] Arthur F. Bentley: The Process of Government: A Study of Social Processes, Cambridge 1908.

4.1 Die Anfänge der Politikwissenschaft in den USA

schaft. Große Beachtung fand besonders die behavioristische Psychologie John B. Watsons. Sie trat mit dem Anspruch auf, Verhalten als das Resultat äußerer Impulse (stimulus-response) zu erklären.[9] Für die Hinwendung der Politikwissenschaft zur Kommunikation mit den sozialwissenschaftlichen Nachbardisziplinen stand Charles E. Merriam (1874-1953). Er hatte eine zeitweise erfolgreiche Karriere in der Chicagoer Kommunalpolitik hinter sich, bevor er seit 1923 Disziplingeschichte schrieb. Er hatte selbst noch die traditionelle Ausbildung im Studium von Klassikern und Institutionen erhalten, geriet aber ins Fahrwasser des wissenschaftlichen Pragmatismus: vernünftige Urteile über die Wirklichkeit verlangen nach Fakten.[10]

Zu dieser Zeit war der Mittlere Westen das Zentrum der amerikanischen Industrie und Chicago die heimliche Hauptstadt der USA. Soziale Verwerfungen im Gefolge der Landflucht, Probleme bei der Integration der zahlreichen Einwanderer aus Europa – Multi-Kulti noch ohne Schockfarben –, organisierte Kriminalität, Großindustrielle und Banker, die mit der einen Hand, mit der sie gleichzeitig die Gewerkschaften unterdrückten, industrielle Privatimperien schufen, während sie mit der anderen wissenschaftliche Stiftungen gründeten und Universitäten förderten. In diesem Ambiente stellten sich dem politischen Kopf eine Reihe von Fragen, auf die Soziologie und Psychologie bessere Antworten versprachen als die Beschäftigung mit den Ideen vergangener Zeiten.[11] Eine verbesserte Statistik und Methoden der kontrollierten Beobachtung stellten immer mehr brauchbare Daten bereit.

Hier reifte nun eine Idee des Ex-Politikers Merriam. Erkenne man durch datengestützte Beweise erst die Ursachen politischen Verhaltens, müsse es auch möglich sein, dieses Wissen für politische Veränderung zu nutzen.[12] Merriam war von keiner Disziplin stärker fasziniert als von der Psychologie.[13] Namentlich das Irrationale in der Politik lasse sich nunmehr enträtseln. Die Psychologie, so seine

---

[9] Kurze Charakterisierung des Behaviorismus bei: R. Bergius: Behaviorismus, in: Wilhelm Bernsdorf (Hrsg.), Wörterbuch der Soziologie, Neubearb., Frankfurt/M. 1972, S. 81-85.
[10] Barry D. Karl: Charles E. Merriam and the Study of Politics, Chicago und London 1974.
[11] Erkki Berndtson 1987: The Rise and Fall of American Political Science, in: International Political Science Review, 8. Jg (1987)., S. 91.
[12] Avery Leiserson: Charles Merriam, Max Weber, and the Search for Synthesis in Political Science, in: American Political Science Review, 69. Jg. (1975), S. 177ff.
[13] Charles E. Merriam: The Present State of the Study of Politics, in: American Political Science Review, 15. Jg. (1921), S. 173-185.

Überzeugung, deckt die Mechanismen auf, in denen sich die Wirklichkeit mitteilt und in denen Urteile heranreifen und Entscheidungen getroffen werden.[14]

Merriam wurde 1923 zum Chairman des Political science department in Chicago berufen. Im selben Jahr verfasste er einen Forschungsbericht für die APSA, der euphorisch die neuen Möglichkeiten der Regierungsforschung beschrieb.[15] Die Gründung eines Social Science Research Council (SSRC), der private Fördermittel für die Politikwissenschaft akquirierte und Forschungsschwerpunkte setzte, ging maßgeblich auf seine Initiative zurück.

4.2 Politikforschung als Verhaltensforschung: Der Behavioralismus

David B. Truman, V.O. Key, David Easton und Gabriel A. Almond erlangten nach dem Zweiten Weltkrieg überragende Bedeutung für diese neue Politikwissenschaft. Sie alle hatten ihre Prägung im Umfeld Merriams erhalten. Merriams Schüler Harold D. Lasswell (1902-1978) feilte die Idee einer neuen Politikwissenschaft am stärksten aus. Er hatte eine klare Vorstellung, was die Politikwissenschaft tun muss, um das in der Welt existierende Irrationale berechenbar zu machen. Die Anschauung des Nationalsozialismus, die imperialistische Politik Deutschlands, Japans und Italiens, die Verfolgung der europäischen Juden und die Emigration bedeutender europäischer Wissenschaftler stießen ihn geradezu auf das Thema des Irrationalen. Für ihn hatte die Politikwissenschaft einen Aufklärungsauftrag.

In den 1950er Jahren ging Lasswell zwar auf Distanz zu Politikwissenschaftlern, die Daten und Methoden um ihrer selbst zu bearbeiten schienen. Dessen ungeachtet gilt er als einer der wichtigsten Väter der quantifizierenden Politikforschung. Es gilt, Daten, Daten und nochmals Daten zu akquirieren und sie für die Bildung beweiskräftiger Theorien zu nutzen. Der Politikwissenschaftler darf historische Informationen zwar nicht ignorieren. Aber sie gehörten in die Sparte des Urteils, ob sich die Politik in die richtige Richtung bewegt.[16] Die Aufgabe des Politikwissenschaftlers ist es, in der Zusammenarbeit mit anderen Disziplinen die Prämissen politischen Handelns herauszufinden, die Folgen dieses Handelns zu

---

[14] Dazu Charles E. Merriams Spätwerk: Systematic Politics, Chicago und London 1945.
[15] Charles E. Merriam: Progress Report on the Committe on Political Research, in: American Political Science Review, 17. Jg. (1923), S. 274-295.
[16] Harold D. Lasswell: The Future of Political Science, Westport, Conn. 1963.

4.2 Politikforschung als Verhaltensforschung: Der Behavioralismus

eruieren und zuverlässige Rezepturen zu entwickeln, um die beabsichtigte Wirkung zu erzielen.[17]

Dieses Anliegen machte Lasswell auch zum Anstoßgeber für die Policy-Forschung. Kern seiner Vorstellung von den Policy sciences ist die Machbarkeit einer besseren Politik.[18] Er wendet sich hier an die Eliten. Sie werden aufgefordert, unter wissenschaftlicher Beratung einen Kurs zu steuern, der die Bürger vor den Folgen einer falschen Politik bewahrt. In diesem Punkt setzt Lasswell einen anderen Akzent als Merriam. Dieser hatte stets den politischen Bildungsauftrag der Wissenschaft hervorgekehrt, um durch Aufklärung die Vernunft in die Politik zu holen.[19] Ihm ging es um Bürger, die wissen, wie Politik funktioniert, und die merken, wo sie im Dienste unlauterer Ziele steht.

Lasswells Basisidee eines wissenschaftlichen Politikstudiums gab einer Forschung die Richtung vor, die später unter dem Namen des Behavioralismus bekannt wurde. Merriam wie auch Lasswell gehörten einer Wissenschaftlergeneration an, die Europa noch zu Studien- und Forschungszwecken bereist hatte. Die Vorgänge in Deutschland, die scheinbar von der Begeisterung der Massen getragene nationalsozialistische Diktatur, gab Rätsel auf. Lasswell hatte in Deutschland und Österreich die Psychologie kennen gelernt. Er bediente sich ihrer, um sich einen Reim auf die aus den Fugen geratene Welt zu machen. Wie Merriam sang er das hohe Lied auf die gegenstandsadäquate Theorie und Methode. Wo sich die Klassenanalyse anbietet, um die Machtstrukturen in einer Arbeiterstadt mit einem einzigen großen Arbeitgeber zu studieren, hat es wenig Sinn, sich auf die Einzelheiten des Kommunalstatuts zu konzentrieren.[20] Bei der Untersuchung anderer Probleme sind Interviewtechniken angezeigt, an anderer Stelle wieder Anleihen bei der Psychoanalyse. Das Faszinierende an Lasswell war seine Fähigkeit, in alle diese Nachbarwissenschaften einzudringen und sie auf politikwissenschaftliche Fragen anzuwenden. Sein großes Leitthema war die Frage nach den Bedingungen, unter denen Politik stattfindet.

Politikwissenschaft ist für Lasswell das Studium der politischen Einflussnahme und der Einflussreichen, anders gesagt: eines Prozesses, an dem Teilnehmer mit mehr oder minder großen Ressourcen mitwirken.[21] Der Einzelne steht im

---

[17] Harold D. Lasswell: Politics: Who Gets What, When, How, New York 1958 (Erstausg. 1936).
[18] Harold D. Lasswell und Daniel Lerner (Hrsg.): The Policy Sciences, Stanford 1951, S. 3-15.
[19] Gunnell: Political Theory: The Evolution of a Sub-Field, S. 10.
[20] Harold D. Lasswell: The Analysis of Political Behavior: An Empirical Approach, London 1948.
[21] Lasswell: Who Gets What, When, How.

Zentrum der Politik. Heute würde man vom Akteur sprechen. Mit Lasswell schlägt die Stunde des breiten Stroms der politikwissenschaftlichen Handlungstheorien mit allen ihren Zuflüssen aus den Nachbarwissenschaften. Die politische Welt, in der die einzelnen agieren, ist eine vorgestellte Welt. Ganz und gar unrealistische Vorstellungen sind aber politikwissenschaftlich uninteressant. Sie zerschellen über kurz oder lang an den unverrückbaren Fakten. Doch jenseits abnormer Erwartungen gibt es eine Vielzahl tatsachenverträglicher Wahrnehmungen. Die Biographie und die Persönlichkeit kommen ins Spiel.[22]

Kommen wir noch einmal auf Lasswell als Vater der Policy-Analyse zurück. Politik ist stets ergebnisorientiert. Zunächst ist es wichtig herauszufinden, warum keine bessere oder warum überhaupt keine einschlägige Politik betrieben wird.[23] Dabei gilt es, alle methodischen Register zu ziehen. Wenn diese Aufgabe geleistet ist, darf die Wissenschaft einen Schritt weiter gehen und darüber nachdenken, wie die Bedingungen der alten Politik geändert werden müssen, um den Weg für Reformen zu bahnen.[24] Auch hier ist es wieder wichtig, die Köpfe zu erreichen. Sie zu manipulieren ist das Ziel der politischen Propaganda. Die Aufgabe der Wissenschaft ist es, diese Manipulation zu durchschauen und ihr mit aufklärender politischer Information zu begegnen.[25]

Lasswell bereitete maßgeblich den Durchbruch des methodologischen Individualismus vor. Dieser sollte die Politikwissenschaft nach 1945 revolutionieren. Lasswell interessierte sich für Strukturen, auch für Makrostrukturen wie Klassenbewusstsein und Gruppenzugehörigkeit. Auch diese Kollektivstrukturen erschließen sich letztlich aus der vergleichenden Beobachtung individuellen Verhaltens. Für die überkommene politische Philosophie hatte Lasswell nichts übrig, er machte auch kein Geheimnis daraus.[26] Sein Vorbild für die analytische Kapazität der Politikwissenschaft war die Naturwissenschaft.[27]

Lasswells Generalbotschaft an das empirische Programm der Politikwissenschaft lautete dahin, an die unter der Oberfläche verborgenen Strukturen der

---

[22] Harold D. Lasswell: Psychopathology and Politics, Chicago 1930; S. 75f., Lasswell: Analysis of Political Behavior, S. 19.
[23] Harold D. Lasswell: The Policy Orientation, in: Daniel Lerner und Harold D. Lasswell (Hrsg.), The Policy Sciences, Stanford 1951, S. 3f.
[24] Gunnell: Political Science: The Evolution of a Subfield, S. 10.
[25] Seidelman: Disenchanted Realists, 144ff.
[26] Harold D. Lasswell: The Future of Political Science, Westport, Conn. 1963, S. 41.
[27] Harold D. Lasswell: The Political Science of Science: An Inquiry into the Possible Reconciliation of Mastery and Freedom, in: American Political Science Review, 50. Jg. (1956), S. 961-976.

4.2 Politikforschung als Verhaltensforschung: Der Behavioralismus

Politik heranzukommen. Biographien haben hier großen Informationswert, ebenso soziologische Elitenstudien.[28] Die Faszination des Informellen in der Politik gab es lange vor Lasswell. Sie war einer der Hauptimpulse für die Politikanalyse überhaupt. Selbst die Konzentration der Politikbetrachtung auf das Individuum hatte es – in der politischen Theorie – lange vor Lasswell gegeben (Hobbes, Locke, Rousseau). Als empirisches Projekt war sie aber etwas Neues.

In einem Nebenstrang der Politikwissenschaft setzte zu dieser Zeit die Auseinandersetzung mit den Kulturwissenschaften ein. In den 1930er Jahren machte sich die Welt außerhalb der USA unüberhörbar bemerkbar, die japanische Expansion in China, die martialischen Gesten Deutschlands in der europäischen Politik und die rätselhaften Vorgänge in Deutschland selbst, das viele amerikanische Sozialwissenschaftler gut kannten, ja wo sie zum Teil selbst studiert hatten. Auch das Wirken der mit dem Werk Max Webers und mit der europäischen Soziologie vertrauter Emigranten, die in den USA eine Zuflucht fanden, brachte neue Impulse.[29]

Der asiatische Krieg zwang die amerikanische Politik, sich mit Gesellschaften auseinanderzusetzen, die selbst den wenigen Politikwissenschaftlern nicht bekannt waren, die sich mit der Welt außerhalb Nordamerikas befassten. Die Sozialanthropologie wanderte ins Blickfeld: eine Wissenschaft, die das Studium und den Vergleich – aus westlicher Perspektive – fremder Gesellschaften betrieb. Formale Institutionen gab es in einfachen, zivilisatorisch kaum berührten Völkern nicht. Die Anthropologie hielt sich deshalb an Erklärungen mit Tradition und sozialen Praktiken.

Konventionell war die Anthropologie an kleinen, ganzheitlichen Kulturen interessiert. Sie wurde dennoch für die Politikwissenschaft hochinteressant. Borislaw Malinowski (1884-1942) hatte die Anthropologie in den 1920er Jahren mit funktionalistischen Kategorien vertraut gemacht. Statt ideographischer Beobachtungen, die sich auf das Besondere fremder Kulturen konzentrieren, stellte er die Frage, ob sich scheinbar exotische Eigenarten nicht vielmehr ganz plausibel aus den kulturspezifischen Ausprägungen gesellschaftlicher Funktionen verstehen ließen, d.h. aus Vorgängen, die prinzipiell in allen Gesellschaften anzutreffen sind.[30] Chicagoer Politikwissenschaftler rezipierten die bekanntesten amerikanischen Vertreter der Anthropologie. Clyde Kluckhohn (1905-1960) strich den Kon-

---

[28] Harold D. Lasswell: Policy Orientation.
[29] Gerhard Loewenberg: The Influence of European Emigré Scholars on Comparative Politics, in: American Political Science Review, 100. Jg. (2006), S. 597-604.
[30] Ernest Gellner: The Politics of Anthropology, in: Government & Opposition, 23. Jg (1988)., S. 290-303.

text des Sozialverhaltens als Erklärungsmoment sozialer Verschiedenheit heraus.[31] Ruth Benedict (1887-1948) führte die kulturelle Reproduktion durch Lernprozesse und Nachahmung vor Augen.[32] Ebenso nüchtern wie überzeugend arbeitete sie die ideologischen Ursprünge der Gewohnheit heraus, Kulturen nach rassischen Merkmalen zu hierarchisieren und den Rest der Welt aus der Warte des weißen Mannes zu bewerten. George Herbert Mead (1863-1931) thematisierte die Persönlichkeit als Faktor des Sozialverhaltens.[33] Vor diesem Hintergrund taxierte ein von Karl Loewenstein (1891-1973) verfasster Bericht des Panel on Comparative Politics der APSA die bisherige Art des Politikvergleichs schlicht als Anachronismus.[34] Ökonomie, Statistik, Psychologie und Anthropologie müssten zu Rate gezogen werden, um die Komparatistik neu zu orientieren, und zwar auf den Vergleich von Kulturmustern.

Diese Rückschau auf die Ursprünge der gegenwärtigen Politikwissenschaft kann jetzt abgeschlossen werden. Die wissenschaftshistorischen und politischen Veränderungen und ihre Gründe sind erwähnt, einige wichtige, in der Politikwissenschaft fast vergessene Wegbereiter der Disziplin benannt. Bei alledem bleiben Fragen. Genügte der Blick über den Zaun zu den Nachbarwissenschaften bereits, um, drücken wir es getrost etwas pathetisch aus, ein Paradigma in der Politikwissenschaft zu etablieren? Hatte dieser Wandel nicht auch mit politischen Konjunkturen und mit den sich wandelnden gesellschaftlichen Problemhaushalten zu tun? Vielleicht banal, aber dennoch erwähnenswert:

Der Krieg erwies sich für die Wende zum Empirischen als ausschlaggebend. Zur Erinnerung: Der moderne amerikanische Staat, gerade knapp über 80 Jahre alt und schon seit 40 Jahren wieder heiß umstritten, hat zwei Väter – die Weltwirtschaftskrise und den letzten Weltkrieg. Politikwissenschaftler leisteten als Berater in Ämtern und Dienststellen ihren Beitrag zur Kriegsführung. Dort stellten sie fest, dass ihr Rat gemessen an dem der Ökonomen, Soziologen und Psychologen wenig zählte. Diese wurden so hoch geschätzt wie die zahlreichen Naturwissenschaftler im Regierungsdienst. Sie hatten Datenwissen, Methoden und Kausalitätsthesen im Gepäck – kurz: ein Know-how, das Daten produzierte und Prognosen erlaubte. Sie waren auch nicht verlegen, scheinbar präzise Antworten

---

[31] Clyde Kluckhohn: Spiegel der Menscheit. Die Beziehung der Anthropologie zum heutigen Leben, Zürich 1951.
[32] Ruth Benedict: Urformen der Kultur, Hamburg 1957 (Erstausg.1934).
[33] George Herbert Mead: Geist, Identität und Gesellschaft. Aus der Sicht des Sozialbehaviorismus, Frankfurt/M. 1973 (Erstausg.1934).
[34] Karl Loewenstein: Report on the Research Panel on Comparative Government, in: American Political Science Review, 38. Jg. (1944), S. 540-548.

4.2 Politikforschung als Verhaltensforschung: Der Behavioralismus

zu geben, wann immer sie gefragt wurden – ob sie am Ende nun stimmten oder nicht. Bürokratien brauchen Daten und handhabbare Formeln, Politiker brauchen nachvollziehbare, auf Expertise gestützte Empfehlungen. Hier konnte die Politikwissenschaft nicht mithalten. Für eine Wissenschaftlergeneration, die am Beginn einer Karriere stand, ergaben sich hier Anreize, ihr Fach so aufzurüsten, dass es den Anschluss an die Reputation der erfolgreicheren Nachbardisziplinen finden konnte! Dieser Anreiz wirkt bis heute fort.[35] Ein Blick auf die Themen der politikwissenschaftlichen Zeitschriften genügt, um sich davon zu überzeugen.

Jetzt aber zur Frage nach dem Status der politischen Theorie in dieser Epoche. Das empirische Interesse an Politik rastete ein, es blieb auch künftig die große Triebkraft der Fachentwicklung. Die politische Theorie wurde weiterhin auf traditionelle Art betrieben, als – ideengeschichtliches – Klassikerstudium. Hier und dort regte sich bereits der Vorschlag, den Theoriebegriff neu und im Einklang mit der empirischen Forschung zu definieren. Noch behauptete sich die historisch-philosophische politische Theorie als unbestrittener Teil des Ganzen. Lange sollte es nicht dabei bleiben.

Den Orientierungswechsel der amerikanischen Politikwissenschaft beleuchtet schlaglichtartig eine Debatte, die noch von den alten Fragestellungen inspiriert war. Seit Woodrow Wilson (1856-1924) wurde dort immer wieder die Frage gestellt, warum das amerikanische Regierungssystem so träge auf Reformwünsche reagiert und der Präsident, obgleich volksgewählt, so große Schwierigkeiten hat, effektive Führerschaft auszuüben. Der New Deal (seit 1933), der sich in seiner zweiten Phase (seit 1937) an einer quer zu den Parteigrenzen gebildeten konservativen Mehrheitskoalition des Kongresses totlief, machte das Problem abermals deutlich. Präsident Harry S. Trumans Schwierigkeiten mit dem Kongress taten ein Übriges, um die Politikwissenschaft an diesem Problem zu halten. Ein Bericht des APSA-Ausschusses für politische Parteien empfahl 1950, das Regierungssystem durch die Reform der politischen Parteien dem Wähler besser verantwortlich zu machen.[36] Dahinter stand die Vorstellung, die amerikanischen Parteien nach europäischem, namentlich britischem Vorbild umgestalten zu können.

Aus heutiger Sicht mutet diese Vorstellung eines Political engineering einigermaßen naiv an. Doch man urteile nicht vorschnell. Elmer E. Schattschneider (1892-1971), dessen wissenschaftliches Werk den Parteienbericht maßgeblich

---

[35] Ido Oren: Can Political Science Emulate the Natural Sciences? The Problem of Disconforming Analysis, in: Polity, 38. Jg., (2006), S. 76ff.
[36] American Political Science Review, Supplement: A Report on the Committe on Political Parties, American Political Science Association, Washington, D.C. 1950.

angeleitet hatte, war kein Nobody der amerikanischen Politikwissenschaft.[37] Er hatte eine der großen, Stil bildenden Fallstudien zu den amerikanischen Interessengruppen vorgelegt.[38] Er war ein Progressiver, der die von ihm beschriebenen Zustände, sei es den Lobbyismus im Kongress, sei es den Zustand der Parteien, für entschieden kritikwürdig befand. Der Verbändepluralismus erschien ihm schöner Schein, eine Sache derer, die nichts daran schlecht finden, weil die gegebene Verteilung von Bildung und Macht die Schwachen und Artikulationsunfähigen aussperrt.[39] Vor diesem Hintergrund muteten die Empfehlungen des Party report der APSA wie eine Radikalkritik am amerikanischen Regierungssystem an. Die darin für notwendig befundene, indes blockierte moderate sozialdemokratische Politik setzte zunächst voraus, dass die Wähler überhaupt politische Alternativen kennenlernten, zwischen denen sie hätten entscheiden können. Der Politikwissenschaft kam dabei die Aufgabe zu, die institutionellen Hemmnisse für eine reformorientierte Politik aufzuzeigen und eine Remedur anzubieten, die nicht aus der Luft gegriffen war, sondern auf die politische Praxis anderer Demokratien zeigte.

Die Aufnahme des Report in der Fachwelt war mehr als frostig. Er passte anscheinend nicht mehr in die Zeit. Behavioralisten wiesen auf die Gründe für die diffusen Abstimmungsbilder im Kongress hin.[40] Abgeordnete und Senatoren blicken auf ihre Wahlkreisinteressen und haben beim parlamentarischen Votum ihre Wiederwahl im Auge. Parteiloyalität ist dabei lediglich ein Faktor unter vielen, oft nicht einmal der wichtigste. V. O. Key (1908-1963) analysierte die regionalen und Klassenstrukturen der amerikanischen Politik in verschiedenen Epochen anhand von Daten der jüngeren US-amerikanischen Geschichte.[41] Eine Pionierstudie David B. Trumans (1913-2003) analysierte auf der Basis von Hypothesen und Daten erstmals die Interessengruppen.[42]

---

[37] E. E. Schattschneider: Party Government, New York 1942.
[38] E. E. Schattschneider: Politics, Pressures, and the Tarriff: A Study of Free Enterprise in Pressure Politics, as Shown in the 1929/30 Revision of the Tarriff, New York 1935.
[39] E. E. Schattschneider: The Semi-Sovereign People, New York 1960.
[40] Julius Turner: Responsible Party: A Dissent from the Floor, in: American Political Science Review, 45. Jg. (1951), S. 143-153; Austin Ranney: Toward a More Responsible Party Government: A Commentary, in: American Political Science Review, 45. Jg. (1951), S. 488-499; Ders.: The Doctrine of Responsible Party Government, Urbana 1962.
[41] Key, V.O. 1949: Southern Politics in State and Nation, New York; Ders.: A Theory of Critical Elections, in: Journal of Politics, 18. Jg. (1955), S. 3-18; Ders.: Secular Realignment and the Party System, in: Journal of Politics, 22. Jg. (1959), S. 198-210.
[42] David B. Truman: The Governmental Process, New York 1951.

4.2 Politikforschung als Verhaltensforschung: Der Behavioralismus 77

Auf den leisen Sohlen der Datenverarbeitung, der Befragung und der Einzelperson als Datenquelle bildete sich eine Forschungsrichtung, die bald mit der Pauschalbezeichnung des Behavioralismus überschrieben wurde.

Das behavioralistische Forschungsfeld par excellence war das Wählerverhalten. Lazarsfeld, Berelson und Gaudet[43] hatten die Präsidentschaftswahlen von 1940 im Erie County nach neuen Methoden analysiert und dabei statistische Methoden und Interviewtechnik eingesetzt. Ihre Schlüsselvariable war der SES (socio-economic status): Religion, Erwerbsstatus, Alter, Bildung, Stadt-Land-Wohnort. Bald überlagerte Campbells, Converses, Millers und Stokes' psychologisches Trichtermodell die Konzentration auf den SES.[44] Es basierte auf einer Panel-Befragung und sortierte die Ergebnisse nach der Kandidaten-, Sachfragen- und Parteiorientierung bei der Wahlentscheidung. In Ann Arbor entstand ein Zentrum der Wählerverhaltensforschung.

David B. Truman legte die erste große Pionierstudie zum Abstimmungsverhalten der Kongressmitglieder vor. Er untersuchte als Bestimmungsgründe die Herkunft, das Alter, die parlamentarische Position und die Ausschusszugehörigkeit.[45] Die hohe Volatilität des amerikanischen Elektorats und das Fehlen einer Parteidisziplin boten für solche Untersuchungen Stoff in Hülle und Fülle. Alle Forschungen dieser Art glichen sich darin, dass sie das Individuum als Wähler oder Mandatsträger in den Mittelpunkt stellten. Die Aggregation der individuell abgefragten Daten erlaubte es, ein konfessions- und bildungstypisches Kollektivverhalten zu identifizieren.

Schließlich verdient auch die Policy-Forschung als jüngstes Produkt des behavioralistischen Programms Erwähnung. Als Wachstumsbranche der Politikwissenschaft entfaltete sich die Policy-Analyse, die bereits Lasswell thematisiert hatte, erst im Gefolge des Great-society-Programms des Präsidenten Johnson in den 1960er Jahren. An diesem vorerst letzten großen sozialpolitischen Reformprogramm eines amerikanischen Präsidenten wirkten viele Sozialwissenschaftler mit. Die Ergebnisse der Projekte blieben weit hinter den Erwartungen zurück. Sie warfen bei Bürokraten, Wissenschaftlern und Politikern die Frage auf, was falsch gelaufen war und was getan werden musste, um es künftig besser zu machen.[46]

---

[43] Paul F. Lazarsfeld, Bernard Berelson und Hazel Gaudet Wahlen und Wähler, Neuwied 1969 (Erstausg.1944).
[44] Angus Campbell, Philip E. Converse, Warren E. Miller, und Donald E. Stokes: The American Voter, New York 1960.
[45] David B. Truman: The Congressional Party, New York 1959.
[46] Thomas R. Dye: Policy Analysis: What Governments Do, Why They Do It, and What Difference it Makes, Tuscaloosa 1976; Ders.: Understanding Public Policy, Eaglewood Cliffs 1972.

Der Behavioralismus ist überaus methodenstark, aber theorieschwach. Zwar wird die Flagge der politischen Theorie auch über dem methodenfixierten Treiben entrollt, und im Sinne Poppers und der Wissenschaftstheorie gibt es auch gute Gründe, insbesondere Hypothesen und Variablenbildung, hier von Theorie zu sprechen. Doch das Hauptkredo ist die maximale Zahl der Fälle und ein Material- und Datenpool, der sich für die quantifizierende Analyse eignet. Sperrig für diese Art der Analyse sind bereits die schwer messbaren, in hohem Maße der Interpretation bedürftigen Phänomene historischer und kultureller Provenienz. Sie aber beschäftigten weitaus mehr Vertreter der Disziplin, als sich aus den methodengesättigten Artikeln in den politikwissenschaftlichen Zeitschriften herauslesen lässt. Der Streit zwischen beiden Richtungen, hier Messung, dort Deutung, ist so alt wie die Verschwisterung eines großen Teils der Politikwissenschaft mit der Statistik.[47] Die Rezeption der Rational choice in der Politikwissenschaft, von der weiter unten noch die Rede sein wird, hat sich in gleicher Weise in der Abgrenzung zur verstehenden Methode vollzogen. Die Fronten sind so starr wie eh und je.[48] Sie bilden sich seit einigen Jahren auch in der Selbstdarstellung der American Political Science Association ab. Als Konsequenz aus der verbreiteten Kritik an der Methodenfixiertheit ihrer Verbandszeitschrift „American Political Science Review" bietet sie seit 2003 ihren Mitglieder mit dem Journal „Perspectives on Politics" alternativ den Bezug eines Periodikums an, dessen Beiträge Aktualität, Themenbreite und politische Relevanz betonen.

Soweit die behavioralistische Forschung überhaupt umfassendere Theorien hervorbrachte, handelte es sich um Theorien der Demokratie. Warum diese Affinität zur Demokratie? Die Antwort liegt auf der Hand. Die Demokratie ist ein offenes Regime mit garantierten Freiheitsrechten. Sie basiert auf Partizipation, lässt sich also in Wahlergebnissen, Protesten und im Handeln einer Vielzahl von Akteuren beobachten. Mit der Erschließung sozialwissenschaftlicher Techniken bot sich die Chance, eine Reihe von Begriffen wie Macht, Lobby und Eliten für die Messung und den Vergleich zu operationalisieren. Alte und nicht so alte Thesen wie Michels' ehernes Gesetz der Oligarchie und Schumpeters Behauptung vom Schlüsselstatus der Eliten im demokratischen Prozess ließen sich jetzt überprüfen. Anfänglich erfreuten sich auch die „community studies" großer Beliebtheit, eine Art Grundlagenforschung mit dem Zweck, vom kleinmaßstäblichen

---

[47] Giovanni Sartori: Where Is Political Science Going?, in: PS: Political Science & Politics, 37. Jg. (2010), S. 786.
[48] Zum aktuellen Stand dieser Auseinandersetzung Kristen Renwick Monroe (Hrsg.): Perestroika: The Raucous Rebellion in Political Science, New Haven und London 2005.

4.2 Politikforschung als Verhaltensforschung: Der Behavioralismus

politischen Geschehen in der Gemeinde auf die nationalstaatliche Organisation der Macht zu schließen.[49]

Bei aller theoretischen Ambitioniertheit war der Behavioralismus ein empirisches Unterfangen.[50] Für die Forschung war er ausgesprochen fruchtbar, weil er die Auseinandersetzung mit den Nachbardisziplinen beschleunigte. Methodisch hinterließ er seine Spuren vor allem in der Analyse der amerikanischen Innenpolitik (American politics). Dort, in der Regelgebundenheit des politischen Verhaltens, in einem recht einheitlichen kulturellen Kontext und in zumeist konsolidierten Machtverhältnissen, auch in den ausgeprägten, zahlreichen Rollenspielen des gewaltenteiligen und parteienschwachen Regierungssystems gab es ein dankbares Forschungsfeld für die Datenverarbeitung, die teilnehmende Beobachtung und ausgefeilte Interviewtechniken.

---

[49] Exemplarisch: Robert A. Dahl: Who Governs? Democracy and Power in an American City, New Haven 1965.
[50] Dazu seinerzeit stark beachtete Sammelbände, die das behavioralistische Forschungsspektrum vorstellen: James W. Ranney (Hrsg.): Essays on the Behavioral Study of Politics, Urbana 1962; Peter H. Merkl: „Behavioristische" Tendenzen in der amerikanischen politischen Wissenschaft, in: Politische Vierteljahresschrift, 6. Jg. (1965, S. 58-86; James C. Charlesworth (Hrsg.): Contemporary Political Analysis, New York und London 1967. Siehe auch Jürgen Falter: Der „Positivismusstreit" in der amerikanischen Politikwissenschaft. Entstehung, Ablauf und Resultate der so genannten Behavioralismus-Kontroverse in den Vereinigten Staaten 1945-1975, Opladen 1982.

5 Die Wende zur Philosophie in der politischen Theorie

5.1 Der aristotelische Royalismus Straussens und Voegelins

Politische Theorie bezeichnete in der amerikanischen Politikwissenschaft der Vorkriegszeit zumeist die Auseinandersetzung mit den großen Denkern der Vergangenheit.[1] Auf George H. Sabine (1880-1961), einen liberalen Wissenschaftler, geht die Tradition zurück, politische Ideen so darzustellen, als hätten die Jahrhunderte und ihre Theoretiker dialogisch aufeinander aufgebaut. Er schreibt die Theoriegeschichte zugleich als die Geschichte der Staatsentwürfe. Von der Antike bis zur Gegenwart scheinen sich langsam die Werte der modernen Demokratie zu entfalten.[2] In den Ideen wirken also die Kräfte des Fortschritts und der Liberalität.

Die empirisch interessierte Politikwissenschaftlergeneration hatte kein Interesse an solchem Treiben, auch wenn sie es zumeist noch selbst im Curriculum kennengelernt hatte. Sie respektierte es als altväterliche, ja vielleicht sogar liebenswürdige Art, sich mit Politik auseinanderzusetzen.[3] Die Aufforderung, die behavioralistische Forschung möge sich auch den Gedanken der Klassiker zuwenden, ist exemplarisch für das Unverständnis, mit dem die Vertreter der älteren Politikwissenschaft auf die allgemeine Wende zur Empirie reagierten. Es gelang den Traditionalisten immerhin, eine lautstarke Defensive gegen die Übermacht der Empiriker zu organisieren. Deutsche Emigranten hatten daran großen Anteil. Namentlich Leo Strauss (1899-1973) und Eric Voegelin (1901-1985) brachten Rigidität und Schärfe in die traditionelle, pädagogisch-liberale Theorie-

---

[1] Beispielhaft für das Genre William Archibald Dunning: A History of Political Theories: From Rousseau to Spencer, New York 1922.

[2] George H. Sabine: A History of Political Theory, 4. Aufl., rev. by Thomas L. Thorson, Hinsdale 1973 (Erstausg.1937).

[3] So etwa David B. Truman: Disillusion and Regeneration: The Quest for a Discipline, in: American Political Science Review, 59. Jg. (1965), S. 873; Harry Eckstein: Political Theory and the Study of Politics: Report on a Conference, in: American Political Science Review, 50. Jg. (1956), S. 479ff.

schilderung, wie sie in den USA üblich war. Als Emigranten standen sie unter dem Eindruck der Barbarei, die mit dem Rückhalt des Staates in Deutschland 1933 Platz gegriffen hatte. Beide waren Produkte der deutschen Universität, und zwar ihrer traditionellen Beletage, der Philosophie. Den amerikanischen Kollegen von der Political science wähnten sie sich haushoch überlegen. Beide hingen zudem der aristotelischen Philosophie an.

Dem Marxismus und der Linken in jedweder Variante abhold, im Übrigen hochgeachtete Gelehrte, schlug ihre wissenschaftliche Stunde mit dem Angriff der Empiriker auf die traditionelle Politikwissenschaft. Sie wurde von einer Frontalattacke der Chicago-Politikwissenschaft auf die Überholtheit der politischen Theorie eröffnet. Während Sabine und andere, die sich in erster Linie hätten angesprochen wähnen dürfen, nicht weiter darauf reagierten, schlugen Strauss und Voegelin im schönsten Empörungspathos des deutschen Hochschulparadiesvogels zurück. Ihre örtlichen Erfolge waren beachtlich: Die Chicagoer Hochburg des frühen politikwissenschaftlichen Empirismus wurde nach einiger Zeit dank einer entsprechenden Berufungspolitik geradezu gestürmt.

Für Strauss und Voegelin ist die sozialwissenschaftliche Politikwissenschaft nur der konsequente vorläufige Endpunkt in der Verfallsgeschichte des politischen Denkens. Sie sehen sich als Zeugen einer Zeitkrise, eines epochalen Tiefpunktes. Wie stets in Krisen, wenn also eine Ordnung zusammenbricht und die Grundprobleme des Politischen wieder sichtbar werden, so ist es auch heute.[4] Die Rechtschaffenen, die dem von alters her bewährten Kompass folgen, sehen den Abgrund, die Leichtfertigen, die abermals am Ruder stehen, wenn auch vorerst nur in der Wissenschaft vom Politischen, kümmern sich nicht um die Warnrufe.

Indem er sich an den Philosophen Edmund Husserl (1959-1938) anlehnt, unterscheidet Voegelin Politik zwischen *politike episteme* und *doxai*. Erstere ist eine originäre Morallehre, begründet von Platon und Aristoteles. Moral ist etwas Gottgegebenes, deshalb wahr. Wahrheit erschließt sich nach Husserl in der Erkenntnis von der Einheit der Welt und von dem dort waltenden Unterschied zwischen dem Guten und dem Bösen. Alle Wissenschaft, die diesen Kern verfehlt, bleibt an der Oberfläche. Sie haftet an dem, was gesehen werden kann. Sie relativiert, stellt Vermutungen an, beschreibt. Kurz: Sie öffnet sich für Antworten, die dem Interesse Vortritt vor der Wahrheit lassen. Sie bleibt in *doxai* stecken – im

---

[4] John G. Gunnell: American Political Science, Liberalism, and the Invention of Political Theory, in: American Political Science Review, 82. Jg. (1988), S. 71-87.

5.1 Der aristotelische Royalismus Straussens und Voegelins

engen Käfig kleiner Sonderwelten,[5] in Meinungen und Aussagen ohne Wahrheitsbezug.[6]

Die Abkehr von der *episteme* geht mit dem Versuch einher, Ersatzgötter zu konstruieren – *gnosis*.[7] Die sozialwissenschaftliche Gemeinde hängt den Ziviltheologien moderner Weltanschauung an, Liberalismus und Sozialismus. Diese bieten aber keinen dauerhaften moralischen Halt. Was heute als Wissenschaft ausgegeben wird, Wertfreiheit, mathematische Beweisführung und Anlehnung an die Naturwissenschaft, zeigt nur, wie weit sich das Treiben der Politikwissenschaftler von der praktischen Philosophie als der „eigentlichen" Wissenschaft von der Politik entfernt hat. Die positivistische, sprich: behavioralistische Wissenschaft und die faktische, gottlose Politik sind zwei Seiten derselben Medaille. Sie haben die westlichen Demokratien ausgehöhlt, die Russen an die Elbe gebracht und China den Kommunisten ausgeliefert.[8]

Voegelins Kollege John H. Hallowell (1913-1991) intoniert die gleiche Melodie. Die Menschen opfern dem Gott des Fortschritts.[9] Eine Gesellschaft, die ihrer Prinzipien unsicher wird, muss sich auf ihren Niedergang einstellen. Und dann die enthüllende Bemerkung, in der Politik zählten allein die Ideen. Marx' Gedanken hätten die Russische Revolution zu verantworten.[10] Die politische Philosophie ist deshalb aufgefordert, in dieser Zeit der Krise ihre Stimme zu erheben.

Nicht viel anders, doch etwas subtiler Leo Strauss. Nicht Gottverlust, aber Tugendverlust ist seine Klage. Die originäre, unverfälschte Tugendlehre Platons und Aristoteles', die eigentliche politische Philosophie, bezieht sich auf Wahrheiten, die dem menschlichen Geist zugänglich sind, ohne dass Gott bemüht werden muss.[11] Wahrheit und Anleitung zur richtigen Lebensführung erschließen sich allein bei den antiken Klassikern. Es bedarf dazu keines Wissens über die Zeit und die Lebensumstände in der antiken Polis.

---

[5] Edmund Husserl: Die Krisis der europäischen Wissenschaften und die transzendentale Phänomenologie. Eine Einleitung in die phänomenologische Philosophie, hrsg. v. W. Biemer, Den Haag 1954 (Erstausg.1936).

[6] Eric Voegelin: Die neue Wissenschaft von der Politik, München 1959 (Erstausg.1952), S. 13ff..

[7] Ebd., S. 225f.

[8] Ebd., S. 237.

[9] John H. Hallowell: Main Currents in Modern Political Thought, Lanham, New York und London 1950, S. 620.

[10] Ebd., S. 624.

[11] Leo Strauss: What Is Political Philosophy? And Other Studies, Glencoe 1958, S. 13.

Leider hat sich das politische, ergo moralische Denken im Laufe der Zeit von dieser Wurzel getrennt. Artifizielle Ersatzmoral hat die reine Philosophie vielfältig überwuchert. Für den Sündenfall steht Machiavelli. Er ist für Strauss, Voegelin und ihre Epigonen ein Dämon, der die gute politische Ordnung dem schieren Machterwerb geopfert hat. Doch weil seine Botschaft bei aller Restmoralität unter den Menschen zu radikal, zu furchtbar war, bedurfte es raffinierterer Begründungen.

Aus dem Naturzustand und der Vertragskonstruktion leitet Hobbes die Herrschaft des positiven Rechts her: ein Recht, das ausschließlich vom Herrscher bestimmt wird, aber jeglicher moralischen Grundlage entbehrt. Aber selbst Hobbes war für die Zeitgenossen noch zu radikal. Eine Theorie musste her, in der die Menschen plastischer ihre Alltagsinteressen erkennen konnten. Sie wurde von Locke erdacht. Er gab den Menschen mit liberalen Institutionen und dem Selfgovernment die Illusion, sie seien Herren ihres Geschicks.[12] Strauss wandert weiter durch die Geschichte, erteilt Noten und verwirft die nächste Innovation im politischen Denken, weil auch sie die der Menschheit längst geschenkte Wegweisung durch die aristotelische Philosophie missachtet.

Im Grundsatz stimmen Strauss und Voegelin überein. Die Einsicht der griechischen Klassiker in das Wesen des Menschen ist ultimativ, nämlich das Leben in der politischen Gemeinschaft ob seines intrinsischen Wertes anzustreben. Was für Voegelin die *gnosis* als Scharlatanerie, ist für Strauss der Historismus: der nicht enden wollende Versuch, Herrschaft und Politik mit historischen Argumenten erklären und legitimieren zu wollen.[13] Das Hobbessche Vertragsdenken, die Hegelsche Philosophie, Karl Marx, John Stuart Mill und Max Weber – sie alle machen den gleichen tragischen Fehler.

Historismus ist hier nicht als Geschichtsschreibung zu verstehen, sondern als Etikett für jegliche Art des politischen Denkens, das den Sinn und Zweck von Politik mit Zweckmäßigkeit und Gesetzmäßigkeit erklärt.[14] Und warum waren die antiken Geister so einzigartig und wegweisend? Strauss gibt darauf die verblüffende Antwort: Weil sie die ersten waren, die über Politik philosophiert haben.[15] Platon wie Aristoteles setzten sich mit dem Phänomen der Politik in einer später nie wieder erreichten Klarheit und Einfachheit auseinander, weil es – noch

---

[12] Strauss: What Is Political Philosophy?, S. 40ff.
[13] Dazu erhellend der Strauss-Schüler Dante Germino, der beide zu Führern einer wissenschaftlichen Widerstandsbewegung hochstilisiert: The Revival of Political Theory, in: Journal of Politics, 25. Jg. (1963), S. 437-460.
[14] Strauss: What Is Political Philosophy?, S. 24ff.
[15] Ebd., S. 27.

– keinerlei politische Philosophie gab, keine Schöpfer konkurrierender Denkweisen über Politik, daher auch keinen Kanon, mit dem sie sich hätten auseinandersetzen müssen, insbesondere keine Literatur, die sie in die Bahnen von Vorgedachtem hätte zwingen können.

Kurioserweise bedienen sich beide, insbesondere Strauss, einer ähnlichen Technik wie der von ihnen geschmähte Hegel. Politik ist die Welt der Ideen, der Begriffe. Soziale Tatsachen treten dahinter zurück. Erkennt Hegel in der Geschichte eine immanente Vernunft, die sich von Epoche zu Epoche weiter entfaltet, nehmen Strauss und Voegelin einen nicht enden wollenden Verfall wahr, für den es nur ein Gegenmittel gibt: Abschied vom Denken der Moderne. Der rote Faden zwischen diesen ungleichen Denkern: Die Dramen dieser Welt spielen sich in den Köpfen ab.

5.2 Ideengeschichte als Wegemarkierung: Good guys, bad guys

Noch einmal zurück zu Strauss: Die aristotelische politische Theorie hat sich seit dem Ende des Mittelalters aus dem Denken der Gelehrten verabschiedet, eine Geschichte des unaufhörlichen Niedergangs. Und doch ist Strauss der Auffassung, die bloße Tatsache, dass die Menschheit immer wieder Denker hervorgebracht hat, die etwas Besseres an die Stelle einer erschöpften historischen Idee setzen wollten, zeige eindrucksvoll, dass Menschen unverändert die Frage nach einer guten politischen Ordnung stellen. Leider werden nur seit mehr als zweitausend Jahren die falschen Antworten gegeben.[16]

Was ist da zu tun? Die Ideengeschichte ist ein gutes pädagogisches Instrument, um das politische Denken auf den richtigen Weg zurückzubringen. Zwar hält Strauss unter dem philosophischen Aspekt nicht viel von der Geschichte des politischen Denkens. Ganz im Gegenteil: Für das Wissen um den Kern der Politik, Bürgertugend und politische Ordnung, braucht es kein historisches Wissen. Es ist auch nicht vonnöten, um einen Denker zu verstehen, ob es sich nun um die rechtgeleiteten Klassiker oder die Kronzeugen der Moderne handelt.

Auf den Text kommt es an. Seine Botschaft erschließt sich erst im vollen Umfang, wenn er vom Kontext befreit und auf seine moralische Substanz befragt wird. Die historische Betrachtung ist nützlich. Sie zeigt, wie vergeblich, ja gefährlich das Unterfangen geraten muss, eine gute Ordnung ohne das Wissen der

---

[16] Leo Strauss: Naturrecht und Geschichte, 2. Aufl., Frankfurt/M.: Suhrkamp 1989 (Erstausg. 1956), S. 25f..

Alten zu bauen.[17] Die Geschichte ist ein Hilfsmittel, um die falschen Prämissen solchen Tuns und seine Folgen zu illustrieren. Im Unterschied zum geradezu reaktionär auftretenden Voegelin hat sich Strauss immerhin mit der liberalen Demokratie angefreundet, die ihm als Emigranten Schutz geboten hat. Philosophisch aber mag er dem Liberalismus nichts abgewinnen.

Strauss und Voegelin wissen wohl, dass sie mit ihrem Wettern gegen die Moderne in Wissenschaft und Politik auf verlorenem Posten kämpfen. Die Züge in Richtung Liberalismus und Relativismus sind längst abgefahren, voll bis auf den letzten Stehplatz. Dies alles aber spielt sich in der historischen Welt der Manipulierbarkeiten und falschen Wahrheiten ab. Auf dem Felde der eigentlichen Wahrheit, der Philosophie, ist die Sache längst noch nicht entschieden.[18]

Diese aristotelischen Fundamentalphilosophen bauen eine Marionettenbühne. Auf ihr führen sie ein Stück auf, das darüber handelt, wie der Kampf ausginge, wenn Ideen pur, d.h. als moralische Urteile, gegeneinander anträten. Wer gewinnt, ist nach dem ersten Zeigen der Spielfiguren bereits entschieden. Aber das wissenschaftliche Publikum geht nach der Vorstellung nach Hause, ins Büro oder in den Seminarraum, wo es weiterhin den falschen Götzen opfert, zum Beispiel Popper liest statt Platon, oder über Wählerwanderungen sinniert statt sich mit den Vorzügen der gemischten Verfassung auseinanderzusetzen und sich in die sokratischen Dialoge zu versenken.

Politische Philosophie dieser Art errichtet eine Scheinwelt, in welcher der Philosoph noch etwas gilt. Er übt die vornehmste aller Tätigkeiten in der Politik aus. Er hat den Part des Denkens, der Staatsmann den des Handelns. Man ist geneigt hinzuzufügen: Weil der Philosoph eine so treffliche Gestalt ist, sollte es auch am gebotenen Respekt nicht fehlen, und die Politik würde dann schon sorgsam registrieren, was diese moralische Instanz von sich gibt. Doch ach, die Verhältnisse, sie sind nicht so!

Wozu diese Einlassungen? Sie ließen sich in dieser Breite kaum vertreten, wenn sie nicht einiges zum Verständnis der Theorie in der Politikwissenschaft beitragen könnten. Nach Sabine wurde Strauss bald zur bekanntesten Gestalt unter den Theorielehrern in der amerikanischen Politikwissenschaft. Er hatte keine Scheu, den aufkommenden Behavioralismus, d.h. die empirische, messende Politikwissenschaft mit brisanten Vorwürfen in Acht und Bann zu tun. Dass die

---

[17] Nathan Parrow und Thomas L. Pangle: Leo Strauss and the History of Political Philosophy, in: Leo Strauss und Joseph Cropsey (Hrsg.), History of Political Philosophy, 3. Aufl., Chicago und London 1987, S. 920ff.
[18] John G. Gunnell: The Myth of the Tradition, in: American Political Science Review, 72. Jg. (1978), S. 132ff.

neue Spezies von Politikwissenschaftlern sich nicht darum kümmerte, gar nicht erst hinhörte, oder wenn sie es denn tat, mit dem üblichen Schulterzucken, das die Einlassungen des harmlosen Spinners quittiert, kann kaum verwundern.

Das Studium der Ideengeschichte, wie es Sabine betrieb, zog sich bald in die History Departments der amerikanischen Universitäten zurück. In der Politikwissenschaft blieben Theoretiker, die politische Philosophie betrieben – also ein empiriefernes Unterfangen. Die politische Theorie – diese Traditionsflagge wurde beibehalten – rückte näher an die Fachphilosophie heran. Das sollte so bleiben, obgleich es bald unpolemische Wissenschaftler waren, die politische Theorie als Philosophie betrieben.

Der gleiche Prozess wiederholte sich subtiler, historisch verständiger und auch ohne die Schärfen der amerikanischen Szenerie in der deutschen Politikwissenschaft. Wilhelm Hennis (1923-)[19] und Hans Maier (1931-)[20] intonierten das gleiche Generalthema und ließen keine Zweifel an ihrer Distanz zur sozialwissenschaftlich verstandenen Politikwissenschaft. Sie machten ihr zwar die Existenz nicht streitig, hätten sie aber lieber in einem soziologischen Heimathafen ankern lassen. Etwas später als in den USA, auch nicht so vollständig, setzte auch hierzulande, ebenfalls unter dem Einfluss der jahrzehntelangen Hegemonie der amerikanischen Politikwissenschaft, die Isolation der politischen Theorie von einem fachlichen Umfeld ein, das von einem sich empirisch verstehenden politikwissenschaftlichen Mainstream beherrscht wurde. Eines freilich lief anders: Die europäische Politikwissenschaft hat die historische Beschäftigung mit politischen Ideen nicht abgestoßen. Unter dem ausladenden Dach der breit verstandenen, fachorganisatorisch unklar definierten politischen Theorie räumt sie ihr einen festen Platz ein.

5.3 Hannah Arendts Wiederbelebung des Republikdenkens

Die amerikanische Demokratie – eine Konstruktion der Trennungen und Verbindungen. Hier setzt Hannah Arendt (1906-1975) an, die als vorerst letzte große Gestalt des politischen Denkens die Themen der Tugend und der Republik an-

---

[19] Wilhelm Hennis: Politik und praktische Philosophie. Eine Studie zur Rekonstruktion der politischen Wissenschaft, Neuwied 1963, 19, 119ff.: Hans Maier: Politische Wissenschaft in Deutschland. Lehre und Wirkung, erw. Neuaufl., München 1986, S. 16, 24.
[20] Hans Maier: Politische Wissenschaft in Deutschland. Lehre und Wirkung, erw. Neuaufl., München 1986, S. 18, 24.

schlug.[21] Die Republik ist eine andere Sache als der liberale Staat. Dieser schützt die Selbstentfaltung des Einzelnen und gibt darauf acht, dass die Umstehenden nicht zu Schaden kommen. Die liberale Demokratie hat nach Arendt ihren Eigenwert, weil sie Pluralität und Individualität in der Gesellschaft zulässt. Dies ist in Anbetracht der Barberei des 20. Jahrhunderts ein unschätzbares Verdienst. Für eine Republik ist es jedoch zu wenig.

Die veritable Republik reimt sich auf eine Freiheit, die sich auf Tugenden gründet. Nicht das sich auslebende Ego konstituiert die republikanische Politik, sondern eine Persönlichkeit, die Genugtuung darin findet, das Richtige zu tun und dabei auf die Anerkennung der Mitbürger zählen darf. Die Ermittlung des Richtigen ist Sache des Gesprächs, der Verständigung, der Auslotung verschiedener Standpunkte, dies alles zu dem Zweck, eine gemeinsame Basis zu eruieren. Die Fähigkeit, konsensfähige und gleichwohl gerechte Vorschläge vorzubringen, bezeichnet Arendt als Macht. Mit moderner Begrifflichkeit ließe sich auch von kommunikativer Macht sprechen.

Die öffentliche Moral hat Vorrang vor der privaten. Sie schlägt eine Brücke zum Bürgerideal der Antike. Ihre Essenz ist die Überzeugungskraft der Argumente in der freien Beratung. Die Deliberation dreht sich nicht um eine abstrakte Gerechtigkeit. Das Gerechte steckt im Problem und in der Situation. Man muss nur darüber sprechen, um es zu erkennen und danach zu handeln. Dieser Gedanke ist modern. Er findet sich in aktuellen Theorien der deliberativen Demokratie.

Arendt bewundert die Gründungsidee der Vereinigten Staaten. Dass die politische Ordnung der USA später liberal umgedeutet und entsprechend praktiziert wurde, als ein Mechanismus zum individuellen „pursuit of happiness", ist tragisch. Die nachteiligen Wirkungen dieses von den Verfassungsvätern nicht absehbaren Defekts werden jedoch durch die Residuen kommunaler Demokratie, durch überlieferten Widerspruchsgeist und durch ein ausgeprägtes Rechtsbewusstsein gedämpft.

Die Gründung der amerikanischen Republik ging unter den Prämissen allgemeinen Wohlstands vonstatten. Alle späteren Republikversuche gerieten in den Strudel der verständlichen Radikalität und materialistischen Hoffnungen der Armen, derer es in Europa ungleich mehr gab als in Amerika. Mit der Einwanderung erreichte die Armutserfahrung auch Amerika. Sie ließ dort das Wohlstandsstreben sprießen.[22] Resignierende Kritik an der Moderne klingt an, wo Arendt die

---

[21] Suzanne D. Jacobitti: Individualism & Political Community: Arendt & Tocqueville on the Current Debate in Liberalism, in: Polity, 23. Jg. (1991), 585-604.
[22] Hannah Arendt: Über die Revolution, 4. Aufl., München: Piper 1994 (Erstausg. 1963), S. 176ff.

5.3 Hannah Arendts Wiederbelebung des Republikdenkens

der Deliberation entgegenwirkenden Effekte des Repräsentationssystems und des bürokratischen Staates beklagt. Beides führt dazu, dass der Einzelne andere für sich reden und entscheiden lässt und dass er von Fremden verwaltet wird, statt die Dinge selbst in die Hand zu nehmen.

Weil die Politik zur professionellen Angelegenheit Weniger wird, fließen individuelle Kreativität und Energie umso stärker in Status, Macht und Geld. Wer dabei unter die Räder kommt, gerät allzu leicht in Versuchung, politischen Religionen totalitären Zuschnitts in die Arme zu laufen. Das Ökonomische und das Politische vertragen sich nicht. Schon Aristoteles hat Polis und Oikos strikt auseinandergehalten. Die moderne Demokratie wird von Arendt als Ausdruck einer Politik wahrgenommen, die von materiellen Bedürfnissen beherrscht ist.[23] Die Wohlfahrtspolitik, d.h. der Staat als Kümmerer um die Belange der Menschen lenkt vom Eigentlichen, dem Handeln der Bürger in gemeinsamer Sache ab. Wir treffen hier keine wirklich republikanische Ordnung an, sondern eine Minus-Republik mit politischen Verbrauchern!

Recht bedacht, kommen bei solchen Gedanken Zweifel an der Weisheit des allgemeinen Wahlrechts auf.[24] Die Menschen leben unter den demokratischen Verhältnissen ihrer Zeit als Konsumenten, als Wirtschaftssubjekte, für ihren Job und ihre Karriere, und sie leben aneinander vorbei. Das Oikos hat die Polis ausgehöhlt.[25] Wo Menschen einfach nur gut funktionieren, als Beamte, Kaufleute oder Wissenschaftler, aber ihr Recht gering achten, im vernünftigen Dialog öffentliche Tugenden zu praktizieren, hat man es mit einer Massengesellschaft zu tun, in der isolierte einzelne nichts anderes mehr als persönliche Anerkennung und Sicherheit suchen.

Demgegenüber hat bereits die frühe amerikanische Republik den richtigen Weg gewiesen. Dort berieten politische Köpfe, die Rechte nicht als Ansprüche verstanden und im Wissen um die besseren politische Ordnungen der Vergangenheit beschlossen, sich gegen die Fremdbestimmung aufzulehnen. Im Wissen, dass in der Politik nicht nur Tugenden, sondern auch Leidenschaften wirken, müssen diese Leidenschaften durch eine klug eingerichtete politische Ordnung im Zaum gehalten werden.

Man kann hier abbrechen. Es handelt sich um Illustrationen republikanischen Denkens, die historisch gegenteilig dokumentiert sind. Bezeichnend ist

---

[23] Ebd., S. 281. 284.
[24] George Kateb: Hannah Arendt: Politics, Conscience, Evil, Oxford 1983, S. 117f.
[25] Hannah Arendt: Vita Activa oder Vom tätigen Leben, 12. Aufl., München 2001 (Erstausg. 1958).

Arendts Vorwurf an Charles E. Beard,[26] mit seiner ökonomischen Interpretation der amerikanischen Verfassung ziehe er die Großartigkeit der Idee einer amerikanischen Republik in den Schmutz.[27] Das Abqualifizieren Hobbes' als Advokaten der Despotie, das alle auf die Quellen gestützte Hobbes-Interpretation ignoriert, hat sich bis heute als Tageslosung dieser Art Theorie gehalten. Hobbes verdankt diese Schurkenrolle wohl seiner These von der natürlichen Asozialität der Menschen und dem darin implizierten Abschied vom aristotelischen Menschenbild. Alles dies passt zu einer Argumentation, welche die Werte der Alten, der ganz Alten auch für die Gegenwart reklamiert. Wie man sich dazu stellt, ist Bekenntnissache.[28] Wir gelangen hier an einen Punkt, der bereits am Beispiel Straussens und Voegelins erörtert wurde.

Weil mit Aristoteles, Montesquieu, Madison und Tocqueville eigentlich alles Wesentliche schon gesagt worden ist, genügt es denn auch, dem geschätzten Publikum mit aristokratischem Gestus die alten Meister auszulegen. Alles, was danach kommt, bleibt schließlich dahinter zurück. Wozu sich also damit beschäftigen?

Die Folge dieses Denkens mit seiner Mischung aus Selbstgewissheit, Sozialromantik und Verachtung für historische und gesellschaftliche Tatsachen – Gleichgesinnte bleiben unter sich! Die Demokratie als reale Befindlichkeit politischer Ordnungen ist kein Thema. Eher ist sie ein Anknüpfungspunkt für die Aufrechnung der Defizite der liberalen Demokratie. Es handelt sich um nichts weniger als ein elitäres Politikverständnis – etwas für Gebildete, Privilegierte, nichts für Menschen, die ihr kleines oder großes Glück im Privaten suchen! Diese mögen vielleicht wissen, dass die eine oder andere Art der Politik Einfluss auf ihr Los haben mag, und sie unterstützen darum am Wahltag entsprechende politische Richtungen, aber sie stellen die Politik nicht in ihren Lebensmittelpunkt.

Es handelt sich hier um rückwärts gewandte Politiklehre, die mit der Moderne und der Faktizität des Gelderwerbs beträchtliche, nicht zum Geringsten ästhetisch bedingte Schwierigkeiten hat. Als Kontrast sei im Folgenden die Debatte unter den Staatslehrern der Weimarer Republik kurz geschildert. Sie ist nicht nur deshalb instruktiv, weil sie nicht von Philosophen geführt wurde, sondern auch deshalb, weil die Beteiligten Zeitgenossen waren und mit Strauss und Voegelin die Erfahrung der turbulenten Weimarer Demokratie und ihres tragischen Endes teilten.

---

[26] Beard: Eine ökonomische Interpretation der amerikanischen Verfassung.
[27] Arendt: Vita Activa, S. 125f.
[28] Beispielhaft für die apologetische Arendt-Rezeption Karl-Heinz Breier 1992: Hannah Arendt zur Einführung, Hamburg 1992.

6 Die staatstheoretische Debatte in Deutschland

Die Politikwissenschaft hat in Deutschland keine längere Tradition. Bis vor gut 60 Jahren nahmen sich andere Fächer der wissenschaftlichen Politikerörterung an, vor allem die Rechtswissenschaft. Die Philosophie isolierte sich mit ihrer hohen Abstraktion von den Phänomenen der Alltagspolitik. Seit dem 19. Jahrhundert stand sie unter dem Einfluss der begriffsrealistischen Hegelschen Theorie. Hegel intonierte die Leitmelodie auch für Geister geringeren Ranges. Näher an der Politikerfahrung lag die Staatslehre. Sie war ein Produkt der Universitäts- und Staatsreformen in Preußen und anderen deutschen Staaten.[1] Die vom Vater des wilhelminischen Staatsrechts Paul Laband (1838-1918) kanonisierte Aufgabe des staatlichen Rechts ist es, Ordnung zu stiften.[2] Ein wohlgeordneter Staat schafft sein Recht, und wenn er das öffentliche Recht kraft einer guten Verwaltung und einer wohlausgebildeten Justiz mit Leben zu füllen versteht, erübrigt sich die Politik als Alltagsgeschehen. Die Politik – verkörpert in Monarch, Regierung und Gesetzgeber – muss nur hin und wieder bemüht werden, um der Verwaltung und Rechtsprechung neue Vorgaben zu verordnen, sobald die Rechtspraxis Änderungsbedarf anzeigt. Das Staats- und das Verwaltungsrecht geben den Beamten und den Richtern die grundlegenden politischen Informationen.

Die Legitimationsquellen des Rechts wurden nicht weiter problematisiert.[3] Ausnahme war der Rechtslehrer Georg Jellinek (1851-1911), ein Heidelberger Kollege und Gesprächspartner des Soziologen Max Weber. Er verließ die Bahnen des Rechtspositivismus, indem er nach den Geltungsgründen des Rechts fragte.

---

[1] Peter von Oertzen: Die soziale Funktion des staatsrechtlichen Positivismus. Eine wissenssoziologische Studie über die Entstehung des formalistischen Positivismus in der deutschen Staatsrechtswissenschaft, Frankfurt/M. 1974.
[2] Paul Laband: Staatsrechtliche Vorlesungen. Vorlesungen zur Geschichte des Staatsdenkens, zur Staatstheorie und Verfassungsgeschichte und zum deutschen Staatsrecht des 19. Jahrhunderts, gehalten an der Kaiser-Wilhelms-Universität Staßburg 1872-1918, bearb. u. hrsg. von Bernd Schlüter, Berlin 2004 (Erstausg. 1911).
[3] Bleek, Wilhelm 1972: Von der Kameralausbildung zum Juristenprivileg. Studium, Prüfung und Ausbildung der höheren Beamten des allgemeinen Verwaltungsdienstes im Deutschland des 18. und 19. Jahrhunderts, Berlin, S. 299ff.

Seine Antwort: eine effektive Staatsgewalt, die sich an der Anerkennung der Regierten legitimieren muss.[4]

Die Revolution von 1918 belebte die Diskussion um die Grundlagen des Staatsrechts. Die Revolution und die Wirren der frühen Weimarer Republik entzogen der beschaulich-positivistischen Staatslehre der wilhelminischen Zeit die Grundlage. Verwalten *als* und *statt* Politik überzeugte nicht mehr. Die in der alten, autoritären Ordnung groß gewordenen Verwalter sollten ein Recht exekutieren, das die Parteien der jungen parlamentarischen Demokratie beschlossen hatten. Die Demokratie schaltete der rechtlichen Normgebung jetzt unübersehbar die politische Auseinandersetzung vor.[5] Diese Zäsur wurde in einer staatstheoretischen Debatte verarbeitet.

6.1 Hans Kelsen

Die Rechtsnormen, so Hans Kelsen (1881-1973), stehen in einer Hierarchie. Sie müssen schriftlich fixiert sein, sonst lässt sich ihr Status nicht bestimmen. Niederrangige Rechtsnormen leiten sich von höherrangigen her. An der Spitze der Rechtsordnung steht die Verfassung. Es folgen die Gesetze. Auf die Gesetze folgen wiederum die Verordnungen, und auf ihrer Grundlage treffen Regierung und Verwaltung Einzelentscheidungen. Normen ermächtigen aber nicht einfach zum Handeln. Sie stellen vielmehr Handlungsräume dar, die mit Macht gefüllt sein wollen.[6]

Die hierarchische Anordnung der Normen begründet positive und negative Entscheidungsmacht. Parlament und Regierung besitzen positive Entscheidungsmacht, die Macht zum Gestalten. Die Entscheidungsmacht der Gerichte ist negativer Art. Ihr Maßstab ist das Gesetz. Auf seiner Grundlage dürfen sie Regierungs- und Verwaltungsentscheidungen widerrufen. Überschreitet der Gesetzgeber die Grenzen der Verfassung, fällt ihm ein Verfassungsgericht in den Arm.[7] Diese Staatstheorie fand im österreichischen Verfassungsgesetz von 1920 ihren Niederschlag. Neben der Anschauung der US-amerikanischen Verfassungsrecht-

---

[4] Georg Jellinek: Allgemeine Staatslehre, 3. Aufl., Kronberg/Ts.: Athenäum 1976, S. 394, 406f, 427, 429. [Nachdruck d. 5. Ausg. d. 3. Aufl. 1928].

[5] Zum Folgenden der Überblick von Hartmann und Meyer: Politische Theorien der Gegenwart, S. 30ff.

[6] Hans Kelsen: Reine Rechtslehre, Nachdruck der 2. vollst. neu bearb. und erw. Aufl. von 1960, Wien 2000 [Erstausgabe 1934], S. 200f.

[7] Hans Kelsen: Allgemeine Staatslehre, Berlin 1925, S. 255, 291.

6.1 Hans Kelsen

sprechung ist sie auch in das deutsche Grundgesetz eingeflossen. Richter bestimmen die Grenzen der Politik.

Kelsen setzt eine nicht nur rechtlich, sondern auch intellektuell unabhängige Richterschaft voraus. Mit Richtern, die sich der Politik an den Hals werfen, ist kein Rechtstaat zu machen. Kelsens Thema ist der Verfassungsstaat, nicht die Diktatur. Insoweit noch dem Denken des 19. Jahrhunderts verhaftet, fasst Kelsen Demokratie so auf, wie sie Rousseau umschrieben hat: als Selbstregierung des Volkes. Doch diese Art der Demokratie ist im modernen Staat unrealistisch. Deshalb wird das Parlament zur Standardquelle der Rechtschöpfung. Parlamentarismus kann nicht demokratisch sein, weil das Volk durch Mandatsträger vertreten wird. Die Volksbeteiligung reduziert sich auf die Wahl des Parlaments.

Politische Parteien verbinden die Idee der Demokratie mit dem Parlamentarismus. Sie organisieren den Volkswillen, indem sie mit ihren Programmen werben und Kandidaten für Ämter und Mandate aufstellen. Ihre Parlamentsvertreter handeln geschlossen und bemühen sich darum, den Interessen ihrer Wähler Rechnung zu tragen. Der Parlamentarismus nimmt damit das Element des Volkswillens, also das Prinzip der Demokratie, in die Praxis der Repräsentation auf.[8] Diese parlamentarische Demokratie ist eine Methode zur politischen Willensbildung. Sie besagt nichts über politische Zwecke und Ziele. Darüber befinden Mehrheiten.

Befragen wir diesen Entwurf nun auf seinen Theoriegehalt. Die Richtnorm der Staatlichkeit ist der sich selbst regulierende, von unabhängigen Richtern in seiner Funktionsweise geschützte Verfassungsstaat, der wiederum politischen Pluralismus und freie Meinungsbildung voraussetzt. Die Antwort auf die Frage nach dem Warum, letztlich nach den soziologischen Voraussetzungen für die Anerkennung dieses Rechtstaates bleibt Kelsen schuldig. Der Leser muss sie zwischen den Zeilen suchen.

Betrachten wir als Gegenpol nun kurz Kelsens Kollegen Rudolf Smend (1882-1975). Er fragt nach den emotionalen Quellen für die Anerkennung der politischen Ordnung. Fahne, Nationalhymne, Wappen, Sprachbilder und historische Referenzen transportieren Erkennungswert und mobilisieren Loyalität. Dieses Phänomen bezeichnet Smend als Integration.

Integration findet in allen denkbaren politischen Formen statt. Sie mag von einer politischen Führergestalt geleistet werden oder von einer herrschenden Klasse. In aller Regel geht sie mit Weltanschauung und politischen Mythen ein-

---

[8] Hans Kelsen: Vom Wesen und Wert der Demokratie, Aalen 1981, S. 18f. [2. Neudruck der 2. Aufl. 1929].

her. Sie findet allemal als ein sichtbarer, ein öffentlicher Prozess statt.[9] Im Einzelnen unterscheidet Smend die persönliche Integration, die eine Führergestalt voraussetzt, ferner die funktionale Integration, d.h. Institutionen und schließlich die sachliche Integration durch Werte, Symbole und historische Legenden. Selbst Parlamentarismus und Demokratie können integrativ wirken.[10] Dies setzt dann aber die Bereitschaft voraus, politischen Streit auszuhalten und sich breit an den Beteiligungsangeboten der Demokratie zu beteiligen. Das Ergebnis ist dann Integration durch Verfahren.[11]

So plausibel und nachvollziehbar diese soziologischen Argumente sind, stellen sie doch keine politische Theorie dar. Ihr Thema sind die Quellen politischer Legitimation. Kelsen konstruiert demgegenüber eine Ordnung, die durch ihren Formalismus und ihre innere Logik überzeugt. Doch in einem Punkt sind Smends Gedanken überlegen. Der Integrationsprozess läuft nicht unbedingt auf eine demokratische Ordnung hinaus. Er mag auch ein Regime legitimieren, das mit dem Volkswillen nichts im Sinn hat. Ganz ähnlich wie Jellinek ist Smend eher ein Beobachter, kein Modellkonstrukteur.

6.2 Carl Schmitt

Carl Schmitt (1888-1985) ist die bekannteste Figur unter den Staatsdenkern der Weimarer Republik. Er definiert Politik als Kampf, als permanenten Krieg. Der Krieg kennt allein Freund und Feind. Voraussetzung aller Politik ist es deshalb, den Feind auszumachen. Dabei ist es belanglos, wer dieser Feind ist, ob er links oder rechts steht, ob es sich um Klasse oder Rasse, um Religionsgemeinschaft oder Weltanschauung handelt. Kern aller Politik ist ein Punkt, auf den sich das Kalkül, die Energie und die Leidenschaft der Handelnden konzentrieren kann. Keine Politik ohne Feindbild![12]

Weil es in der Politik stets auf Leben und Tod geht, gewinnt die politische Einheit überragenden Wert: ein Zusammenstehen, das gegen etwaige Bedrohungen wappnet. Wie diese Einheit von Staat und Gesellschaft wiederum beschaffen ist, auf welchen ideologischen Prämissen sie fußt, ist Schmitt gleichgültig. In

---

[9] Rudolf Smend: Verfassung und Verfassungsrecht, München/Leipzig: Duncker & Humblot 1928, S. 18.
[10] Ebd., S. 45ff.
[11] Ebd., S. 38f., 41.
[12] Carl Schmitt: Der Begriff des Politischen, 7. Aufl., Berlin 2002, (5. Nachdruck d. Ausg. v. 1963), S. 26f.

seiner Hauptschaffenszeit, in den 1920er und 1930er Jahren, führte exemplarisch die Sowjetunion diese Einheit vor, ebenso das nationalsozialistische Deutschland, dem sich Schmitt aus Karrieregründen in die Arme warf.

Politik kulminiert in der Entscheidung. Vom Krieg her denkend, definiert Schmitt die innerstaatliche Politik aus der Grenzsitutation des Bürgerkriegs.[13] Der Staatsnotstand offenbart das Wesen der Politik. Er setzt Verfassung und Recht außer Kraft. Es geht darum, den Feind auszuschalten. Dies aber setzt voraus, dass es eine Instanz gibt, die nicht nur befugt, sondern vor allem dazu befähigt ist, klare Entscheidungen zu treffen. Und hier kommt allein die Figur des Dikators infrage. Staatsnotwehr ist die Stunde des Diktators. Debatten, Beschlüsse, Einsprüche, Fristen und Bedenken stehen im Wege, wenn es gilt, in dieser Extremsituation die Absichten des Feindes zu durchkreuzen und seine Attacken zu parieren.

Das Wesen des Parlamentarismus ist demgegenüber der Kompromiss, die ausgehandelte Schnittmenge widerstreitender Interessen.[14] Es handelt sich um Krämergeschäfte, für die der Name Politik nicht taugt. Der Staat überlässt es hier den Vertretern der Gesellschaft zu beschließen, was er anschließend tun oder nicht tun darf. Der Diktator hingegen, ob nun ein konstitutioneller Diktator wie Hindenburg oder ein außerkonstitutioneller Diktator wie Hitler, hat es nicht nötig zu fragen, sich zu beraten oder rückzuversichern. Wie ein Befehlshaber an der Front ordnet er die notwendigen Schritte an und verlässt sich darauf, dass sie postwendend exekutiert werden.[15] Allein Entscheidungen, mit denen der Feind ausgespäht und bekämpft wird, haben den Charakter des Politischen. Alles andere mag umgangssprachlich Politik genannt werden. Hinter den Zustand des Politischen fällt es zurück.

Schmitt beruft sich auf die Klassiker des politischen Denkens. Der erste Referenzautor ist Machiavelli. Seine lebhafte Schilderung der Intrigen, Morde und Staatsstreiche im Italien der Renaissance führt eine nicht enden wollende Kette von Ausnahmezuständen vor Augen. Für den Renaissance-Herrscher war das Erkennen und Vernichten des Feindes alltägliche Überlebensnotwendigkeit. Für den konservativen, aus der wilhelminischen Ordnung kommenden Rechtsprofessor Schmitt, Vertreter eines privilegierten Standes, lag es nahe, die turbulente Weimarer Republik ganz ähnlich zu deuten.

---

[13] Ebd., S. 39.
[14] Carl Schmitt: Die geistesgeschichtliche Lage des heutigen Parlamentarismus, 8. Aufl., Berlin 1996. [Nachdruck d. Ausg. v. 1926]
[15] Carl Schmitt: Der Hüter der Verfassung, 4. Aufl., Berlin: Duncker & Humblot 1996, S. 79, 83f, 88,

Der zweite Referenzautor ist Hobbes. Hinter dem geordneten Zustand des Staates lauert bei Hobbes stets der Rückfall in das Chaos des Bürgerkrieges. Dieser tritt unvermeidlich ein, sobald der Herrscher die Fähigkeit verliert, seinen Willen durchzusetzen. Nun kreist Hobbes' Werk aber um den Herrschaftsvertrag, also um den Staat als Frieden stiftendes Instrument der Vertragschließenden. Schmitt stellt diesen Staatszweck hintan und konzentriert sich ganz auf den Staat in der Eigenschaft einer politischen Kampfmaschine, die den Feind niederhält. Hobbes wird damit auf den Kopf gestellt. Dennoch hat diese Sicht den englischen Denker auf Jahrzehnte hinaus und speziell in Deutschland höchst wirksam als vermeintlichen Wegbereiter der totalitären Diktaturen des 20. Jahrhunderts in Misskredit gebracht.

Für Schmitt ist Hobbes lediglich ein wohlfeiler Zeuge, um seine These vom Ausnahmezustand als die eigentliche Politik zu bekräftigen. Der Feind ist ein öffentliches Gut und insofern vital für die Existenz des Staates. Private Feindschaften zählen nicht. Sie haben keine politische Richtung und heben einander in der Summe auf. Allein der Staat ist in der Lage, einen politisch relevanten Feind zu markieren.

Allein der Staat besitzt auch die Mittel, um diesen Feind zu bekämpfen. Falls die Mittel nicht ausreichen und falls der Herr des Ausnahmezustandes die falschen Entscheidungen trifft, wird der Feind obsiegen. Dieser tritt dann aus der Rolle des Feindes heraus und tut gut daran, nunmehr selbst den Feind zu bestimmen.

Schmitt konstruiert politische Theorie.[16] Die wünschenswerte politische Ordnung tritt überdeutlich hervor: die Diktatur. Weiterer Institutionen als die eines politischen Führers bedarf es nicht. Schmitts Staatsdenken wird als politische Theorie aber gemeinhin nicht erkannt oder besser: nicht anerkannt! Der Grund liegt auf der Hand. Seine Vision ist eine politische Ordnung, die in denkbar krassem Gegensatz zu allem steht, worauf die Staatstheorie sonst hinaus will. In normativer Hinsicht ist Schmitt ein Nihilist. Der Gewinner des politischen Kräftemessens ist stets im Recht. Persönlichkeitsrechte, Gewaltenkontrolle, freie Anerkennung der Herrschaft – dies alles hat keine Bedeutung. Schmitt betreibt Extremdenksport im Bereich des Politischen. Für die Logik einer kämpferischen,

---

[16] Allgemein zu Schmitt: André Brodocz: Die politische Theorie des Dezisionismus: Carl Schmitt, in: André Brodocz und Gary S. Schaal (Hrsg.), Politische Theorien der Gegenwart, Bd. 1, 3. Aufl., Opladen 2009, S. 277-311; Christian Graf von Krockow: Eine Untersuchung über Ernst Jünger, Carl Schmitt, Martin Heidegger, Frankfurt/M. 1990; Reinhard Mehring (Hrsg.): Carl Schmitt. Der Begriff des Politischen. Ein kooperativer Kommentar, Berlin Verlag 2003.

dynamischen und unablässig mobilisierenden Diktatur sind seine Gedanken indes überaus erhellend. Der Theorieanstoß geht hier in Richtung auf das Verstehen einer autoritären oder totalitären Politik, welche die Unterdrückung und Verfolgung Andersdenkender legitimiert.

6.3 Hermann Heller

Hermann Heller (1891-1933) verbindet die rechtliche Betrachtung des Staates mit der soziologischen. Schmitts Verachtung für Recht und Rechtstaat lehnt er entschieden ab. Aber in einem Punkt ist er sich mit ihm einig: Erst das Hinzudenken von Macht verleiht dem Rechtsgebilde des Staates politischen Charakter.

Der Staat der Gegenwart ist ein Ausdruck der Klassengesellschaft. Die ökonomischen Verhältnisse schaffen Privilegierte und Benachteiligte, Arme und Reiche. Im Übrigen sind die Menschen nach ihren Begabungen, Neigungen und Anschauungen ungleich. Soll sich in diesem Neben- und Gegeneinander verschiedener Interessen und Lebensverhältnisse nun der Staat behaupten, bedarf es dafür eines Anerkennungsgrundes, der unabhängig von den sozialen Unterschieden existiert. Er muss auch von den unteren Klassen als gerecht anerkannt werden: Die parlamentarische Demokratie bietet diese Voraussetzung für Legitimität.[17]

Mit der formalen Demokratie, die lediglich die politische Rechtsgleichheit der Bürger herstellt, ist freilich nichts gewonnen. Es muss die Bereitschaft hinzutreten, einander im gesellschaftlichen Alltag als gleichwertige Glieder des gemeinsamen Ganzen zu akzeptieren. Heller thematisiert hier eine Bedingung der Demokratie, die in politikwissenschaftlicher Sprache heute als demokratische politische Kultur bezeichnet würde.

Demokratie ist die Beschaffung von Mehrheiten, sie vollzieht sich in repräsentativen Organen. Die zeitlich begrenzte Mandatierung der Volksvertreter zieht dem Missbrauch parlamentarischer Mehrheitsherrschaft Grenzen. Mehrheit und Minderheit sind dialektisch aufeinander bezogen. Die Mehrheit hat politische Macht und spielt sie aus. Die Opposition kompensiert ihre Machtlosigkeit durch die Kritik an den Regierenden. Ihre Kritik steigert die Chance, bei nächster Gelegenheit mit der Mehrheit die Rollen zu tauschen. Der Rollentausch funktioniert

---

[17] Hermann Heller: Politische Demokratie und soziale Homogenität, in: Herrmann Heller, Gesammelte Schriften. Zweiter Band. Recht, Staat, Macht, 2., um ein Nachwort erw. Aufl. hrsg. v. Christoph Müller, Tübingen: Mohr 1992 (Erstausg. 1928), S. 431.

aber nur unter der Voraussetzung, dass alle Beteiligten nach der Devise handeln, dass die Mehrheit nicht alles tun darf, was sie beschließen könnte, und dass ferner die Minderheit nicht jedes Mittel wählen darf, um die Mehrheit zu gewinnen. Diesen Grundkonsens in Werte- und Verfahrensfragen bezeichnet Heller als Fair play.[18]

Macht ist die Schlüsselsubstanz der Politik. Darin erschöpft sich die Gemeinsamkeit mit Carl Schmitt. Allein demokratisch erworbene Macht ist legitim. Doch Politik ist ein hartes Geschäft, nichts für Gutmenschen, Gefühlsduselei und Prinzipienreiterei. Die Mehrheit hat den Auftrag, die soziale Kluft zwischen den reichen und den armen Klassen abzubauen. Heller integriert also die Sozialstaatsidee in die Demokratie.

Wir erkennen in diesem Entwurf eine wirklichkeitsnahe und gleichwohl dem Gerechtigkeitsideal verpflichtete politische Theorie, eine Theorie der Demokratie.[19] Demokratie ist kein Selbstzweck. Heller war ein Wegbereiter der Politikwissenschaft in Deutschland, dies auch durchaus im biographischen und disziplinhistorischen Sinne als Lehrer an der Deutschen Hochschule für Politik in Berlin. Seine Gedanken zum Parlamentarismus und zum politischen Konsens schlagen bereits Themen an, die bis heute auf der politikwissenschaftlichen Forschungsagenda anzutreffen sind.

6.4 Ernst Fraenkel

Ernst Fraenkels (1989-1975) Staatstheorie, die sich in den Bahnen des Hellerschen Entwurfs bewegt, konzentriert sich auf die Legitimität der Interessenvielfalt in der Demokratie. Politik, so Fraenkel, dreht sich nicht um letzte Wahrheiten. Deshalb gibt es auch kein Gemeinwohl, das sich im vielstimmigen politischen Betrieb verbirgt und das lediglich der Entdeckung bedürfte, um Parlament und Regierung als Richtschnur zu dienen. Die Vorstellung eines apriorischen Gemeinwohls trägt weder zum Verständnis der Politik noch zum richtigen politischen Handeln bei. Die Idee eines Richtigen hat aber auch Fraenkel. Er definiert es freilich prozessual, als Ergebnis eines mit Kompromissen und Kontroversen gepflasterten Bemühens um mehrheitsfähige Politik. Nur hat das Gemeinwohl, die Maßgabe

---

[18] Ebd., S. 427.
[19] Allgemein zu Heller: Wolfgang Schluchter: Entscheidung für den sozialen Rechtsstaat. Hermann Heller und die staatstheoretische Diskussion in der Weimarer Republik, Köln: Kiepenheuer & Witsch 1968.

6.4 Ernst Fraenkel

des Richtigen, bei ihm posteriorischen Charakter. Fraenkel vertritt ein prozessual definiertes Verständnis des Richtigen. Politische Willensäußerungen sind nur dann legitim, wenn sie sich an die Regeln der Verfassung, der Gesetze und der Fairness halten. Die Fairness ist für Fraenkel der entscheidende Punkt. Was fair ist, drückt gesellschaftliche Erwartungen aus. Diese Erwartung ändert sich aber mit dem Wandel der gesellschaftlichen Anschauungen. Fairness holt auch die soziale Gerechtigkeit – vulgo: den Sozialstaat – in den Quellenbestand wünschenswerter politischen Handelns.

Die Generalbotschaft aus alledem lautet: Interessen und Interessenstreit sind der Rohstoff der Politik. Sie ergeben sich aus der Verschiedenheit der Menschen, der Anschauungen, der Erwerbstätigkeit, der Einkommensverhältnisse und des sozialen Status. Diese Pluralität zu koordinieren, aus ihr Mehrheiten zu bilden, ist die zentrale Aufgabe der Politik. Pluralistische Politik ist demokratische Politik. Fraenkel zeichnet das Bild eines sich fortlaufend wandelnden Parallelogramms der Kräfte, in das Arbeitskämpfe, Veränderungen im Parteiensystem und neue politische Themen einfließen.[20] Bei allem Wandel gibt es aber einen stabilen Konsens in der Art und Weise, wie der politische Streit ausgetragen wird, und in welchen Anstandsgrenzen die Mehrheit von ihrer Macht Gebrauch macht.[21]

Die pluralistische Demokratie gliedert sich in einen kontroversen und einen nicht-kontroversen Bereich. Im kontroversen Sektor befindet sich die unübersehbare Vielfalt der Probleme und Lösungswege, die den Stoff der Alltagspolitik bilden, z.B. Sozialpolitik, Verkehrspolitik, Bildungspolitik, Arbeit und Gesundheit. Der nicht-kontroverse Sektor beinhaltet demgegenüber die Verfassung, das Wahlgesetz, die Vereinigungsfreiheit, die Pressefreiheit, die Grundrechte und die parlamentarischen Geschäftsordnungen. Darüber hinaus beinhaltet er regulative Ideen, die nur bei der Betrachtung konkreter Probleme und Strukturen näher bestimmt werden können, etwa die des Sozialstaates.[22] Ob der Mehrheitsentscheid, der unter Beachtung dieser Regeln und Konventionen zustande kommt, nun als Gemeinwohl bezeichnet wird oder anders, hat keine Bedeutung.

Fraenkel formuliert eine sparsame, aber doch komplette politische Theorie. Sie ist wirklichkeits- und erfahrungsnah und fußt auf einem Gesellschaftsbild, das als Ursachenfeld der Politik überzeugt. Schließlich projiziert sie die Idee ge-

---

[20] Ernst Fraenkel: Reformismus und Pluralismus, hrsg. von Falk Esche und Frank Grube, Hamburg 1975, S. 339, 362.
[21] Ernst Fraenkel: Deutschland und die westlichen Demokratien, 2. Aufl., erw. Neuausg. hrsg. v. Alexander v. Brünneck, Frankfurt/M 1991, [Erstausg. 1964], S. 272f.
[22] Ebd., S. 246, 248.

rechter, handlungsleitender Ziele des Staatshandelns. Fraenkels Wirkung in die Politikwissenschaft und die politische Bildung war und ist enorm.[23]

6.5 Fazit: Staatstheoretische Gegenwartsdiagnose

Alle hier referierte Autoren eint dasselbe Themenspektrum: Rechtstaat, Parlamentarismus, Parteienstaat und Demokratie, Art und Ziele des richtigen politischen Entscheidens. Allein Schmitt ragt als Apologet einer politischen Ordnung heraus, in der diese Werte nichts gelten. Alle übrigen setzen Akzente, in denen sich unschwer die Merkmale der Demokratie unserer Tage erkennen lassen, Kelsen bei der Verfassungssouveränität und Verfassungsgerichtsbarkeit, Smend bei der kulturell-affektiven Zustimmung zur politischen Ordnung sowie Heller und Fraenkel bei der Politik als Interessen- und Wertekonkurrenz. Alle waren Kinder der Weimarer Epoche. Wie bei den oben referierten Klassikern vergangener Jahrhunderte, deren Leben und Werk von tiefgreifenden politisch-gesellschaftlichen Krisen geprägt war, führt hier das Erlebte die Feder. Deshalb geraten die Theorien plastisch und realitätsnah. Den Autoren späterer Jahrzehnte brannten Fragen, welche diese Autoren motivierten, nicht mehr unter den Nägeln. Hier geriet die politische Theorie, wie in den folgenden Kapiteln zu zeigen sein wird, in wachsendem Maße zum ästhetisierenden Denken über Staat und Politik.

---

[23] Allgemein zu Fraenkel: Hubertus Buchstein: Ernst Fraenkel als Klassiker, in: Leviathan, 26. Jg. (1998), S. 458-481. Hubertus Buchstein und Gerhard Göhler: Ernst Fraenkel, in: Wilhelm Bleek und Hans J. Lietzmann (Hrsg.), Klassiker der Politikwissenschaft. Von Aristoteles bis David Easton, München 2005, S. 151-164.

7 Die Großtheorien der empirischen Politikforschung: Demokratie und System

Fragen wir jetzt nach den Theorien, die der Wandel der Politikwissenschaft zu einer empirischen Wissenschaft hervorgebracht hat. Das vierte Kapitel endete mit dem Resümee, dass sich das Methoden- und Gegenstandsinteresse mit kleinen Theorien zu Beobachtungs- und Messzwecken begnügt. Und das fünfte Kapitel zeigte die selbstgewählte Isolierung der aristotelischen politischen Theorie von der Empirisierung der Politikbetrachtung.

Die Staats- und Politiktheorien in der deutschen Debatte, die im letzten Kapitel skizziert wurden, entfalteten damals in den USA, dem einzigen Land mit einer nennenswerten Politikwissenschaft, keinerlei Wirkung, sei es, weil die deutsche Diktatur auch das zarte Pflänzchen der Berliner Politikforschung erstickte, sei es, weil die rechtswissenschaftliche Darstellungstradition eine zu hohe Barriere für die Rezeption in der amerikanischen Sozialwissenschaft darstellte.

Halten wir nun, um auf den Ausgangspunkt zurückzukommen, Ausschau nach Großtheorien, die sich unter Politikwissenschaftlern durchgesetzt haben, die sich mit der beobachteten politischen Wirklichkeit auseinandersetzen. Um es vorweg zu sagen: Allzu viele gibt es nicht. An speziellen Theorien, solchen über Verbände, Parteien, Parlamentarismus, internationale Zusammenarbeit und die Verknüpfung von Innen- und Außenpolitik, um nur einige Beispiele zu nennen, herrscht durchaus kein Mangel. Doch Modelle, die auf hoher Abstraktionsstufe eine komplexe Realität abbilden wollen, beschränken sich im Grunde genommen lediglich auf die Theorien der Demokratie und des politischen Systems.

7.1 Theorien der Demokratie: Robert Dahl

Das von Joseph A. Schumpeter (1883-1950) entworfene Modell der Demokratie versteht sich als Gegenentwurf zum Modell der direkten Demokratie, das gemeinhin mit Rousseau in Verbindung gebracht wird. Die Vorstellung, dass von Demokratie nur bei aktiver Teilnahme jedes einzelnen Bürgers die Rede sein darf, verwirft Schumpeter als unrealistisch. Demokratie verlangt Repräsentation, und indem sich die Bürger repräsentieren lassen, verhalten sie sich bei der Wahl wie Käufer, die sich für ein bestimmtes Produkt entscheiden. Dieses Produkt sind Versprechungen, d.h. ein politisches Programm, das von Parteien angeboten wird. Die Parteien präsentieren sich auch mit Kandidaten für Ämter und Mandate. Gelingt es einer Partei, die Mehrheit der Wählerstimmen auf sich zu vereinigen, wird ihr der Auftrag zum Regieren erteilt.

Die Parteien werben in gleicher Weise um Wählerstimmen, wie es Unternehmen tun, die ihre Produkte und Leistungen verkaufen wollen. Sie bedienen sich des letzten Schreis der Werbetechnik. Programm und Auftreten der Kandidaten sind darauf angelegt, die Vorlieben der Wähler zu treffen. Hat der Wähler entschieden, welche Partei regieren darf, ist sein Auftritt im demokratischen System beendet. Das Gleiche gilt bis auf Weiteres auch für die Parteien. Sie bleiben zwar auf der politischen Bühne und leisten mit ihren Parlamentariern und Ministern politische Arbeit. Sie diskutieren aber hauptsächlich das Für und Wider fachpolitischer Optionen, die in den Ministerien erarbeitet werden. Dort, in den Fachabteilungen des Regierungsgeschäfts, walten hochkarätige Experten ihres Amtes. Sie setzen den regierenden Parteien auseinander, welche politischen Lösungsmöglichkeiten für ein Problem überhaupt realistisch sind.[1]

Optimal ist ein demokratisches System, in dem lediglich zwei Parteien um das Wählervotum buhlen. Stets gibt es eine klare Mehrheit, stets gibt es eine mehrheitsfähige Alternative, wenn die Wähler die regierende Partei bei nächster Gelegenheit in die Opposition schicken.

Schumpeters Demokratiemodell wirkt wie eine Mischung aus britischer und US-amerikanischer Anschauung mit der Beigabe einer Magerversion der Millschen Vorstellung von repräsentativer Demokratie. Doch es wäre verfehlt, es zu belächeln. Schumpeter konstruiert nicht im historienfreien Raum. Er hat das Scheitern der Demokratie in seiner österreichischen Heimat und in Deutschland vor Augen, den als Straßenschlacht und Bürgerkrieg aufgezäumten Parteienkampf und die Parteien als säkulare Kirchen. Viel Zeitkolorit spielt also in dieses Modell hinein, und zwar das gleiche, das in die Theorien Schmitts, Hellers und Fraenkels hineinzulesen ist.

Schumpeter überschrieb seinen Entwurf mit einer realistischen Theorie der Demokratie. Tatsächlich erfüllt er das dritte Theoriekriterium Sabines, die allerdings sehr blasse Zielprojektion eines politischen Marktes, auf dem sich die Käufer im Rhythmus der Wahlen für ein politisches Produkt entscheiden. Als Zu-

---

[1] Joseph A. Schumpeter: Kapitalismus, Sozialismus und Demokratie, 7. erw. Aufl., Tübingen 1993 (Erstausg. 1942), S. 427f.

7.1 Theorien der Demokratie: Robert Dahl

standsbeschreibung und Ursachenzuweisung greift der Entwurf indes zu kurz. Dennoch hat er sich mit Recht das Attribut realistisch verdient, weil Schumpeter die Demokratie als Repräsentionsprozess definiert. Sein Demokratiemodell wurde breit zur Kenntnis genommen.

Vor diesem Hintergrund treten die Eigenarten der nun zu schildernden Demokratietheorie Robert A. Dahls (1915-) umso stärker hervor. Dahls Menschenbild ist das des rationalen Individualisten, der darauf sinnt, seine Ziele im Zusammenleben mit anderen zu verwirklichen. Die Idee der Repräsentation wurde im europäischen Mittelalter als die virtuelle Vergegenwärtigung des Volkes in Gestalt ständischer Versammlungen geboren. Die Herrscher hatten sich mit ihnen zu arrangieren. Später verband sich die Repräsentation mit der demokratischen Idee. Demokratie tritt seither in der charakteristischen Gestalt der repräsentativen Demokratie auf. Die Selbstregierung wird zur Regierung durch Beauftragte. Das grundlegende Merkmal dieser Demokratieform ist die Wahl. Die Wahl wiederum impliziert das Mandat auf Zeit.

Gemessen an der Idee einer direkten Volksherrschaft ist die repräsentative Demokratie eine zweitbeste Lösung. Aber auch sie verlangt den politisch mündigen Bürger, keinen durchweg passiven Politikkonsumenten. Der Bürger verfolgt seine Interessen auch zwischen den Wahlen, unter Umständen sogar mit Druck auf seine politischen Vertreter, mit Demonstrationen und der Mitarbeit in Vereinen und Verbänden. Politik ist nicht die Hauptsorge des Bürgers. Er verwendet seine Freizeit im Regelfall auch nicht auf die Politik. Deshalb ist der Durchschnittsbürger kein Politikspezialist. Dies muss er auch nicht sein. Er ist aber allemal „good enough", um sich von den meisten Fragen, um die es in der Politik geht, ein grobes und gleichwohl richtiges Bild zu machen.

Der Bürger besitzt also eine Basiskompetenz zur Beurteilung politischer Fragen.[2] Aber er kann nicht jedes Problem in seiner Tragweite und Komplexität beurteilen. Diese Tatsache schwächt die Demokratie keineswegs. Denn nicht alle Bürger nehmen an jedem politischen Problem Anteil. Der Bürger und seine Vereine und Verbände werden in der Regel erst dann aktiv, wenn es um Fragen geht, die ihn direkt und wahrnehmbar betreffen – keinesfalls ausschließlich am Geldbeutel, sondern auch als Elternteil, als engagiertes Kirchenmitglied, als Glied ethnischer und sprachlicher Minderheiten u.ä.m. In diesen Fragen haben die direkt betroffenen Bürger politische Kompetenz, nicht-betroffene Bürger aber

---

[2] Robert A. Dahl: Democracy and Its Critics, New Haven/London 1989, S. 109, 112, 113, 335ff.

weniger; diese bleiben deshalb passiv.³ Der demokratische Prozess aktiviert stets eine mehr oder minder große Zahl von Menschen. Mit Blick auf die Gesamtheit handelt es sich im Regelfall aber um Minderheiten. Der Erfolg politischen Engagements ist jedoch keine Sache der Zahl, die sich in diesen Minderheiten verbirgt. Maßgeblich ist vielmehr die Intensität, mit der sich Gruppen in den politischen Prozess einschalten.

An der Bestellung der Repräsentanten beteiligt sich idealerweise das ganze Volk. Die Repräsentation selbst, das stellvertretende Handeln für die Bürger, kann aus der Natur der Sache heraus aber nur die Angelegenheit Weniger sein. Die gewählten Vertreter in Parlament und Regierung, hier führt Dahl wieder auf den ursprünglichen Demokratiegedanken zurück, haben aber keine Lizenz, nach Gutdünken im Namen des Ganzen Entscheidungen zu treffen. Es wird von ihnen erwartet, dass sie responsiv handeln, d.h. auf die Stimmungen, Bedürfnisse und Nöte der von ihnen Repräsentierten eingehen. Dies bedeutet auch, dass sie die Auffassungen von Vereinen, Verbänden und Interessenvertretern erfragen und berücksichtigen. Die Demokratie ist also keine geschlossene Veranstaltung der Mandatsträger im Parlament und in der Regierung, sondern ein offener Interessenbetrieb. Auch die Medien gehören dazu. Je nach dem Problem, das zu beraten und zu entscheiden ist, weitet sich der Kreis der Teilnehmer aus oder er schrumpft. In der Gesundheitspolitik beteiligen sich andere Akteure als in der Bildungspolitik. Aber stets handelt es sich um ein Spektrum staatlicher und nichtstaatlicher Teilnehmer.

Nun gibt es immer wieder Fragen und Themen, bei denen es heikel erscheint, wenn die Gewählten tatsächlich den Wünschen des Elektorats und der öffentlichen Stimmung folgen – sei es, dass die Sache inhaltlich zu komplex ist, als dass sie dem Laien verständlich gemacht werden könnte, sei es, dass die Konsequenzen der Entscheidung nicht mehr korrigiert werden können, wenn diese Entscheidung unerwünschte Folgen erwarten lässt. Hier plädiert Dahl dafür, gegebenenfalls einen Entscheidungsmodus zu wählen, der mehrheitliche Meinungen und Stimmungen ignoriert. Dahl sieht dabei durchaus das Problem, dass in der Zukunft viele solcher Probleme zu entscheiden sein mögen und dass der demokratische Prozess darunter leiden könnte.

Die Qualität des politischen Prozesses bemisst sich danach, ob er die Maßgabe der Inklusion erfüllt, ob er – im Prinzip – niemanden ausschließt. Demokratie fußt auf dem Demos, d.h. einem Volk, das aus rechtsgleichen Bürgern besteht. Der Ethnos, das durch Rasse, Religion oder Herkunft definierte Volk, schließt

---

³ Robert A. Dahl: Vorstufen zur Demokratietheorie, Tübingen 1976 (Erstausg. 1956), S. 95f.

7.1 Theorien der Demokratie: Robert Dahl

Bürger aus der Rechtsgemeinschaft aus. Ethnos ist in aller Welt dafür verantwortlich, dass politische Systeme den demokratischen Maßstab verfehlen. Es gibt auch Kulturen, in denen es die Demokratie schwer hat, sich durchzusetzen. Ein Argument gegen die Demokratie ist diese Tatsache aber nicht.

Alle Bürger haben in der Demokratie das Recht und die Chance, sich am politischen Prozess zu beteiligen. Doch bei weitem nicht alle machen regelmäßig Gebrauch davon. Damit jeder weiß, wann und wo er von der Politik betroffen ist und damit er darauf reagieren kann, ist es unverzichtbar, dass die kommunikativen Kanäle zwischen den Bürgern und den Regierenden offen bleiben.

Die Wahl muss allgemein sein, niemand darf vom aktiven und passiven Wahlrecht ausgeschlossen werden. Die Organisation der Wahl muss den Grundsätzen der Fairness genügen. Die Meinungs- und Pressefreiheit und das Recht auf Opposition müssen gewährleistet sein, um dem Wähler die freie Meinungsbildung und die Artikulation seiner Unzufriedenheit zu ermöglichen. Schließlich darf die Gründung von Parteien und Verbänden keinerlei Einschränkung unterliegen. Bürger und Bürgergruppen haben jederzeit die Chance, sich mit neuen politischen Organisationen in den Wahlprozess einzubringen und durch Berufsverbände oder Gesinnungsvereine um Gehör für ihre Interessen zu werben.[4]

Dahl zeichnet hier das bekannte prozedurale Minimum der gewachsenen Demokratien. Seine Gedanken über den Bürger, die Partizipation und die Interessensteuerung der Politik bewegen sich im Horizont gesicherter politikwissenschaftlicher Erkenntnis. Die Annahmen, Fakten und Schlussfolgerungen sind vertraut. Die ersten beiden Sabineschen Theoriekriterien werden sattsam erfüllt. Gleichzeitig projiziert Dahl das aus der realen Demokratie bekannte normative Minimum als Soll auf jedes Herrschaftssystem, das sich als demokratisch ausweisen will. Damit integriert er auch das dritte Kriterium der politischen Theorie in seine Überlegungen.

So weit, so gut. Aber es geht Dahl nicht einfach darum, die Eckpunkte der Demokratie herauszuarbeiten, wie sie rund um den Globus in vielerlei Varianten anzutreffen ist. Vielmehr soll daraus ein Raster entstehen, das es ermöglicht, zu beobachten und zu messen, um am konkreten Beispiel die Ausprägung und die Gefährdung der Demokratie zu eruieren. Dahl präsentiert eine Theorie, die sich mit dem Treiben der behavioralistischen Politikwissenschaft nicht nur ohne Weiteres verträgt, sondern diese geradezu zum Forschen ermuntert. Nicht von ungefähr klingen in dieser Theorie so ziemlich alle Themen an, die das Hauptgeschäft

---
[4] Robert A. Dahl 1971: Polyarchy: Participation and Opposition, New Haven und London, S. 20f, 23, 26.

der Politikwissenschaft sind, Verfassung, Öffentlichkeit, politischer Prozess, Partizipation, Policies.

Dahl empfahl in seinen frühen Werken, das demokratische Regime besser als Polyarchie zu bezeichnen, als die Herrschaft der vielen Minderheiten. In der Sache ist er bei diesem pluralistischen Demokratieverständnis geblieben. Nur hat die Politikwissenschaft den unkonventionellen Begriff nicht angenommen, und Dahl selbst ist später wieder auf den Demokratiebegriff zurückgekommen.

Verlassen wir kurz die Demokratie und wenden wir uns dem Phänomen autoritärer Herrschaft zu. Sie macht Dahl ebenso zum Thema. Das autoritäre System, in alter Sprache: die Diktatur, ist die Antithese zur Demokratie. Demokratie ist stets eine Sache des Mehr und Weniger. An den folgenden Punkten lässt sich bemessen, wo es mit den demokratischen Standards klappt oder aber nicht:

- effektive Partizipation, d.h. die Wahl zwischen Prioritäten und Optionen: Dies bedeutet für jeden Bürger die Chance, seine Präferenz für eine Entscheidung zum Ausdruck zu bringen, Probleme, die ihn bewegen, auf die politische Agenda zu setzen, und öffentlich für seinen Standpunkt einzutreten.
- Chancengleichheit im Wahlprozess: gleiches Gewicht für jede Stimme.
- Aufklärungsfreiheit, d.h. freie Meinungsbildung, Presse- und Informationsfreiheit: Jeder muss die gleiche und angemessene Möglichkeit haben, sich über die zur Entscheidung anstehenden Probleme zu informieren, eine Meinung zu bilden und diese frei gegen andere Meinungen abzuwägen.
- Bestimmung der politischen Agenda, d.h. Mitwirkung in Parteien, Interessengruppen, Demonstrationsfreiheit: Jedem muss die Möglichkeit geboten werden, für die Themen zu werben, die im demokratischen Prozess entschieden werden sollen.
- Inklusion: Das Volk muss alle erwachsenen und geistig gesunden Personen der politischen Gemeinschaft umfassen.[5]

Nach der Summe und dem Ausmaß etwaiger Defizite bestimmt sich, ob einem Regime noch das Prädikat demokratisch zugebilligt werden darf und ob es eventuell unterhalb der Schwelle zum autoritären Regime angesiedelt ist. Regime sind dynamisch, Demokratien steigen ab und verschlechtern ihre Qualität; autoritäre Regime lockern sich und schlagen irgendwann in Demokratie um. Die Demokra-

---

[5] Dahl: Democracy and Its Critics, S. 109ff.

tietheorie hat, wenn man so will, zwei Seiten: den Objektbereich demokratischer und denjenigen autoritärer Regime.[6]

Hält man Ausschau nach einem einzigen griffigen Kriterium, um die Grenze zwischen beiden zu bestimmen, so eignet sich dafür am besten das Moment der Offenheit zur Gesellschaft. Das demokratische System ist integrativ konstruiert.[7] Die Wahlen und die Wirkungsweise seiner Institutionen schließen kein gesellschaftliches Interesse aus, das sich politisch Gehör verschaffen will. Jeder Einzelne und jede Gruppe hat die Chance, sich zu beteiligen. Der Erfolg dieser Beteiligung ist dann eine Sache des politischen Kräftespiels. Er hängt wesentlich davon ab, ob es gelingt, ein Anliegen auf die Agenda zu bringen und es in mehrheitsfähige Bündnisse zu integrieren. Das autoritäre System hat ausschließenden Charakter. Es begünstigt einige Interessen und Bevölkerungsgruppen, gegen andere verschließt es sich.[8]

Juan Linz (1926-) gesteht dem autoritären System die Möglichkeit eines eingeschränkten Pluralismus zu. Es verhält sich zwar so, dass eine Person oder eine Institution im Mittelpunkt steht und der Gesellschaft ihren Willen aufzwingt. Ebenso informativ ist aber der Umstand, dass dort bestimmte Kräfte auf Dauer von der Beteiligung am politischen System ausgeschlossen werden, während anderen durchaus Mitsprache eingeräumt wird. Es mag im autoritären System also mehr als eine Partei und auch eine gewisse Vielfalt in der Medienlandschaft geben. Doch die Grenzen des Erlaubten werden von den Nutznießern der autoritären Herrschaft bestimmt.[9]

Den einen Typus autoritärer Herrschaft verkörpert das bürokratisch-autoritäre System. Es will nicht einfach nur einen Status quo stabilisieren, der große Teile der Gesellschaft von Beteiligung fernhält. Es rechtfertigt sich vielmehr mit einem politischen Auftrag, ferner mit überlegener Kompetenz und mit dem Vorsatz einer Reform von Wirtschaft und Gesellschaft an Haupt und Gliedern. Hier handelt es sich um ein Regime, in dessen Zentrum keine Person, kein singulärer Diktator-Präsident steht, sondern vielmehr Institutionen. Und diese Institutionen gewährleisten Kontinuität auch über wechselnde Personen an der Spitze hinweg. Unter diesen Institutionen ragt das Militär heraus. Hinter den Militärs stehen für gewöhnlich zivile Technokraten. Aber autoritäre Herrschaft braucht stets die

---

[6] Ebd., S. 262f.
[7] Dahl: Polyarchy, S. 8.
[8] Allgemein zu Dahl: Gary S. Schaal: Die politische Theorie der liberal-prozeduralistischen Demokratie: Robert A. Dahl, in: André Brodocz und Gary S. Schaal (Hrsg), Politische Theorien der Gegenwart, Bd. 1, 3. Aufl., Opladen 2009, S. 247-276.
[9] Juan J. Linz: Totalitäre und autoritäre Regime, 2. Aufl., Berlin 2003, S. 130f.

Kontrolle der staatlichen Gewaltapparate.[10] In den Spitzenstellungen des autoritären Systems verwischen sich die Rollen des Politikers und des Offiziers bis zur Unkenntlichkeit. Die Mehrheit der autoritären Systeme hat deshalb einen militärischen Anstrich.

Den anderen Typus des autoritären Systems verkörpert die neo-patrimoniale Herrschaft. Hier handelt es sich um eine persönliche Diktatur, die zum Nutzen einer Person oder einer Familie und ihrer Umgebung ausgeübt wird. Der Begriff des Patrimoniums, des Besitzes, stellt eine Analogie zum Eigentümer her, der beim Gebrauch seines Eigentums keinem Dritten verantwortlich ist. Eigentum lässt sich pflegen, mehren, verschleudern und verschenken. Den Schaden oder Nutzen hat niemand außer dem Eigentümer selbst. Patrimonialherrschaft ist das Gegenteil von Herrschaft in und mit Institutionen. Der patrimoniale Herrscher ist ein potenzieller Despot. Mag die bürokratisch-autoritäre Herrschaft, eben weil sie von einer Bürokratie ausgeübt wird, noch einigermaßen kalkulierbar sein, waltet hier die Laune und Tagesform der Persönlichkeit im Zentrum des Systems. Im „neo" bei der Bezeichnung dieses Herrschaftstyps wird vor allem zum Ausdruck gebracht, dass sich ein moderner Despot auf die Sachzwänge eines Regierungsapparats einlassen, dass er sich mit den religiösen und wirtschaftlichen Eliten arrangieren muss und dass er nicht auf die Mittlerdienste einer Regimepartei und kontrollierter Medien verzichten kann.[11]

Wir können an dieser Stelle abbrechen. Ohne die Erkenntnisleistung mindern zu wollen, ist die Theorie autoritärer Herrschaft ein abgeleitetes Produkt der Theorie des demokratischen Regimes – eine fachwissenschaftliche Theorie ohne das normative Moment eines erstrebenswerten Zustandes. Es handelt sich um gute politikwissenschaftliche Theorie, aber letztlich, wenn auch nicht so eng gefasst wie speziellere Theorien über Parteien und Verbände, um den Typus der Gunnellschen *pt*. Diese Theorie ist zwar mit Blick auf die Demokratie normativ geladen, aber im Horizont der in aller Welt vorfindbaren Demokratie. Als *PT* ist sie insofern schwach. Dahls Heimathafen ist die Politikwissenschaft, nicht die politische Philosophie.

---

[10] Guillermo O'Donnell: Modernization and Bureaucratic-Authoritarianism: Studies in South American Politics, Berkeley 1973.
[11] Max Weber: Schriften 1894-1922, ausgew. u. hrsg. von Dirk Käsler, Stuttgart 2002, S. 721f.; Shmuel N. Eisenstadt: Traditional Patrimonialism and Modern Neopatrimonialism, Beverly Hills und London 1973.

7.2 Theorien des politischen Systems: David Easton und Gabriel Almond

Mit David Easton und Gabriel A. Almond gelangte die Systemtheorie in die Politikwissenschaft. Indem wir uns einer beliebten Antinomie in der soziologischen Literatur anschließen, lässt sich dieser Vorgang so beschreiben, dass neben dem einen Fixpunkt der sozialwissenschaftlichen Analyse, dem Akteur, der dem Behavioralismus so großen Auftrieb gegeben hat, nunmehr ein anderer Fixpunkt in die Politikwissenschaft gelangt: das System. Die Impulse der politikwissenschaftlichen Systemtheorie kommen aus dem Werk der Soziologen Talcott Parsons (1902-1979)[12] und Robert K. Merton (1910-2003).[13]

David Eastons (1917-) Modell des politischen Systems konzentriert sich auf die politischen Aspekte des sozialen Systems. Das Politische ist die autoritative Zuweisung von Werten. Hinter dieser Formulierung verbirgt sich nichts anderes als Max Webers Herrschaftsdefinition: Die Politik darf ihren Willen in letzter Konsequenz mit der Legitimation zur Zwangsanwendung durchsetzen. Vereinfacht könnte man das politische System als Entscheidungssystem bezeichnen. Im Mittelpunkt dieses Entscheidungssystems stehen die Institutionen der Gesetzgebung, Regierung und Verwaltung. Alles, was nicht dazu gehört, bildet die Umwelt des politischen Systems.[14]

Die innere Struktur dieses politischen Systems besteht aus einer Apparatur, die Regeln formuliert, anwendet und überwacht, die zwingt, schlichtet oder straft, je nachdem, ob Parlamente, Regierungen, Behörden oder Kommissionen tätig werden. Das Entscheidungssystem, das in konventioneller Begrifflichkeit als Staat bezeichnet werden könnte, bearbeitet Probleme, die sich durch außerstaatliche Einigung und durch die Selbstregulierung der Natur und des Marktes nicht mehr lösen lassen. Es befindet verbindlich über die Geltung konkurrierender Werte, worunter in konventioneller Sprache Interessen und Interessenkonflikte zu verstehen sind. So werden dem System etwa Fragen der Ökologie, des Umgangs mit Ressourcen, der Schadstoffbelastung etc. durch kontroverse Debatten über den Primat der Ökonomie oder den der Ökologie mitgeteilt. Fragen von

---

[12] Talcott Parsons: Das System moderner Gesellschaften, Weinheim/München 2003 (Erstausg. 1951).
[13] Robert K. Merton: Social Theory and Social Structure, 3. Aufl., New York 1968.
[14] David Easton: A Systems Analysis of Political Life, 2. Ausg., Chicago: University of Chicago Press 1979, S. 21f.

Krieg und Frieden, von Handel und Wohlstand teilen sich dem politischen System in der Auseinandersetzung mit anderen Staaten mit.

Bei der Theorie des politischen Systems handelt es sich um die Theorie eines speziellen gesellschaftlichen Teilsystems. Das Nebeneinander verschiedener Gesellschaften mit jeweils eigenen politischen Systemen macht Easton zwar nicht weiter zum Thema. Es ist aber in seiner Systemvorstellung angelegt. Die System-Umwelt-Differenz greift gleich zweimal: Die in den Grenzen eines Staates organisierte Gesellschaft konstituiert die unmittelbare, innergesellschaftliche Umwelt des politischen Systems. Andere Staaten und internationale Organisationen bilden die äußere Umwelt des Systems. Das politische System muss sich mit Herausforderungen in beiden Umwelten auseinandersetzen.

Eastons Systemmodell ähnelt makroökonomischen Theorien, die sich mit der Interdependenz des Produzenten- und Konsumentenverhaltens und mit der Steuerungswirkung von Preisen, Zinsen, Steuern und öffentlichen Ausgaben befassen. Easton argumentiert aber nicht soziologisch und historisch, sondern aus dem Blickwinkel der politischen Steuerung. Die Beziehungen zwischen der Umwelt und dem politischen System gleichen den Vorgängen in einem Regelkreis. Signale und Impulse aus der Umwelt strahlen an das politische System aus. Das politische System wiederum bearbeitet diese Impulse. Sie bezeichnet Easton als Inputs. Das politische System trifft seine Entscheidungen, und diese Entscheidungen, die Outputs des Systems, wirken wieder auf die gesellschaftliche oder internationale Umwelt des Systems zurück.

Die Inputs entstehen in der Umwelt des politischen Systems, und dieses trifft eine Auswahl, welche davon es bearbeiten will. Diesen Prozess, der aus den Inputs Entscheidungen gewinnt, bezeichnet Easton als Konversion. Wie ein mit der charakteristischen Fähigkeit zur Selbstkorrektur ausgestatteter Regelkreis dienen die Konversionsvorgänge dem Zweck, das System in seiner Umwelt stabil zu halten.

Die Forderungen aus der Umwelt werden von gesellschaftlichen Gruppen, Verbänden und Parteien an das politische System herangetragen. Diese Akteure gehören im engeren Sinne nicht zum politischen System, weil sie keine Legitimation besitzen, verbindliche Entscheidungen zu treffen. Easton konstruiert das Verhältnis des politischen Systems zu seiner Umwelt zweistufig. Bevor die Inputs das politische System erreichen, müssen sie so weit vorgeformt werden, dass sie von den Betreibern des politischen Systems verstanden werden können. Diese Aufgabe wird von jenen Institutionen geleistet, die sich auf die Organisation der Inputs in der gesellschaftlichen Umwelt spezialisiert haben, von Verbänden,

7.2 Theorien des politischen Systems: David Easton und Gabriel Almond

Vereinen, Parteien und Massenmedien.[15] Zum Konversionsprozess steuern sie die so genannten Withinputs bei, d.h. sie wandeln den Rohstoff der gesellschaftlichen Leistungen, Forderungen und Erwartungen in Vorprodukte um, die das politische System dann abschließend weiter verarbeitet. Die Gatekeepers, z.B. Regierungsmitglieder, Beamte, Parteifunktionäre, auch Lobbyisten, weisen diese Inputs ab oder nehmen sie auf. Sie schnüren ähnliche Forderungen zu Paketen oder sie regen bei den Absendern an, es doch mit einer außerstaatlichen Einigung zu versuchen, bevor eine staatlich sanktionierte Lösung angestrebt wird.

Die Inputs bilden die Last, die das politische System zu bewältigen hat, sie führen ihm aber auch die erforderliche Energie zu. Als negative systemische Inputs gelten Forderungen, die an das politische System herangetragen werden. Positive Inputs versorgen das System mit den notwendigen Ressourcen. Für die positiven Inputs in das politische System bedarf es keiner Türsteher und auch keines Schleusenpersonals. Auf Steuern, auf Politik im kommunalen Ehrenamt, auf den Nachwuchs für die Freiwillige Feuerwehr und auf die generelle Bereitschaft zur Befolgung der Gesetze ist das politische System vital angewiesen. Hier richtet das System lediglich Kontrollpunkte ein und führt Inspektionen durch, um Pflichtverletzungen festzustellen und Sanktionen zu verhängen.

Von diesen konkreten Unterstützungsleistungen an das politische System unterscheidet Easton die allgemeine diffuse Unterstützung. Hier handelt es sich um die von speziellen Vorteilskalkülen gelöste Identifikation der Bürger mit dem politischen System, unter anderem um die Bereitschaft, sich für das System, seine Werte und Institutionen einzusetzen und dafür Opfer zu bringen. Diese diffuse Unterstützung ist die wichtigste Ressource des politischen Systems. Anders ausgedrückt, handelt es sich um das in der politischen Kultur einer Gesellschaft gespeicherte Sozialkapital.

Die Leistungen an das politische System werden quittiert, verarbeitet und in die öffentlichen Haushalte eingespeist. Die Ansprüche an das System werden nach ihrem Eingang diskutiert, verändert und in Gesetze gegossen. Die Gesetze wiederum werden von staatlichen Behörden auf die gesellschaftlichen Adressaten angewandt.

An dieser Stelle bringt Easton einen Gedanken ein, der in der Politikwissenschaft später als Policy-Forschung große Bedeutung gewinnen sollte. In einer systemischen Rückkehrschleife wirken die Outputs auf die gesellschaftliche Umwelt zurück, in der sie ursprünglich einmal als Inputs entstanden sind. Entweder befriedigen sie die ursprünglich gestellten Erwartungen und Forderungen, oder

---

[15] Ebd., S. 90.

sie erhalten die ursprünglichen Forderungen aufrecht und intensivieren sie noch. Möglicherweise sind die Forderer von einst mit dem Ergebnis nicht zufrieden, vielleicht rufen die Outputs aber auch ganz unbeabsichtigt und nicht vorhersehbar neue Interessenten auf den Plan, die behaupten, von der Entscheidung Nachteile zu erleiden. Der Kreislauf von Input, Selektion, Verarbeitung, Entscheidung und Output wird dann erneut in Bewegung gesetzt.[16]

Gabriel Almond (1911-) veröffentlichte seit 1956 mit diversen Ko-Autoren eine Reihe von Schriften, in denen er Gemeinsamkeiten zwischen reifen Demokratien und armen, autoritär regierten Ländern ausfindig zu machen suchte. Die politische Organisation jeder Gesellschaft hat demzufolge die Merkmale eines politischen Systems. Almond geht hier einen Schritt weiter als Easton. Für ihn ist das politische System nichts anderes als einfach die politische Dimension der Gesellschaft als Ganzes.[17]

Der Rohstoff des politischen Systems sind Interessen. Sie reifen in der Gesellschaft. Die Artikulierung dieser Interessen ist die erste Stufe der Input-Funktionen des politischen Systems. Sie findet ihren Ausdruck in Vereinen und Verbänden, die eine mehr oder minder große Anzahl von Mitgliedern vertreten. Weil nun aber eine Vielzahl von Interessen existieren, müssen diese Interessen in einer zweiten Stufe der Input-Funktionen gegeneinander abgewogen werden. Politiker und politische Institutionen müssen den gemeinsamen Nenner der Interessen ausloten, die an sie herangetragen werden. Diesen Prozess bezeichnet Almond als die Aggregation politischer Interessen. In demokratischen Systemen ist die Interessenartikulation eine typische Aufgabe spezieller Verbände. Es kann aber auch vorkommen, dass eine Partei diese Aufgabe besorgt, man denke etwa an eine Bauern- oder Gewerkschaftspartei. In der Demokratie ist die Interessenaggregation eine Kernaufgabe der Parteien. Die Parteien werden hier als große Sammler der verschiedensten Interessen aufgefasst, weil sie darauf abheben, ein möglichst breites Wählerspektrum an sich zu binden. Es lässt sich aber ebenso gut vorstellen, dass dort, wo die Parteien schwach auftreten, die Aufgabe der Interessenaggregation von Regierungsbehörden wahrgenommen wird. Das Primäre sind die Funktionen, die erfüllt oder auch nicht erfüllt werden. Wie sie

---

[16] Ebd., S. 29, 31.
[17] Gabriel A. Almond und John B. Powell: Comparative Politics: A Theoretical Framework, 4. Aufl., New York 2004; Dies.: Comparative Politics: A Developmental Approach, Boston 1966, S. 18.

7.2 Theorien des politischen Systems: David Easton und Gabriel Almond

erfüllt werden, ist von zweitrangiger Bedeutung. Hier handelt es sich um eine Frage der Strukturen.[18]

Dieselbe politische Funktion kann im Laufe der Geschichte von verschiedenen Strukturen erfüllt werden. In einem Prozess der strukturellen Differenzierung entwickeln sich spezielle Strukturen. Sie erfüllen entweder eine Funktion als Ganzes oder auch nur Teilaspekte dieser Funktion. In den absolutistischen Staaten Europas lagen Gesetzgebung und Verwaltung gleichermaßen bei der Struktur eines absoluten Monarchen. Im 19. Jahrhundert trat mit dem Erfolg der Verfassungsbewegungen die Struktur gewählter Parlamente hinzu, die jetzt ihre Mitwirkung an der Gesetzgebung beanspruchten. Noch später entstand eine neue Struktur in Gestalt parlamentarisch verantwortlicher Regierungen, die des Rückhalts demokratisch gewählter Parlamente bedurften. Im Vergleich politischer Systeme lassen sich die unterschiedlichsten Strukturen beobachten, die jede auf ihre Weise eine systemnotwendige Input-Funktion erfüllen. In autoritären Systemen mag es sich um eine Einheitspartei, in demokratischen Systemen um ein pluralistisches Parteiensystem handeln.

Verbände, Parteien, Regierungsbehörden und Bürger müssen sich irgendwie miteinander austauschen. Die Input-Funktion der politischen Kommunikation begleitet die Artikulations- und Aggregationsvorgänge. Freilich kann diese Kommunikation sehr verschieden vonstatten gehen. Sie vollzieht sich entweder in einem politisch garantierten Raum der Presse- und Medienfreiheit. Dies entspräche der Situation im demokratischen System. In einem autoritären System ist die Kommunikation staatlich reguliert und dabei werden bestimmte Interessen mundtot gemacht.

Der Output-Bereich gliedert sich dreistufig in die Funktionen der Regelgebung, der Regelanwendung und der Regelauslegung. Im demokratischen, verfassungsbasierten politischen System sind diese Funktionen jeweils voneinander unabhängigen Strukturen anvertraut, einem Parlament, der Regierung und Verwaltung und schließlich der unabhängigen Gerichtsbarkeit. In autoritären Systemen, die von einem einzelnen Herrscher oder von einer Monopolpartei kontrolliert werden, müssen diese Output-Funktionen ebenfalls erfüllt werden. Sie werden von ein und derselben Struktur wahrgenommen. Der Präsident in einer neopatrimonialen Diktatur Afrikas oder des Orients ist mit seiner Entourage gleichzeitig der faktische Gesetzgeber, der höchste Militär und Verwaltungsbeamte und der Stichwortgeber für Staatsanwälte und Richter.

---

[18] Dazu und im Folgenden: Almond und Powell: Comparative Politics: A Theoretical Approach, S. 21ff.

Politische Systeme agieren in geschichts- und wertgebundenen gesellschaftlichen Räumen. Hier liegt der Hauptunterschied zwischen Systemen, die sich ansonsten durch sehr ähnliche Strukturen auszeichnen. Zwischen der amerikanischen Demokratie und den europäischen Demokratien etwa treten nicht so sehr die unterschiedlichen Institutionen der Gesetzgebung und Regierung hervor, hier präsidiale Demokratie, dort parlamentarische Demokratie. Bedeutender ist der Umstand, dass es in der amerikanischen Politik einen breiten liberalen Konsens in der Sozial- und Wirtschaftspolitik gibt, während die Mehrzahl der europäischen Gesellschaften das Gut der Sozialstaatlichkeit besonders schätzt. Westliche Demokratien sind mit der offenen Art des Konfliktaustrags vertraut. Das Harmoniebedürfnis asiatischer Gesellschaften hat andere, weichere Formen der Auseinandersetzung ausgebildet. Almond umschreibt dieses Phänomen mit dem Begriff der politischen Kultur.[19] Die politische Kultur erschließt sich dem Blick auf Menschenbilder, Religionen, Tradition und Geschichte. Sie ist keine Funktion des politischen Systems, aber sie kanalisiert die Erfüllung der politischen Funktionen und beeinflusst die Art der politischen Strukturen, die dafür gewählt werden.

An dieser Stelle können wir wieder abbrechen. Diese Systemtheorien haben keinen normativen Anspruch. Und sie atmen, mögen sie auch abstrakt formulieren, ähnlich wie Dahls Modell der Demokratie, den Erkenntnisstand der politikwissenschaftlichen Forschung. Sie zeichnen Landkarten und Wegeskizzen für eine Politikwissenschaft, die mit allgemeinen Begriffen eine spezifische Realität beschreiben möchte. Es handelt sich um politikwissenschaftliche Theorie *(pt)*, nicht um politische Theorie *(PT)*, legt man den Gunnellschen Kriteriensatz zu Grunde:[20] Gute Heuristik für empirische Fragestellungen, für international vergleichende und für interkulturelle Untersuchungen!

Easton geht es darum, gewisse Grundbeziehungen zwischen dem mit „politischem System" umschriebenen Regierungsapparat und der Gesellschaft zu erfassen,[21] wobei er sich stark an das Cash-flow-Modell der Ökonomie anlehnt.[22] Almond hat demgegenüber ein Modell im Blick, das die Vergleichbarkeit der verschiedensten Staaten und Gesellschaften erlaubt.

Eines freilich hebt die Theorien des politischen Systems von der zuvor geschilderten Theorie Dahls ab. Sie blicken ganzheitlich auf die Politik. Sie haben

---

[19] Gabriel Almond und Sidney Verba: Civic Culture, Boston: Little Brown 1963, S. 12.
[20] John Dryzek: Revolutions without Enemies: Key Transformations in Political Science, in: American Political Science Review, 100 Jg. (2006), S. 487-492.
[21] David Easton: A Framework for Political Analysis, Englewood Cliffs, N.J. 1965.
[22] J. S. Sorzano: David Easton and the Invisible Hand, in: American Political Science Review, 69. Jg. (1975), S. 91-106.

7.2 Theorien des politischen Systems: David Easton und Gabriel Almond

also keinen handlungstheoretischen Standort. Nicht der Bürger und der singuläre politische Akteur stehen im Zentrum, sondern der kollektive Akteur, dem das System seine Rolle zuweist. Akteur und System – wie in der Soziologie treffen wir damit auch in der Politikwissenschaft die beiden grundlegenden Ausgangspunkte für Fragestellungen und Untersuchungen an! Allzu viel sollte man aus dieser Differenz nicht machen. Die Fragestellungen und Erkenntnisse des Akteursansatzes, Grundstein der behavioralistischen Politikforschung, vertragen sich gut mit den Interpretationsschemata der Systemtheorie.

Easton, der am Anfang der behavioralistischen Bewegung so radikal den Theoriemangel der empirisch gewordenen Politikwissenschaft beklagt hatte,[23] war anscheinend guter Hoffnung, selbst eine Theorie der Art konstruiert zu haben, die sich einerseits gut in die Daten verarbeitende Forschung einpassen lässt,[24] andererseits aber Perspektiven für die Bearbeitung noch unerforschter Fragen vermittelt. Doch sein Modell war zu abstrakt, um die empirische Forschung erkennbar voranzubringen.

Die politikwissenschaftliche Erforschung der lange so genannten Dritten Welt wurde in den 1950er und 1960er Jahren massiv von Fördermitteln und Diskussionen im SSRC (siehe oben Kapitel 4, 4.1) unterstützt. Ihr Paradigma war die Theorie des politischen Systems. Sie firmierte zeitweise auch als Modernisierungstheorie. Die „Entwicklungsländer" galten als weit hinter den westlichen Industriegesellschaften zurückgeblieben, aber doch immerhin als so wandlungsfähig, wie sich in der Vergangenheit die westlichen Gesellschaften selbst erwiesen hatten. Erkannte man nur ihre Denkstrukturen, ihre handlungsleitenden Codes, so musste es möglich sein, Strategien zu entwickeln und Optionen aufzuzeigen, um Wandlungsprozesse in Gang zu bringen. Dahinter stand die unausgesprochene Erwartung, diese Gesellschaften würden durch Wegweisung und Anleitung im Eiltempo die gleiche Entwicklung nehmen wie der Westen.

Von diesen heute etwas schlicht anmutenden Prämissen hat sich die Erforschung der politischen Systeme nach der Anfangseuphorie gelöst. Allein die kulturelle Differenz der vertrauten US-amerikanischen Gesellschaft zu Gesellschaften anderen Zuschnitts – Europa, Asien, Orient und Afrika – lenkte die Forschung stärker auf Faktoren wie Geschichte, Religion und Tradition. Davon abgesehen, lässt sich auch hinter dieser Art Modellbildung die Einladung zur Datenanalyse (Wirtschaftswachstum, Bevölkerungsentwicklung, Einkommensvertei-

---

[23] David Easton: The Decline of Modern Political Theory, in: Journal of Politics, 13. Jg. (1951), S. 36-58.
[24] Philip E. Beardsley: Political Science: The Case of the Misleading Paradigm, in: Political Theory, 2. Jg. (1974), S. 46-61.

lung, Schichtung, Bildung) erkennen. Langer Rede kurzer Sinn also und um eine oben getroffene Feststellung zu wiederholen: Dies alles ist politikwissenschaftliche, keine politische Theorie!

8 Moderne politische Theorie als Fachphilosophie

8.1 John Rawls: Die Wiederentdeckung des politischen Vertrags

Seit gut 40 Jahren erlebt die politische Theorie als politische Philosophie eine Renaissance. Der Impuls kam aus der Fachphilosophie, die im Maßstab eins zu eins von der politikwissenschaftlichen Abteilung für politische Theorie aufgenommen wurde.[1] John Rawls (1921-2002) veröffentlichte nach etlichen Vorpublikationen 1971 seine Theorie der Gerechtigkeit. Darin geht es um die Begründung eines demokratischen und sozialpolitisch aufgeschlossenen Staates. Die neuzeitliche Philosophie hatte sich zuvor wenig um den Staat moderner Prägung, geschweige denn um den Sozialstaat des 20. Jahrhunderts gekümmert.

John Rawls traf mit zeitgenössischen politischen Themen – Gleichheit, Markt, Demokratie – ein Auseinandersetzungsbedürfnis, das in der Zeit lag. Nicht anders verhielt es sich mit den Autoren, die ihm antworteten. Die stürmische Aufnahme der Rawlsschen Philosophie ist schon als solche für die Politikwissenschaft interessant.[2]

Nach den hässlichen Kontroversen um die empirische Wende der Politikwissenschaft bot sich nun endlich die Chance, mit einem noch lebenden Philosophen zu kommunizieren, der sich ganz offen mit Problemen auseinanderzusetzen schien, die einen engen Bezug zur politischen Agenda der Gegenwart hatten. Aus demselben Grund fanden später auch andere zeitgenössische Philosophen wie Michael Walzer und Jürgen Habermas Beachtung.[3] Ohne das intrinsische Interesse bei der Rezeption dieser Autoren infrage zu stellen, darf als Motiv bei alledem

---

[1] Dazu der Überblick von Will Kymlicka: Politische Philosophie heute. Eine Einführung, Frankfurt/M. und New York 1996.
[2] Brian M. Barry: The Strange Death of Political Philosophy, in: Government & Opposition, 15. Jg. (1980), S. 284f.
[3] Quentin Skinner: Introduction: The Return of Grand Theory, in: Quentin Skinner (Hrsg.), The Return of Grand Theory in the Human Sciences, Cambridge 1985, S. 3-20.

das Karrierefeld der Universität nicht vergessen werden.[4] Die neue politische Philosophie bot ein breites Betätigungsfeld für Publikationen und Diskussionen, auf dem sich nicht schon Generationen von Vorgängern getummelt hatten.[5]

Rawls' Problem lässt sich wie folgt umreißen: Die aristotelische Ethik eines gemeinschaftsbezogenen Tugendhandelns ist ein Thema von gestern. Mit der Aufklärung hat das Individuum die philosophische Bühne betreten. Das Denken darf nicht mehr dahinter zurück. Kant ist der Referenzdenker der modernen Philosophie. Der Einzelne ist ein zwar interessiertes und auf seinen Vorteil bedachtes, zugleich aber ein mit Vernunft begabtes Wesen. In letzterer Eigenschaft ist er befähigt, sich selbst und seine Mitmenschen vorurteilsfrei zu betrachten. So erkennt er nicht nur die eigene Bestimmung zur Freiheit, sondern auch die der Mitmenschen. Rawls kritisiert an Kant, dass der Einzelne bei ihm voraussetzungsfrei, allein aus seinem Denken heraus die Einsicht entwickelt, dass die Freiheit des anderen die Voraussetzung für seine eigene Freiheit ist. Diese Auffassung hält Rawls für nicht haltbar. Ethik entsteht in den Sozialbeziehungen, sie setzt Kommunikation voraus. Als Kind der Gegenwart, als Bürger, Zeitungsleser und als Nachbar soziologischer und psychologischer Fakultäten weiß Rawls, dass Verfassungen, Gesetze und Politik in Prozessen zustande kommen, für die sich die Redensart des Diskurses eingebürgert hat. Ethik bedarf der gesellschaftlichen Übereinkunft, um auf ihrer Basis einen Staat zu errichten. Mit der Vertragsfigur knüpft Rawls an das wirkungsmächtigste Bild in der neuzeitlichen politischen Philosophie an.

Die bedeutendste Vertragslehre geht, wie oben geschildert, auf Thomas Hobbes zurück. Sie teilt mit allen übrigen den Gedanken der Herrschaftsbegründung durch Vereinbarung: Die Menschen erkennen, dass sie ohne übergeordnete Autorität, ohne Staat, außerstande sind, in Frieden und Sicherheit miteinander zu leben. Die Grundfigur aller Vertragstheorien ist die Vorstellung natürlicher Rechte der Vertragsparteien. Rechte sind bis zu einem bestimmten Punkt abtretungsfähig. Insoweit bilden sie die Grundlage für die Einsetzung einer Staatsgewalt. Soweit sie aber nicht abgetreten werden, ziehen sie dieser Gewalt Grenzen.

Rawls spannt nun diese Vertragsidee mit der Kantschen Idee eines Kraft eigener Verstandesleistung erkannten richtigen Handels zusammen. Rawls ist insofern ein Kind seiner Zeit, als er nicht nur um die Bedeutung der Kommunikation weiß, sondern auch um die Realität einer vom Markt geprägten Gesellschaft,

---

[4] Douglas W. Rae: Political Theory and the Division of Labor in Society: Asleep Aboard the Titanic and Steaming into Halifax, in: Political Theory, 9. Jg. (1981), S. 369-378
[5] George Kateb: Democratic Individuality and the Claims of Politics, in: Political Theory, 12. Jg. (1984), S. 138.

8.1 John Rawls: Die Wiederentdeckung des politischen Vertrags

die Lebenschancen höchst ungleich verteilt. Aus diesem Faktum einer ungerechten Gesellschaft entwickelt er die Vorstellung einer gerechteren Gesellschaft. Sie herzustellen ist die Aufgabe eines Staates, der von jedem Vernünftigen gutgeheißen wird.

Rawls denkt sich die Menschen in einen vorstaatlichen Zustand zurück.[6] Bei dieser Operation lassen sie ihre Biographien hinter sich. Hinter einem Schleier des Nichtwissens verschwinden in dieser „original position" sämtliche Unterschiede, namentlich solche mit Bezug auf Macht und Reichtum. Die imaginäre Verfassungskonferenz hinter dem statusabsorbierenden Tüllvorhang tritt anschließend in eine Beratung ein, nach welchen Grundsätzen sie ihr künftiges Zusammenleben gestalten will.

Die Verhandlung findet in zwei Runden statt. In der ersten Runde geht es darum, den Umfang der Persönlichkeitsrechte zu bestimmen. Da nun keiner weiß, wie er dastehen wird, nachdem der Schleier wieder gelüftet ist, muss jeder vernünftigerweise davon ausgehen, dass er zu denen gehören wird, die der beschlossenen Rechte in besonderer Weise bedürfen. Also wird er dafür eintreten, seinen Freiheitsraum optimal auszugestalten, d.h. er wird auch die Situation jedes anderen antizipieren.

Die erste Verhandlungsrunde endet konsequent mit dem Ergebnis, dass die Beratenden übereinkommen, sich nach dem Gleichheitsprinzip gegenseitig eben jene Freiheits- und Gleichheitsrechte zuzubilligen, die man als Ergebnis der Entwicklung des demokratischen Verfassungsstaates kennt: Freiheit, bürgerliche Rechtsgleichheit, gleiche Chance des Zugangs zu politischen Ämtern.

In einer zweiten Verhandlungsrunde werden Verteilungsfragen erörtert. Hier wird die Beratung schwieriger. Die Garantie der Persönlichkeitsrechte exekutiert der Staat. Der Markt jedoch ist eine im Prinzip staatsfreie Angelegenheit. Doch es gibt keine hermetische Grenze zwischen Markt und Staat bzw. privat und öffentlich produzierten Gütern und Leistungen. Die Verhandlungsteilnehmer verständigen sich darauf, den Markt maßvoll politisch zu konditionieren. Im inhaltlichen Gleichklang mit den Utilitaristen des 19. Jahrhunderts gilt das Differenzprinzip: Umverteilung lässt sich nur dann rechtfertigen, wenn sie die Situation des am schlechtesten Gestellten verbessert. Die Gerechtigkeitsprinzipien stehen in einer lexikalischen Ordnung. Die Missachtung des Differenzprinzips für die Verteilungsordnung kostet weniger Gerechtigkeit als die Einschränkung der Freiheitsrechte.

---

[6] Zum Folgenden John Rawls: Eine Theorie der Gerechtigkeit, Frankfurt/M. 1979 (Erstausg.: 1971).

Nach Abschluss der Verfassungsberatungen hebt sich der Schleier und die Deliberanten erkennen sich als Ungleiche. Nur sind sie jetzt als Bürger in ihrer Rechtsgleichheit geschützt. Wenn sie es auch schon vor ihrem Einstieg in die hypothetische Zeitmaschine waren, wissen sie jetzt wenigstens, warum: Weil sie es kraft ihrer Vernunft so wollen.

Verteilungsfragen spalten die Bürger auch weiterhin. In der (sozialen) Gerechtigkeitssphäre zweiter Ordnung muss künftig qua Mehrheitsbeschluss entschieden werden. Die Gerechtigkeitsprinzipien erster Ordnung verlangen Änderungen mit großen, verfassungsändernden Quoren. Was Rawls hier wie sonst im institutionellen und prozeduralen Detail darlegt, entspricht dem Bild des vertrauten demokratischen Verfassungsstaates.

Soweit zur Skizze der gerechten Ordnung, mit der Rawls sich einen herausgehobenen Platz in der jüngeren Geschichte der politischen Philosophie erschrieben hat. Es handelt sich, um es in ein Kürzel zu fassen, um den Entwurf Rawls I.

Zum Staunen der philosophischen Fachwelt hat Rawls in einer späteren Revision die Demokratie bereits in die „original position" hineingeholt. Die Menschen haben jetzt schon eine Vorstellung von Demokratie, bevor sie in die anonyme Beratung über eine gerechte Ordnung eintreten. Diese „naturalistische Wende" des Modells Rawls II bringt ein Vorwissen in die Beratung ein, das die Beratenden bereits auf die Entscheidung für Freiheit und Demokratie disponiert.[7] Damit relativiert sich das, was die politische vor der politikwissenschaftlichen Theorie auszeichnet. Die kontextfreie, allein durch Kommunikation und Vernunft gewonnene Norm, das dritte Element der Sabineschen Definition, tritt hinter das Einlassen auf die Welt der Fakten und Wahrscheinlichkeiten zurück.[8]

Der Politikwissenschaftler, der es gewohnt ist, die Welt mit all ihren Schmutzecken auszuleuchten, wird die Achseln zucken. Wäre es anders, gäbe es nicht die eine oder andere Variante des autoritären Systems, die traurige Generalnorm in der Staatenwelt. Ihm geht es um Tatsachen und Kausalitäten, denen er mit verstehender und quantifizierender Methode zu Leibe rückt.

Indem Rawls das Moment der Voreinstellung bemüht, nimmt er seiner Theorie den universalistischen Anspruch. Die Vernunft, sozusagen der Betriebsstoff der politikphilosophischen Konstruktion, wird ein Stückweit zur Tatsachenfrage.

---

[7] John Rawls: Gerechtigkeit als Fairness: ein Neuentwurf, Frankfurt/M. 2003; Politischer Liberalismus, Frankfurt/M. 2003; Ders.: Die Idee des politischen Liberalismus. Aufsätze 1978-1989, Frankfurt/M. 1994.
[8] Kerstin Budde: Constructivism All the Way Down – Can O'Neill Succeed Where Rawls Fails, in: Contemporary Political Theory, 8. Jg. (2009), S. 199-203.

8.1 John Rawls: Die Wiederentdeckung des politischen Vertrags

Wohl ohne es zu wollen, verstolpert sich Rawls auf das Terrain der Sozial- und Kulturwissenschaft.⁹

Rawls II hat in der Fachwelt keinen großen Eindruck gemacht. Man hielt sich an das Original, nicht an die Revision. Interessant ist diese Revision trotzdem, und zwar weniger als Beitrag zur politischen Theorie denn als Illustration für das dünne Eis, auf dem Theoretiker wandeln, wenn sie sich auf die Welt der Wahrscheinlichkeiten und Tatsachen einlassen.

Die philosophischen Kritiker beißen sich an Rawls' „original position" fest. Vergleichen wir diese mit dem Hobbeschen Naturzustand, der ja nicht minder fiktiv ist. Hobbes bietet ein politisches Motiv, das die Menschen veranlasst, einen Herrschaftsvertrag zu schließen: die unerträglich gewordenen Lebensumstände ständiger, akuter Bedrohung für Leib und Leben. Locke fügt noch das Motiv der Gefährdung des Eigentums bei ungleicher Vermögensverteilung und den ins Kraut schießenden Sozialneid hinzu. Bei beiden hat der Vertrag einen unmittelbaren Nutzen für die Vertragsparteien: Das vorzeigbare positive Recht des Staates, der Life, Liberty und Property schützt! Mehr brauchen die Vertragsparteien nicht zu wissen, soviel aber allemal. Der Vertrag ist eine Vertrauensinvestition in die positiven Effekte des Staates. Selbst die Grenzen der Staatsgewalt gründen sich auf nachvollziehbare Motive. Nach den Erkenntnissen der Geschichtsforschung wird man die Ausgangslage der Staatswerdung selbstredend anders beurteilen, als es bei Hobbes und Locke geschieht. Aber die Kausalitätsannahme dieser älteren Vertragstheoretiker, der Konnex zwischen Erwartung und Staatsleistung, überzeugt, auch in seiner prognostischen Kapazität: was nämlich passiert, wenn die Erwartung nicht eingelöst wird. Dann steht ein Legitimitätsproblem ins Haus, das sich handgreiflich und lautstark Ausdruck verschaffen dürfte.

Wie steht es demgegenüber mit der Rawlsschen Ausgangsposition? Der Vorhang fällt, die Menschen schreiten hindurch und unterhalten sich über Gerechtigkeit. Doch was veranlasst sie dazu? Menschenrechtsverletzungen, moralische Empörung, himmelschreiendes soziales Elend? Ungerechtigkeit ist in der Welt der Befindlichkeiten eine diffuse Sache. Die einen empören sich über vermeintlich skandalöse Zustände, die anderen zucken mit den Achseln?¹⁰ Die Fragenden werden nicht klüger, wenn sie Rawls II zu Hilfe nehmen, um vernünftige Motive zu erkunden. Wenn im deliberationsfreien Ausgangszustand vor der

---
⁹ So einigermaßen vorwurfsvoll Wolfgang Kersting: John Rawls zur Einführung, Hamburg 1993, S. 218fff., und William Galston: Moral Personality and Liberal Theory: John Rawl's Dewey Lectures, in: Political Theory, 10. Jg. (1982), S. 513.
¹⁰ M. Kent Jennings: Thinking about Social Justice, in: Political Psychology, 12. Jg. (1991), S. 189.

Verfassungsberatung bereits ein Wissen über Demokratie vorhanden ist, wird dann nicht der wichtigste Teil der Beratung zum Selbstgänger? Was soll dort eigentlich noch beraten werden außer einigen Verfahrensregeln und außer Verteilungsproblemen, die Rawls selbst ja auf den Rang sekundärer Gerechtigkeit setzt? Die kapitalistische Wirtschaftsordnung ist als solche der Entscheidung wohl entzogen. Warum eigentlich? Handelt es sich um das konsequente Resultat eines individualistischen Menschenbildes oder um die nicht ausgesprochene politische Einschätzung, es gebe sowieso keine durchsetzbare Alternative?

Lassen wir einmal den Menschen bei Rawls II beiseite, der ja schon eine ganze Menge weiß, zum Beispiel, was Demokratie bedeutet. Die Menschen bei Rawls I wissen aber auch schon einiges, etwa über Verfassungsformen, Geschichte und Ökonomie, sonst könnten sie kaum zum Gleichheits- und Differenzprinzip finden.[11]

Bauen wir in Rawls' Zeitmaschine spaßeshalber einen Defekt ein, lassen wir die Deliberanten beim Rücktransport aus der „original position" notgedrungen im 16. Jahrhundert aussteigen. Ihre Marktprinzipien würden ihnen nicht viel nützen, und bei aller Schlagetöterei zwischen italienischen Condottieri oder mitteldeutschen Bauernkriegern würden sie einsehen, dass sie bei Hobbes besser beraten gewesen wären. Der Rawlssche Deliberant weiß mehr, als die Zauberformel von der Löschung empirischen Wissens suggeriert. Sonst wäre er nicht verhandlungsfähig.[12]

Die Menschen auf Rawls' philosophischer Tabula rasa wissen unglaublich viel, mehr jedenfalls als vorgestellte, ahistorische Wesen. Nicht zuletzt müssen sie irgendwo von Rawls erfahren haben.[13] Sie schalten alle Emotionen und Erinnerungen aus und verlassen sich ganz aufs rationale Argumentieren. Rawls' Kritiker Michael Sandel spricht diesem „ungebundenen Selbst", das weder Biographie noch Geschichtsbewusstsein besitzt, schlichtweg die Persönlichkeit ab.[14] Es wäre ja immerhin denkbar, dass sich einige Deliberanten in der Auffassung treffen, gerecht sei eine Ordnung, in der die Stärkeren, die Weißen, die Gelben, die Muslime, die erfolgreichen Unternehmer, die Proletarier oder die Philosophen die Regeln bestimmen, und zwar zum Ausschluss aller übrigen. Was helfen Argu-

---

[11] Shapiro: The Evolution of Rights in Liberal Theory, S. 210.
[12] Michael Sandel: Die verfahrensrechtliche Republik und das ungebundene Selbst, in: Axel Honneth (Hrsg.), Kommunitarismus. Eine Debatte über die moralischen Grundlagen moderner Gesellschaften, Frankfurt/M. und New York 1993, S. 18-35.
[13] Patrick Neal: Does He Mean What He Says? (Mis)Understanding Rawl's Practical Turn, in: Polity, 27. Jg. (1994), S. 105ff.
[14] Sandel: Die verfahrensrechtliche Republik, S. 29f.

8.1 John Rawls: Die Wiederentdeckung des politischen Vertrags

mente, wo es keine Bereitschaft gibt, sie aufzunehmen?[15] Lebensnahe Konflikte über Gerechtigkeit sind bei Rawls nicht vorgesehen.

Woran liegt es nun, dass Rawls außer der staatsbürgerlichen und ökonomischen Gerechtigkeitsdimension keine weiteren Gerechtigkeitsprobleme thematisiert? Indem er sich auf die Gerechtigkeitsherausforderungen an den Markt einlässt, schöpft er aus dem historischen Kontext des späteren 20. Jahrhunderts. Aber warum nur aus dem ökonomischen? Vielleicht, weil ihn die anderen nicht interessieren oder weil sie ihm nicht wichtig erscheinen, oder weil er meint, alle übrigen Gerechtigkeitsprobleme seien in den politischen und wirtschaftlichen Sphären enthalten, oder vielleicht deshalb, weil gerade im Spannungsfeld von Markt und Staat etliche Philosophen vor ihm nachgedacht und Antworten gegeben haben.

Welche Gründe Rawls bewegen, ist unwichtig. Doch allemal trifft er eine Auswahlentscheidung im Themenspektrum der politischen Gegenwart, auch mit der Zuspitzung seiner Fragestellung nicht einfach auf den Staat schlechthin, sondern auf den sozialen und demokratischen Staat.

Diese Fragen zeigen, dass Rawls politische Theorie at its best komponiert! Er stellt eine große Theorie in den Raum, die überhaupt erst Fragen aufwirft und zum Widerspruch, zum Nachdenken und zur Konfrontation seiner Gedanken mit den Tatsachen anregt. Nach langer Unterbrechung tritt mit Rawls wieder ein Urheber großer Staatstheorie auf den Plan.[16] Ihm gelingt ein intellektuelles Unterfangen mit großer Faszinationskraft. Die Stärke seiner Theorie liegt in ihrer inneren Konsistenz und im Ordnungsprojekt, also beim normativen Moment der politischen Theorie.[17]

Die beiden anderen Theoriekriterien Sabines werden schwächer bedient. Der Zustand des sozialpolitisch aktiven demokratischen Staates ist unschwer in Rawls' Entwurf zu erkennen. Die Gründe, diesen Staat ins Leben zu rufen, wirken indes blass. Allenfalls indirekt blicken Interessen als Triebkräfte für eine gerechtere politische Ordnung durch. Doch Interessen, ob nun individuell oder kollektiv verstanden, bauen die große Brücke zwischen politischer Philosophie und Politikwissenschaft.[18] Sie werden mit dem Schleiertrick ausgeblendet.

---

[15] Brian Barry: How Not to Defend Liberalism, in: British Journal of Political Science (1990), S. 1-14.
[16] Kersting: John Rawls zur Einführung, S. 19.
[17] George Klosko: Rawl's „Political Philosophy and American Democracy, American Political Science Review, 87. Jg. (1993), S. 348-359.
[18] Shapiro: Evolution of Rights, S. 220f.

8.2 Robert Nozick: Libertäres Vertragsdenken

Rawls' Gerechtigkeitstheorie erntete heftige Kritik. Besonders vehement widersprach der libertäre Philosoph Robert Nozick (1938-2002). Er fährt das schwere Geschütz eines anti-etatistischen Gegenentwurfs auf. Die staatsabweisende Position des Libertarismus, die in der Wirtschaftstheorie beheimatet ist, hat in der politischen Philosophie nicht allzu viele Freunde. Nozick ist ein Staatsverächter. Eigentum bedeutet Freiheit. Die Schmälerung des Eigentums, sei es nur durch Steuern, ist Unfreiheit. Freiheit und Staat schließen einander aus. Demnach denkt die ganze politische Theorie von falschen Prämissen her. Locke hat das Eigentum zwar in das politische Denken hineingeholt und liegt insofern richtig. Aber auch er trifft die Lösung des Freiheitsproblems nicht.

Locke schaltet zwischen den Naturzustand der unverbundenen Individuen und die Staatsgründung den Gesellschaftszustand. Dieser fußt auf einer Art Gesellschaftsvertrag, in dem die Menschen den Gütertausch und das Geld vereinbaren. An dieser Stelle hakt sich Nozick ein, um die Vorstellung einer quasi-staatlichen Ordnung zu entwickeln, die das Eigentum schont. Locke hingegen fällt der Sünde anheim, das Gesellschaftsproblem mit dem Staat und damit notwendigerweise mit Umverteilung lösen zu wollen.

Nozick ist sich darüber klar, dass der Staat seine Existenz mit der Schutzfunktion für Leib und Leben legitimiert. Doch braucht es tatsächlich einen Staat, der auch in der bescheidenen Version des Nachtwächters etwas kostet? Bei allen Gleichklängen mit den weiter unten vorzustellenden neoliberalen Marktadvokaten aus der Wirtschaftswissenschaft ist Nozicks Anliegen letztlich ein ethisches: Kein Mensch darf einen anderen als Mittel gebrauchen, um einen persönlichen Vorteil zu erlangen. Es geht um die Autonomie der Persönlichkeit auch in materieller Hinsicht. Die bloße Existenz eines mit Erzwingungsmacht ausgestatteten Staates greift in die Freiheit der Person ein.

Nozick stellt sich vor, dass sich die Menschen in einem vorstaatlichen Gesellschaftszustand in Schutzgemeinschaften organisiert haben könnten, d.h. in Vereinen, deren Mitglieder sich verpflichten, einander bei Angriffen auf Leib und Leben beizustehen. Ebensogut könnten sie aber auch eine Sicherheitsfirma beauftragen, welche die gleiche Leistung gegen Prämienzahlung anbietet.[19] Ausgehend davon, dass auf dem Sicherheitsmarkt eine Vielzahl solcher Firmen und Vereine existieren, wird es früher oder später dazu kommen, dass einige Firmen dem Konkurrenzdruck nicht standhalten und die stärkste Firma das komplette Ge-

---

[19] Dazu und im Folgenden: Robert Nozick: Anarchy, State, and Utopia, Oxford 1974.

schäft an sich reißt. Das ist an sich in Ordnung, schließlich ist kein Zwang im Spiel. Die Kunden wollen diese Konzentration.

Ist nur noch eine Schutzgemeinschaft übrig, stellt sich noch dringlicher als zuvor das Problem der Trittbrettfahrer, die es beharrlich ablehnen, sich einer Versichertengemeinschaft anzuschließen. Für sie gelten keine Geschäftsbedingungen oder Satzungen, die verhindern, dass die Versicherten selbst den Versicherungszweck unterlaufen. Sie werden zum dauerhaften Problem, weil sie die Versicherungskosten in die Höhe treiben, während sich umgekehrt die Versicherten in die Disziplin fügen, welche die Verträge ihnen abverlangen.

Am Ende wird nichts anderes übrig bleiben, als auch diese Freibeuter zu disziplinieren, d.h. sie auf das gleiche Verhalten zu verpflichten wie die Versicherten selbst, obgleich sie keine Beiträge zahlen. Ihre Freiheit wird zwar beschnitten. Dafür verdienen sie eine Entschädigung. Sie zahlen nicht, sondern kassieren. Der Nettoeffekt für die Zahler: Von den Nicht-Zahlern müssen sie nichts mehr befürchten. Dem uneingeschränkten Genuss ihres erarbeiteten oder sauer ererbten Eigentums steht nichts mehr im Wege. Die staats-, ergo steuerfreie Gesellschaft ohne die Unbilden der Anarchie steht!

Dieser Nicht-Staat hat freilich große Ähnlichkeit mit einem Staat, mag es auch ein Ultraminimalstaat sein. Entschädigung hin, Entschädigung her, ohne Zwang geht es auch hier nicht. Nur mit realitätsfremden Verrenkungen – eine Ausgleichsprämie für den Verzicht auf die Störung des Gesellschaftsfriedens – lässt sich die Differenz zum rechtseinheitlichen und zwangsbewehrten Staat noch retten.

Es fällt schwer, solche Gedanken nicht ins Reich der Spinnerei zu verbannen. Aber liest man quer zu Nozick einige Schriften der Marktideologen dieser Tage, hört man die neoliberalen Säulenheiligen, denkt man sich in die unten vorzustellende Public choice hinein, kommt nicht einmal mehr Schmunzeln auf. Bei Nozick die Kriterien der politischen Theorie zu bemühen wäre müßig.

Eines immerhin lehrt auch dieser Autor: Was man nicht alles mit einem Klassiker wie Locke, der auf dem Kenntnisstand seiner Zeit eine politische Theorie erdacht hat, anstellen kann! Als Politiktheoretiker machte sich Locke einen Namen, weil er ein konstitutionell eingehegtes Staatsdenken begründete. Er hatte Wirkung, weil er in den Vorstellungen der Zeitgenossen verstanden wurde. Kann man das von Nozick behaupten, der mit Locke umgeht wie ein Collage-Künstler mit einer zufällig in die Hände geratenen uralten Zeitung? Papier ist geduldig, so heißt es, und verblichene Geistesgrößen können nicht mehr widersprechen. Fänden sich in der politischen Philosophie nicht auch ein verabsolutierter Eigentumsgedanke und Anti-Etatismus, die beide ernsthaft diskutiert werden, lohnte ein Autor wie dieser das Referieren kaum. Insgesamt stellt die moderne politische Philosophie aber ganz andere Fragen.

8.3 Kommunitarismus I: Liberaler Staat und öffentliche Tugend

Rawls' gerechte Welt wirkt aseptisch und kalt – ihr Kontext ist moralisch und historisch denkbar dünnwandig! Seine Kritiker setzen dort an. Die Gemeinschaftsbezogenheit ist der gemeinsame Nenner der im Folgenden referierten Autoren. Daher auch ihre Attribuierung als Kommunitaristen. Auch sie nehmen, wie es dem Vorgehen der meisten modernen Theoretiker entspricht, Bezug auf klassische Referenzdenker. In den kommunitaristischen Politikentwürfen tritt zum liberalen Menschenbild und zur Demokratie aristotelisches Gedankengut hinzu.[20]

Bei Aristoteles sind Bürgertugend und politische Ordnung unauflöslich miteinander verbunden. Zur Erinnerung: Die Tugend ist eine öffentliche Eigenschaft. Sie charakterisiert das Verhältnis des Bürgers zum Gemeinwesen und meint die Identifikation mit dem Staat, d.h. die erwartete Teilhabe an öffentlichen Angelegenheiten und den Einsatz von Zeit, Kraft, Ruf und Gesundheit zum Besten des Ganzen.[21] Voraussetzung dafür ist eine Verfassung, die den Bürger motiviert, sein Leben im Einklang mit der Gemeinschaft zu führen, etwa Verantwortung zu übernehmen. Verfassungen, die den raschen Erwerb großen Reichtums begünstigen, die mächtige Ämter vorsehen und dem Erwerb persönlichen Ruhms Vorschub leisten, stellen die wenigen Bürger ins Abseits, die sich zu öffentlichen Tugenden bekennen.

Denkbar radikal argumentiert Alasdair McIntyre (1929-), Tugend sei nun einmal an den historischen Kontext der Polis gebunden und mit der Moderne endgültig verloren gegangen.[22] Der Abstieg habe bereits im Mittelalter, und zwar mit der Gleichsetzung der Tugend mit christlicher Moral sowie der Tugendlosigkeit mit Sünde begonnen. Der modernen Demokratie mit ihren Anspruchs- und Abwehrrechten des Staatsbürgers und mit ihrer Trennung zwischen dem Öffentlichen und dem Privaten fehlen alle Voraussetzungen, um Tugenden überhaupt

---

[20] Zur Kommunitarismusdebatte der Überblick von Walter Reese-Schäfer: Was ist Kommunitarismus?, Frankfurt/M. und New York 1994.
[21] Stephen G. Salkever: Finding the Mean, in: Theory and Practice in American Political Philosophy, Princeton 1990.
[22] Alasdair McIntyre: Der Verlust der Tugend. Zur moralischen Krise der Gegenwart, Frankfurt/M. und New York 1987.

8.3 Kommunitarismus I: Liberaler Staat und öffentliche Tugend

reifen zu lassen. Nostalgisch zurückblickend beklagt McIntyre, darin liege ja die Ausweglosigkeit der Krise der Gegenwart. Hier und dort gibt es allerdings auch heute Nischen, in kleinen Gemeinschaften und im Freundeskreis, die noch Platz für die praktizierte Tugend bieten.

So sehr diese Klage an die oben referierten kämpferischen Neo-Aristoteliker, an Hannah Arendt und Leos Strauss, erinnert, gibt es doch einen fundamentalen Unterschied. McIntyre lässt das historische Argument gelten. Öffentliche Tugend und liberale Demokratie passen nicht zusammen. Fraglos eine plausible, richtige historisch-politische Beobachtung!

William Galston (1946-) plädiert demgegenüber für einen tugendgeladenen Liberalismus. In der Norm einer anzustrebenden liberalen Demokratie unterscheidet er sich kaum von Rawls. Die Verschiedenheit der Menschen muss sich artikulieren dürfen, daher gleiche Rechte für alle. Der Staat ist außerstande, mehr als lediglich einen kleinen Teil der menschlichen Hoffnungen und Erwartungen einzulösen. Alle übrige Identifikation des Einzelnen mit dem Ganzen muss die Gesellschaft leisten. Der Staat hat lediglich einzuschreiten, um extreme Armut zu verhindern.[23]

Galstons Vorwurf an Theorien der Gerechtigkeit, wobei er offenbar Rawls im Auge hat: Gerechtigkeit manifestiert sich im Konsens über Verfahren. Die politischen Institutionen sind aber bloß Instrumente, kein Zweck.[24] Rawls' Demokratie erschöpft sich in der Verständigung auf einen Mechanismus zur Willensbildung. Galston hält dagegen, dass Politik von Menschen aus Fleisch und Blut gemacht wird. Mögen sie sich auch generell zweckorientiert verhalten, handeln sie doch nicht leidenschaftsfrei. Wir erkennen hier bei Galston ein Kriterium der politischen Theorie: die Beobachtung!

Weil die Menschen, ob Politiker oder Bürger, nun einmal so sind, kommt es auf die Art der Institutionen an, die gerechte Entscheidungen treffen müssen. Institutionen sind das Herz der Demokratie. Von ihnen hängt es ab, ob der soziale Frieden gewahrt, ob eine gewisse Verteilungsgerechtigkeit hergestellt und ob bei alledem die Entfaltung autonomer Persönlichkeiten respektiert wird. Die Demokratie mit ihrem freien Zugang zu politischen Ämtern schöpft das gesellschaftliche Potenzial interessierter und engagierter Bürger aus. Durch das Prinzip der Macht auf Zeit wird die Rückbindung der Regierenden an den Willen der Regierten garantiert. In Wirtschaftsfragen verhindert die Gestaltungskonkurrenz

---

[23] William Galston: Defending Liberalism, in: American Political Science Review, 76. Jg. (1980), S. 627.
[24] William Galston: Justice and the Human Good, Chicago und London 1980, S. 283.

zwischen Markt und Staat, dass der Markt den Staat vereinnahmt und der Staat den Markt überwältigt.[25]

Das ist plausibel und sehr realitätsnah. Es hält sich aber im Großen und Ganzen im Rahmen einer breit angelegten politikwissenschaftlichen Theorie der Demokratie, wie sie oben am Beispiel Dahls vorgestellt wurde. In einem wichtigen Punkt jedoch setzt Galston einen besonderen Akzent: Nicht alle Bürger, aber doch die meisten darunter müssen liberale Tugenden verinnerlicht haben.[26] Was hier wie ein Widerspruch klingt, denkt man an den aristotelischen Tugendbegriff, wird plausibel, wenn man den historischen Hintergrund der antiken Polis ausblendet.[27]

Die liberale Tugend bezieht sich im Unterschied zur aristotelischen Tugend auf den Einzelnen als Bürger eines liberalen Staates. Liberale Tugend zielt nicht darauf ab, die Differenz zwischen Staat und Gesellschaft zu nivellieren und den Bürger als Träger persönlicher Interessen umzuerziehen. Aber jeder Einzelne soll eine Anstandsschranke beherzigen, die ihn selbst dann, wenn das Gesetz nicht im Wege steht, zögern lässt, seinen Vorteil zu realisieren, wenn er damit einem anderen schadet. Barmherzigkeit und Compassion sind liberale Tugenden, der Bürger verabscheut Brutalität in jeder Form.[28] Allen voran muss er einer Zentraltugend folgen: Loyalität gegenüber Verfassung und Gesetz und das Zurückstellen kurzfristiger Wünsche hinter langfristige Interessen.

Liberale Ordnungen als solche sind um abstrakte Grundsätze herum organisiert. Die Bürgertugenden aber variieren nach Land und Leuten, Kultur und Tradition.[29] Von den politischen Eliten werden darüber hinaus noch besondere Tugenden verlangt. Diese Differenzierung trägt der Arbeitsteilichkeit und Komplexität einer demokratischen Gesellschaft Rechnung. An die Weberschen dicken Bretter erinnert das Postulat, Geduld zu üben und die Bereitschaft und die Fähigkeit zu kultivieren, in verschiedenen Interessenkonstellationen und unter konstitutionellen Restriktionen zu handeln und der Versuchung des kurzfristigen Beifalls, der Effekthascherei und des populistischen Anhängens an tagesaktuelle Stimmungen zu widerstehen.

---

[25] Ebd., S. 278f.
[26] William Galston: Liberal Virtues, in: American Political Science Review, 82. Jg. (1988), S. 1281.
[27] Stephen G. Salkever: Virtue, Obligation, and Politics, in: American Political Science Review, 68. Jg. (1974), S. 78-92.
[28] Galston: Defending Liberalism, S. 628.
[29] Siehe auch Michael J. Sandel: Liberalism and the Limits of Justice, Cambridge 1982.

8.3 Kommunitarismus I: Liberaler Staat und öffentliche Tugend

Liberale Tugenden sind mehr als nur gute Absichten. Sie werden qua Sozialisation und Erziehung erworben. Der gesellschaftliche Werte- und Strukturwandel, etwa die Veränderung der konventionellen Familie, wird deshalb nicht ohne Auswirkungen auf das Reifen und Tradieren solcher Tugenden bleiben können. [30]

Resümieren wir: Auch bei Galston ist der liberale Staat eine Sache der Utilität. Bürger und Politik mögen ihn intrinsisch gutheißen. Aber die Institutionen der liberalen Demokratie werden doch wohl hauptsächlich deshalb akzeptiert und geschätzt, weil sie funktionieren, weil sie Entscheidungen erleichtern, weil sie Komplexität reduzieren und wohl auch deshalb, weil man sich an sie gewöhnt hat und nicht an ihrer Nützlichkeit zweifelt. Dies ist ein politikwissenschaftliches, aus der Beobachtung gewonnenes Argument. Es verträgt sich ohne Weiteres mit dem Galstonschen Entwurf. Aber handelt es sich hier um eine politische Theorie? Warum nicht? Bürgertugenden könnten tatsächlich wohl besser ausgeprägt sein. Dass es sie gibt, lässt sich kaum bestreiten, ebenso wenig wie die Tatsache einer intrinsischen Wertschätzung brauchbarer Institutionen. Von beidem mag man sich mehr wünschen, schlechter würden die Verhältnisse damit nicht.

Natürlich weiß auch Galston, dass der Staat ohne zwangsfreien Treibstoff nicht allzu weit kommt. Sonst bräuchte es keine Steuerfahndung, keinen Nachbesserungsbedarf für Gesetze wider die Bestechlichkeit von Politikern und Beamten, keine Prävention gegen Kindesmisshandlung und keine politischen Konzepte gegen die Brutalität auf Schulhöfen. Dem allen hält Galston das Soll der liberalen Tugend entgegen. Wir finden also eine Theorie mit Sichtkontakt zu den Themen vor, die wir auf der Agenda einer sozialwissenschaftlichen Politikwissenschaft antreffen, aber eben auch eine politische Vision: Dass die Demokratie mit einer größeren Ladung Bürgertugend lebenswerter wäre!

Für Benjamin Barber (1939-) ist die praktizierte politische Ordnung eine „dünne Demokratie." Die Bürger gehen zur Wahl, sie wägen inhaltliche und personelle Alternativen ab und wenden sich dann dem privaten Tagesgeschäft zu. Die eigentliche Politik wird von professionellen Politikern in repräsentativen Institutionen gemacht. Dies ist Ausdruck des liberalen Misstrauens in die Fähigkeit der Menschen, gedeihlich mit ihresgleichen zu reden und zu kooperieren. Dieser Zustand kann nicht zufrieden stellen. Es gibt keinerlei Grund für die Annahme, dass gewählte Politiker für ihre Auftraggeber, die Bürger, eine bessere Wahl treffen könnten als diese selber. Die Demokratie muss sich auf das Bürger-

---

[30] Benjamin Barber: Starke Demokratie. Über die Teilhabe am Politischen, Hamburg 1994 (Erstausg. 1984), S. 8, 13ff.

ideal der Antike zurückbesinnen:[31] Der Bürger als unmittelbarer Gesetzgeber, der nicht in der Vereinzelung über die Dinge räsonniert, sondern in der Beratung mit seinen Mitbürgern![32]

Wie die Deliberation in der lokal überschaubaren griechischen Polis Kern der Politik war, wichtiger als Abstimmungsergebnisse, so bietet die moderne Kommunikationstechnik alle Möglichkeiten, auch in der Großgesellschaft die klassische Selbstregierung wiederzubeleben. Die neue, durch mediale Vernetzung mögliche Groß-Polis verlangt freilich andere Qualitäten als die liberale Demokratie mit ihren Vernunftmenschen, die selbst beim Einsatz für öffentliche Belange Zeit, Aufwand und Vorteile kalkulieren.

Die um das Gespräch kreisende starke Demokratie unterdrückt den Affekt nicht. Sie fördert die Empfindungen und lenkt sie in die produktiven Bahnen leidenschaftlicher, aber wohlbegründeter Argumente.[33] Von der sich auf Aristoteles berufenden Begeisterung für kleine Gemeinschaften als Humus des Bürgersinns hält Barber nichts. Stattdessen plädiert er für die Aufteilung der Bürgerschaft in nicht allzu große Gruppen, die als Basis der Willensbildung dienen. Vor der Manipulation durch Mitbürger, die ihr Führungs- und Darstellungstalent ausreizen, sollen sie durch Moderatoren bewahrt werden, die – selbst uninteressiert – jenen beistehen, denen es nicht so leicht fällt, sich zu artikulieren.

Weiter muss Barber hier nicht referiert werden. Die Anleihen bei Aristoteles sind offensichtlich, ganz ähnlich wie auch der bei Hannah Arendt anklingende nostalgische Bezug auf die kommunale Selbstregierung amerikanischer Kleinstädte und die nachbarschaftliche Politik in Vorstädten und Stadtteilen.[34] Der Enthusiasmus für die direkte Demokratie ist weit entfernt vom schweren, fundamentalistischen Gestus der neo-aristotelischen politischen Theorie. Deren Protagonisten dürfte die Vorstellung von Abermillionen Bürgern, die sich über das Internet untereinander und mit ihren Volksvertretern über Probleme der tagesaktuellen Politik austauschen, an Demonstrationen teilnehmen und Spitzenpolitiker zwingen, noch zur unausgegorensten Publikumsäußerung eine gute Miene zu machen, ziemlich fremd gewesen sein.

Legen wir nun Sabines Elle der politischen Theorie an Barber an, registrieren wir eine Deliberationsgesellschaft, d.h. eine plastische Vision von vitaler Demo-

---

[31] Ebd., S. 118.
[32] Ebd., S. 122ff.
[33] Ebd., S. 154f., 173ff.
[34] Archon Fung: Democratic Theory and Political Science: A Pragmatic Method of Constructive Engagement, in: American Political Science Review, 101. Jg. (2007), S. 450.

kratie, und auch die Ausgangsbeobachtung – die Demokratie als Geschäft pluralistischer Eliten – mutet so falsch nicht an.

8.4 Kommunitarismus II: Michaels Walzers vielgestaltige Gerechtigkeit

Michael Walzer (1935-) ist der wohl bekannteste Theoretiker des Kommunitarismus. Auch für ihn gibt es keine abstrakte Moral und Gerechtigkeit, sondern stets eine konkrete Moral, und diese ist fest in die Hoch- und Alltagskultur der Gesellschaft verpackt.[35] Eine historisch geprägte Moral ist schon da, bevor die Spezialisten für politische Theorie ihre Empfehlungen in philosophischen Fachjournalen veröffentlichen. Für den Japaner nimmt sich Gerechtigkeit anders aus als für den Franzosen, für die nigerianischen Igbo anders als für die Hausa, für den Slumbewohner in Sao Paulo anders als für den Hartz-IV-Empfänger in der Plattenbautristesse von Halle-Neustadt. Hier zeigt sich Walzer als sozialwissenschaftlich so offen wie nur wenige andere Theoretiker.

Der erste Walzersche Schlüsselgedanke ist die Gerechtigkeit als Kunst des Trennens. Belässt man kulturellen Gemeinschaften unter dem Dach desselben Staates ihre Eigenheiten, vermeidet man also jede Form der kulturellen Hegemonie, sollte es schon gerechter zugehen, als wäre dies nicht der Fall.[36] Hinter der spezifischen dichten Moral konkreter Gesellschaften sieht Walzer die gemeinsame Schnittmenge einer schlanken, universalistischen Moral.[37] Er unterstellt damit ein Gerechtigkeitsminimum, das weder in der Geschichte noch nach Ort und Zeit variiert. Er weist sich hier als Philosoph aus. Dieses Minimum lässt sich sinngemäß mit der Menschenwürde umschreiben, noch spezifischer mit den Rooseveltschen Four Freedoms: Gedanken- und Redefreiheit, Religionsfreiheit, Freiheit von Mangel und Angst (Rede Präsident F.D. Roosevelts im Januar 1941).

In einer komplexen Gesellschaft darf es keine gleichförmige Gerechtigkeit geben. Gerechtigkeit folgt in der Politik einem anderen Prinzip als im Wirtschaftsleben. In der Politik gilt es, auf der Gleichheit vor Recht und Gesetz zu bestehen, in der Wirtschaft darf die Verteilung nach Leistung als gerecht gelten,

---

[35] Michael Walzer: Moralischer Minimalismus, in: Deutsche Zeitschrift für Philosophie, 42. Jg. (1994), S. 5.
[36] Michael Walzer: Zivile Gesellschaft und amerikanische Demokratie, Berlin 1992, S. 38ff.
[37] Walzer: Moralischer Minimalismus, S. 11f.

in der Bildung Chancengleichheit bei gleicher Befähigung.[38] Diese Trennung der Sphären, in denen sich die Menschen bewegen, wird von Gemeinschaft ausbalanciert. Gemeinschaft ereignet sich vor allem in Vereinen und überschaubaren Gruppen, überall dort, wo man sich kennt und wo die Bereitschaft vorhanden ist, Dinge von gemeinsamem Belang selbst in die Hand zu nehmen. Walzer spricht hier in Abgrenzung zur bürgerlichen Gesellschaft, in der sich das Erwerbsleben und die Artikulation politischer Interessen abspielen, von der Zivilgesellschaft. Im Englischen lässt sich diese Bedeutungsdifferenz schlecht ausdrücken (civil society). Im Deutschen hat sie, statt die Dinge zu klären, zur beliebigen Etikettierung höchst verschiedener Phänomene als Zivilgesellschaft geführt. In der gerechten Gesellschaft, hier spricht Walzer von der Kunst des Verbindens, haben alle Gerechtigkeitsprinzipien Platz.[39]

Bei alledem ist der Staat von zentraler Bedeutung. Menschen denken nun einmal im übergeordneten Kollektiv des Staates. Daran ist nichts falsch. Der Staat hat eine positive Funktion. Er sorgt für eine übergreifende Identität, die Menschen offenbar brauchen. Von ihm wird Schutz erwartet, wo eine Identität bedroht ist, und er untermauert Wir-Empfindungen, wo er Bürgerbelange nach außen vertritt.[40] Doch wie und wo die Trennungen verlaufen, wie die Verbindungen hergestellt werden, dies alles lässt sich nicht allgemein beantworten. Die eine Gesellschaft ist konsensbedürftiger, die andere kommt mit dem offenen Konfliktaustrag zurecht. Wenn Walzer Gerechtigkeit also in die Kulturen hineinlegt, steht er in der Tradition großer politischer Theorie. Es sei nur an Montesquieu und Burke erinnert.[41]

Und noch eines: Walzer lässt in seinem Entwurf dem Staat großen Raum, und zwar nicht im ästhetischen Outfit einer deliberativen Veranstaltung, sondern in seinen ordnenden, ausschließenden und auf Durchsetzung gerichteten Eigenschaften.[42]

Walzer lässt die politischen Fakten sehr nahe an sich heran und leistet damit eine nachvollziehbare Zeitdiagnose.[43] Seine Vision einer gerechten Gesellschaft ist

---

[38] Michael Walzer: Sphären der Gerechtigkeit. Ein Plädoyer für Pluralität und Gleichheit, Frankfurt/M. und New York 1992.
[39] Walzer: Zivile Gesellschaft, S. 58ff.
[40] Michael Walzer: Lokale Kritik - globale Standards, Hamburg 1996, S. 86ff.
[41] Ebd., S. 76ff.
[42] Veit Bader: Citizenship and Exclusion: Radical Demokracy, Community, and Justice, or, What Is Wrong with Communitarianism?, in: Political Theory, 23. Jg. (1995), S. 230ff.
[43] Albert O. Hirschman: Social Conflict as Pillars of Democratic Market Society, in: Political Theory, 22. Jg.(1994), S. 216; Gerald M. Mara: Virtue & Pluralism: The Problem of the One

vernünftig, plausibel und auch ohne geisteswissenschaftliches Studium verständlich. Ihr Normengerüst dürfte den Zeitgenossen in der realen Lebenswelt kaum überfordern. Also treffen wir hier eine bodenständige politische Theorie nach Sabines Kriterien an, mit der zu kommunizieren auch Politikwissenschaftlern nicht schwer fallen dürfte, die sich an den Tatsachen der politischen Wirklichkeit abarbeiten.[44]

8.5 Jürgen Habermas: Die Rettung der Lebenswelt

Mit guten Gründen lässt sich darüber streiten, ob Geistesgrößen wie Jürgen Habermas und Niklas Luhmann der politischen Theorie zugerechnet werden dürfen. Sie werden hier allein deshalb berücksichtigt, weil beide einen festen Platz im Lehrbuchkanon haben – obgleich durchaus nicht zur Begeisterung aller Wissenschaftler, die sich der politischen Theorie widmen.

Jürgen Habermas (1929-) distanziert sich unverhohlen von der Politikwissenschaft:[45] Unter den Sozialwissenschaften ist allein die Soziologie theorierelevant. Denn sie befasst sich mit Themen, die von Politikwissenschaft und Ökonomie nicht erörtert werden.[46] Dass hier von einem Idealbild der Soziologie die Rede ist, das deren Hauptgeschäft der empirischen Sozialforschung souverän ignoriert, lassen wir einmal auf sich beruhen. Versuchen wir stattdessen, in Habermas' Denken die Elemente einer politischen Theorie zu entdecken.

Habermas' Gesellschaftsbild unterscheidet zunächst voneinander getrennt zu haltende Sphären, erstens das System mit seinen Sparten der Ökonomie – Steuerungsmittel Geld – und des Staates – Steuerungsmittel Macht – und zweitens den nicht ganz präzise bestimmbaren Bereich der Lebenswelt. Dort suchen Menschen jenseits der Zwänge des Geldverdienens und des verwaltenden Staates ihr Glück und dort entfalten sie Lebenspläne, dort entwickeln sie ferner ästhetische Bedürfnisse und dort sind auch Religion und Literatur beheimatet. Diese Lebenswelt ist von Macht und Geld bedroht. Nun gilt es, dem weiteren Eindringen des Systems in diese Lebenswelt entgegenzutreten. Dazu muss der Way of

---

and the Many, in: Polity, 22. Jg.(1990), S. 45; Emily R. Gill: Walzer's Complex Equality: Constraints & the Right to Be Wrong, in: Polity, 20. Jg.(1988), S. 34ff.

[44] William M. Galston: Community, Democracy, Philosophy: The Political Thought of Michael Walzer, in: Political Theory, 17. Jg.(1989), S. 122f.

[45] Jürgen Habermas: Theorie des kommunikativen Handelns, Bd. 1., 4. Aufl., Frankfurt/M. 1988, S. 18.

[46] Ebd., S. 19.

life, die Substanz der Lebenswelt, vernünftig von politischen und ökonomischen Zwängen abgeschirmt werden. Als geeignete Verfahren bieten sich Diskurse von Freien und Gleichen an. Habermas' Diskurs ist die gute alte Deliberation im neuen Gewande. Die Akteure der Lebenswelt, Vereine, Bürgergruppen und Initiativen haben die Chance, die Organisationswelten des Staates und der Parteien fernzuhalten.[47] Sie bilden die Zivilgesellschaft.

Kernstück des Habermasschen Werkes ist die Theorie des kommunikativen Handelns. Zunächst stellt der theoretische Diskurs, d.h. die Verständigung auf Sprachregeln, eine Kommunikationsstruktur bereit. Man mag ihn als Organisationsvorschlag für das Gespräch unter Menschen verstehen, die sich gebildet und rational auszutauschen wissen. Dieser Diskurs zielt auf kommunikatives Wissen. In zahlreichen praktischen Diskursen ermitteln Betroffene und Beteiligte einen Konsens, den sie als Wahrheit anerkennen. Gegenstand der praktischen Diskurse sind handfeste Probleme. Diese Diskurse verlangen instrumentelles Wissen. Sie zielen auf Wirksamkeit und sind auf das Handeln gerichtet, nicht auf Wahrheit. Die Wahrheit des theoretischen Diskurses ist keine fixe Größe. Durch die biographische Prägung der Diskursteilnehmer nimmt sie die Lebenswelt in sich auf. Der Grundstoff des Diskurses ist die Fähigkeit zum rationalen Gespräch, also die Bereitschaft, die Argumente des anderen aufzugreifen und sie vernünftig gegen das eigene Argument abzuwägen. Hier handelt es sich um kommunikatives Wissen: das Sozialkapital der Zivilgesellschaft. Die Diskurse unterliegen keinerlei Einschränkung. Allein der grundlegende theoretische Diskurs ist soweit eingeschränkt, als er allein rational begründbare Ansprüche zulässt. Etwas weniger hochgestochen ausgedrückt: Hier geht es um die Findung von Regularien, die den Austausch über die Lösung konkreter Probleme strukturieren, also um Verfahren.

Es fällt schwer, beim Referieren den sarkastischen Kommentar zu unterdrücken, warum einfach, wenn es auch umständlich geht? Der hochgestochene Jargon täuscht nicht darüber hinweg, dass hier nichts anderes vorgetragen wird als das, was Pluralismustheoretiker wie Fraenkel oder Dahl als nicht-kontroversen Sektor der Politik oder als Konsensbasis in der politischen Auseinandersetzung beschreiben.

---

[47] Jürgen Habermas: Faktizität und Geltung. Beiträge zur Diskurstheorie des Rechts und des demokratischen Rechtsstaates, 4. Aufl., Darmstadt 1994, S. 443ff. Siehe auch Ders.: Strukturwandel der Öffentlichkeit. Untersuchungen zu einer Kategorie der bürgerlichen Gesellschaft, mit einem Vorwort zur Neuauflage, Frankfurt/M. 1990.

8.5 Jürgen Habermas: Die Rettung der Lebenswelt

Die für eine politische Theorie nicht ganz unwichtige Frage der politischen Institutionen interessiert Habermas nicht.[48] Mit grandseigneurialer Geste deutet er auf Soziologie, Psychologie und Politikforschung, die sich mit derlei Dingen beschäftigen.[49] Er bleibt aber die Antwort schuldig, wie der Wahrheitsdiskurs nun in die praktischen Diskurse hineingetragen wird und wie überhaupt ein herrschaftsfreier Diskurs in einem nun einmal vermachteten Markt- und Politikspiel überhaupt vonstatten gehen kann.[50] Die Figur des Diskurses, dieser Eindruck stellt sich ein, wird nicht weiter entwickelt als bis zur ästhetischen Vollendung eines anspruchsvollen Gesprächsplans. Die diskursive Politik, die soll eben von den Bürgern gemacht werden, vor allem bei Themen, die politikfern oder gar gegen die Politik gerichtet sind.[51]

Betrachten wir vor diesem Hintergrund kurz Habermas' letztes größeres Werk. Es wendet die Diskurstheorie auf die gesellschaftliche Sphäre des Rechts an.[52] Recht ist ein Phänomen nicht der Lebenswelt, sondern auch der Politik. Doch wer an dieser Stelle Exkursionen in die Demokratietheorie, in das Sujet der gegenwärtigen politischen Theorie erwartet, wird rasch eines Besseren belehrt. Es geht vielmehr um die Auseinandersetzung mit just jenem Bereich von Recht und Politik, um die Rechtsprechung, wo eben nicht kraft administrativer Setzung oder Mehrheitsbeschluss Macht angewandt wird.

Justiz und Recht interessieren Habermas offensichtlich allein deshalb, weil Rechtsprechung und Rechtsfortbildung von Akteuren geleistet wird, die aus der Logik des Rechtsstaates heraus unter Begründungszwang stehen: Richter und Rechtswissenschaftler. Recht, so stellt Habermas fest, verbindet sich in der Justiz mit kommunikativer Macht – für den diskurstheoretischen Ansatz ein geradezu idealer Gegenstand. Und so rekonstruiert Habermas denn diskurssprachlich Rechtsstaatstheorien, wie sie in der Jurisprudenz zu Hause sind. Das Interesse an der rechtlichen, ergo normativen Seite des politischen Systems unterstreicht ein

---

[48] Michael Th. Greven: Kritische Theorie und historische Politik, Opladen 1994, S. 219ff.
[49] Jürgen Habermas: Moralität und Sittlichkeit. Treffen Hegels Einwände gegen Kant auch auf die Diskusethik zu?, in: W. Kuhlmann (Hrsg.), Moralität und Sittlichkeit. Das Problem Hegels und die Sittlichkeit, Frankfurt/M. 1986, S. 33.
[50] Dazu lesenswert die Kritik von Walter Reese-Schäfer: Jürgen Habermas, Frankfurt/M. und New York 1991, S. 54ff.
[51] Jürgen Habermas: Drei normative Modelle der Politik. Zum Begriff deliberativer Politik, in: Herfried Münkler (Hrsg.), Die Chancen der Freiheit. Grundprobleme der Demokratie, München 1992, S. 11-24.
[52] Habermas: Faktizität und Geltung, S. 166ff.

weiteres Mal, wie verschwindend gering Habermas' Interesse an politischen Themen ist.[53]

Es lohnt kaum, die Sabineschen Kriterien der politischen Theorie zu bemühen. Habermas strickt an Metatheorie.[54] Auf beobachtbare Fakten lässt er sich so wenig ein wie etliche andere Philosophen.[55] Erschwerend kommt hinzu, dass er ganz besonderen Ehrgeiz an den Tag legt, niemanden an sich heranzulassen, der nicht ein gerütteltes Maß von Spezialkenntnissen in der Sprachtheorie mitbringt. Kurz: Reflexion für Teilnehmer auf Oberseminarniveau, elitär, politikfern und in großer Distanz selbst zur philosophisch ambitionierten politischen Theorie. Hier stellt sich die Frage, wie Habermas überhaupt in den Kanon der politischen Theorie hineingeraten konnte. Die Gründe liegen wohl in den unscharfen Grenzen der politischen Theorie zur Fachphilosophie. Die Maßstäbe, die dort gesetzt werden, strahlen ins Rezeptionsgeschäft der politischen Theorie aus.

8.6 Niklas Luhmann: Politik als Störfaktor im sozialen System

Wie Habermas hat auch Niklas Luhmann (1927-1998) nie Ansprüche in Richtung Politikwissenschaft geltend gemacht. Er wird üblicherweise der Soziologie zugerechnet. Kernstück seines Werkes ist die Systemtheorie. Die Strukturen des sozialen Systems interessieren Luhmann nicht. Ihm geht es allein um die Funktionen des sozialen Systems. Die charakteristische Eigenschaft des sozialen Systems ist nicht die Umweltbezogenheit der Systemfunktionen, wie wir sie in der Soziologie bei Parsons und bei Easton in der Politikwissenschaft antreffen. Während bei Parsons, dem soziologischen Klassiker der Systemtheorie, auf den sich auch Habermas bezieht, die Spannung zwischen System und Umwelt als Auseinandersetzung des Menschen mit der Natur gefasst wird, als ein Spannungsverhältnis, das durch Arbeit abgebaut wird, um die Menschen zu kleiden, zu ernähren und für ihren Schutz zu sorgen,[56] hat die Umwelt bei Luhmann den Status eines Erkenntnisprinzips. Systeme entstehen, weil es nicht anders möglich ist, sich in einer komplexen Umwelt zu behaupten.

---

[53] John S. Dryzek: Discoursive Democracy: Politics, Policy and Political Science, Cambridge 1990, S. 42ff.
[54] Reese-Schäfer: Habermas, S. 31.
[55] Wolf-Dieter Narr: Recht-Demokratie-Weltgesellschaft. Überlegungen anläßlich der rechtstheoretischen Werke von Jügen Habermas und Niklas Luhmann, in: Prokla, 24. Jg. (1994), S. 87-112, 324-344.
[56] Parsons: The Social System, S. 151ff.

8.6 Niklas Luhmann: Politik als Störfaktor im sozialen System

Das System ist auf seine Umwelt fixiert.[57] Es beobachtet sie fortwährend, um unterscheiden zu können. Die Unterscheidungsfähigkeit ist darauf angelegt, die aus der Beobachtung gewonnene Information dahin zu beurteilen, ob sie für das System wichtig ist. Sie befähigt dazu, die ungeheuer komplexe, menschlichem Erkennen nicht zugängliche Umwelt überschaubar und handhabbar zu machen: Das System reduziert die Komplexität der Umwelt. Fortan nimmt es nur jene Aspekte der Umwelt zur Kenntnis, die in seinen Code eingegeben sind. Dieser Code ist binär angelegt. Und danach entscheidet das System, „das interessiert mich, das interessiert mich nicht" oder „das definiere ich als relevant, das ist für mich kein Problem."

Erweisen sich die Umweltausschnitte, die das System für sich als relevant erkennt, als dermaßen komplex, dass der Code überfordert wird, bietet sich als Ausweg die Ausdifferenzierung in Subsysteme an. Diese untergeordneten Systeme entlasten das übergreifende System bei der Problembearbeitung. Subsysteme werden so arrangiert, dass der Code wieder greifen kann. Für das Subsystem ist das übergreifende System fortan ein Bestandteil der Umwelt, genau wie die originäre Umwelt im Verhältnis zum System. Beobachtung und Unterscheidung vollziehen sich durch Kommunikation. Also konstituieren sich Systeme durch Kommunikation. Damit kommen wir zum zweiten Stadium der Luhmannschen Systemtheorie.

Luhmann bedient sich in Anlehnung an die biologische Forschung des Kunstwortes der Autopoiesis, der Selbstherstellung, um die Entstehung des Systems herzuleiten. Wenn Systeme ihren Bezug zur Umwelt definieren, definieren sie sich selbst. Weil das System qua Ausblendung ganzer Dimensionen einer komplexen Umwelt zustande kommt, kann es sich gut selbst beschreiben. Systeme bilden ihren eigenen Bezugspunkt. Diese Selbstreferenz versetzt das System in die Lage, sich anzupassen. Es kann sich selbst umbauen, wenn im gewählten Umweltausschnitt soviel Komplexität hereinströmt, dass es unter Druck gerät, noch stärker zu vereinfachen. Systeme werden von oben nach unten ausgebaut. Subsysteme entstehen immer erst, wo bereits ein System existiert. Im Übrigen passen sich Systeme fortwährend an. Luhmann spricht hier von mitlaufender Selbstreferenz.

Bei aller Abstraktheit der Konstruktion, auf Beispiele wird weitestgehend verzichtet, lässt sich Luhmann schwerlich vorwerfen, dass er unsoziologisch an der Realität vorbeikonstruiert. Es geht ihm nicht um die Modellierung der Wirk-

---

[57] Exemplarisch Niklaus Luhmann: Soziale Systeme. Grundriß einer allgemeinen Theorie, Frankfurt/M. 1987.

lichkeit. Er modelliert vielmehr Theorie, d.h. er bietet Vorschläge für Theorien an, die Forschungsprogramme für die Erkundung der realen Welt anleiten können.[58]

Das Gesamtsystem der Gesellschaft gliedert sich in spezielle Systeme, so für Politik, Wirtschaft und Unterhaltung, um nur einige zu nennen.[59] Jedes System hat sein eigenes Medium, in dem es mit sich selbst und seiner Umwelt kommuniziert, d.h. eine Sprache, die nur dort und in keinem anderen System verstanden wird. Diese Sprache ermöglicht die Selbststeuerung des Systems. Es wird dadurch befähigt, sich in geeigneter Weise mit seiner Umwelt auseinanderzusetzen und seine vielfältigen Subsysteme entsprechend zu justieren oder sie zu ergänzen.

Das politische System leistet die Selbstbeschreibung des sozialen Systems insgesamt. Dies bedeutet, dass es verbindlich definiert, wo die Grenze zwischen der politisch und der gesellschaftlich gesteuerten Auseinandersetzung mit der Umwelt verläuft. Charakteristisch für das politisch-administrative System ist das Medium der Macht. Geld steuert die Vorgänge im wirtschaftlichen System.

Die Selbstbeschreibung des politischen Systems kann so geraten, dass es in das System der Wirtschaft übergreift. Es regelt dann mit dem Mittel der Macht – letztlich also staatlicher Erzwingungsmacht – Dinge, die eigentlich dem Regulativ des Geldes vorbehalten sind. Aus diesem Gedanken entwickelt Luhmann eine Kritik des Wohlfahrtsstaates, der mit der staatlichen Zuteilung geldwerter Leistungen fremdes Territorium erobert. Dieses Beispiel deutet auf eine weitere Besonderheit des Luhmannschen Systemdenkens.

Die Systeme im sozialen System, d.h. in der Gesellschaft als Ganzes, kommunizieren nicht untereinander. Die Umweltrezeptoren des Systems Wirtschaft sind ganz auf Geld und Gewinn ausgerichtet. In der Konkurrenz mit dem Geld zieht die Politik im System der Wirtschaft den Kürzeren. So wenig, wie das System der Politik geeignet ist, sich mit der Umwelt des Systems Wirtschaft auseinanderzusetzen, taugt es dafür, die Tätigkeit der Systeme Bildung, Wissenschaft, Kunst und Unterhaltung zu lenken.

Mag das System der Politik auch nicht dafür taugen, Teilaufgaben anderer Systeme zu übernehmen, kontrolliert es doch die Ressource des Rechts. Es hat die Autorität und Legitimation, in Nachbarsysteme einzudringen. Sofern es davon

---

[58] Daniel Barben: Theorientechnik und Politik bei Niklas Luhmann. Grenzen einer universalen Theorie der modernen Gesellschaft, Opladen 1996; Helmut Willke: Theoretische Verhüllungen der Politik - der Beitrag der Systemtheorie, in: Klaus von Beyme und Claus Offe (Hrsg.), Politische Theorien in der Ära der Transformation, Politische Vierteljahresschrift, Sonderheft 26, Opladen 1995, S. 131-147.
[59] Niklas Luhmann: Politische Theorie im Wohlfahrtsstaat, München 1981.

8.6 Niklas Luhmann: Politik als Störfaktor im sozialen System

Gebrauch macht, vermischt sich der Code des Systems Politik, die Macht, mit dem Code des anderen Systems. Die Politik „stört" dann zwar, aber sie ist außerstande zu „steuern." Die einzige Möglichkeit, zielgerichtet auf ein anderes System einzuwirken, besteht darin, dessen Umwelt zu verändern: Das politische System verursacht Ereignisse in der Umwelt anderer Systeme, und diese reagieren darauf nach ihrem Code. Am besten aber tut das System der Politik daran, sich allein mit sich selbst, d.h. mit Macht und Recht zu beschäftigen.[60] Die Frage, ob dies für das Generieren politischer Legitimität genügt, interessiert Luhmann nicht. Eine andere Zentralfrage der Politikanalyse, das Spannungsverhältnis von Markt und Staat, klammert er einfach aus, indem er postuliert, dass alles, was mit Geld zu tun hat, die Politik eigentlich nichts angeht.[61]

Das politische System selbst differenziert sich in die Bereiche Politik, Verwaltung und Publikum. Wahlen und Parteien halten die Politik als Legitimationsbetrieb in Schwung. Der Bereich Verwaltung hat die Aufgabe, Vorlagen oder Vorschläge zu formulieren, die von Parlamentariern und Ministern entschieden werden. Vor der Anrichtung größerer Flächenschäden wird der Bereich Politik dadurch bewahrt, dass er zwischen den in der Verwaltung entwickelten Optionen zu entscheiden hat. Dem Rechtssystem fällt die Funktion der Selbstbeobachtung des politischen Systems zu. Richter haben dafür zu sorgen, dass die Politik ihre Grenzen erkennt und diese nicht überschreitet. Die Justiz hat die Politik also zu bremsen. Dies alles wirkt wie sozialtheoretisch verbrämter Westentaschenliberalismus. Schumpeters Demokratievorstellung scheint durch, ebenso Kelsens Unterscheidung von negativer und positiver Macht im Verfassungsstaat.

Der Adressat der Parteien und der politischen Öffentlichkeit – Medien – ist das Publikum (Volk, Wähler). Das Systemmanagement, so lässt diese nicht eben schmeichelhafte Bezeichnung erkennen, ist zu wichtig, um sie den Uninformierten zu überlassen, die ihre Bedürfnisse doch hauptsächlich in der Wirtschaft und der Unterhaltung suchen.

Den Gebrauch des binären Codes hält Luhmann im politischen System für ungeeignet. Ja- oder Nein-Antworten reichen für die Generierung von Konsens und Mehrheiten wohl nicht aus. Sie könnten polarisieren und den sozialen Frieden stören. Hier bricht Luhmann mit einem tragenden Prinzip seiner Systemwelt. Diese Abweichung wirkt wie ein Einknicken vor der nicht sonderlich phantasieträchtigen Vermutung, dass Politik, die in der Art eines Lichtschalters gehand-

---

[60] Niklaus Luhmann: Politische Steuerung. Ein Diskussionsbeitrag, in: Politische Vierteljahresschrift, 30. Jg. (1989), S. 4-9.
[61] Dazu kritisch Fritz W. Scharpf: Politische Steuerung und politische Institutionen, in: Politische Vierteljahresschrift, 30. Jg. (1989), S. 10-21.

habt würde, denn doch eine zu gefährliche Sache wäre, um sie auch nur in die theoretische Reflexion hineinzulassen. Aus dieser Einsicht spricht der Soziologe Luhmann.

Das heuristische Potential der Luhmannschen Systemtheorie für die Politikwissenschaft ist beträchtlich. Mag die Wirklichkeit auch rar und allenfalls schemenhaft auftreten, lassen sich in dieser Theorie des Systems doch Probleme und Dilemmata erkennen, die den Alltag der Moderne bestimmen. Insofern erfüllt sein Werk die ersten beiden Kriterien, die Sabine von einer politischen Theorie verlangt. Doch beim dritten Kriterium, der anzustrebenden Gesellschaft: Fehlanzeige! Luhmann hat Schwierigkeiten mit dem Phänomen politischer und sozialer Macht. Antike Möbel wie materiale Gerechtigkeit, Protest, Ambition, Kompromiss und Fürsorge passen nicht zum kühlen Innendekor des Luhmannschen Gesellschaftsgebäudes, dessen Bewohner nur über Außentreppen in die Nachbaretagen gelangen. Staat und Politik sind für Luhmann wie für Habermas Themen, bei denen sich Unbehagen herauspüren lässt.

8.7 Agonistische Demokratie: Gesellschaftsfrieden ohne Konsens?

Bei den geschilderten Autoren hatten wir es mit Theoretikern zu tun, die sich in den Schönwetterzonen des liberalen und demokratischen Wertekonsenses aufhalten. In der Vorstellung einer agonistischen Demokratie macht sich seit einigen Jahren eine neue Debatte bemerkbar. Ihr Impuls kommt aus dem politischen Alltag. Ihre Projektionsfläche ist freilich der demokratische Verfassungsstaat, also das große Thema der politischen Theorie.

Dieser Staat, so das Argument, ist das Produkt gemeinsamer Anerkennung durch Bürger, die sich zum liberalen Menschenbild bekennen. Sie schätzen also die Autonomie des Einzelnen, artikulieren Interessen, loten in kommunikativen Prozessen den gemeinsamen Nenner ihrer Interessen aus und akzeptieren den Mehrheitsentscheid, erkennen aber auch den Widerspruch als solchen und das Beharren auf dem Dissens als legitim an. Kurz: Wir finden eine Struktur vor, die fest in der westlichen Kultur verankert ist.

Der Theoriestrang, von dem jetzt die Rede sein soll, fasst unter Kultur den Kulturkreis, also eine Lebensweise mit ihren Bräuchen, Glaubensvorstellungen und Autoritäten. Diese Kulturkreise waren immer schon da. Die politische Theorie zeigte bis in jüngste Zeit nur kein Interesse daran. Hier aber nehmen Vertreter der politischen Theorie zur Kenntnis, dass inmitten liberaler, demokratischer

8.7 Agonistische Demokratie: Gesellschaftsfrieden ohne Konsens? 141

Gesellschaften – westlichen Zuschnitts – Menschen aus anderen Kulturkreisen leben.

Die Theorie wendet sich hier einem Thema zu, das sie der politischen Auseinandersetzung, den Nachrichtensendungen, dem Straßenbild und einem gelegentlichen Wirbel um die Autoren provokanter politischer Bücher entnimmt. Ein Bestseller Samuel Huntingtons (1927-2008), der vom einst untadeligen wissenschaftlichen Ruf des Verfassers zehrte, erzielte in den 1990er Jahren Rekordauflagen. Deutlich jenseits der Grenzen wissenschaftlicher Verantwortung wurde darin der Islam als Gefährdung der Menschheit dämonisiert.[62] In Europa und den USA wird eine von Kulturwissen ungetrübte Debatte über Einwanderung und Wertekonflikte geführt. Vor diesem Hintergrund lag es nahe, ein öffentlich diskutiertes Problem als Thema der politischen Theorie aufzugreifen.

Die hier interessierenden Theoretiker stellen die Frage, ob die Anerkennung des individualistischen Menschenbildes und der Konsens über die demokratischen Verfahren heute noch vorausgesetzt werden dürfen, weil sie den Zentralwerten anderer Kulturen widersprechen. Indem Liberalität und demokratischer Konsens infrage gestellt werden, bricht die Plattform ein, auf der die politischen Theorien der Gegenwart fußen. William Connolly (1931-) macht als Angelpunkt dieses Phänomens die Identität aus. Identität verbindet die Angehörigen einer Kultur. Aus dem Unterschied zwischen den Kulturen resultiert Differenz.[63] Der Identität misst Connolly den gleichen Status zu, den in den traditionellen Theorien die individuelle Freiheit, der Konfliktaustrag nach konsentierten Regeln und der Mehrheitsentscheid besitzen. Die Wertegrundlagen der westlichen Demokratie treten in eine Konkurrenz zur Identität von Menschen, die andere Werte hochhalten.

Referenzautoren dieser Denkrichtung sind bekannte französische Sozialtheoretiker der Moderne. Michel Foucault (1926-1984) deutet Machtstrukturen in alle Dimensionen der Gesellschaft hinein, politische, ökonomische und Wissensmacht. Die ganze Gesellschaft ist darauf angelegt, Menschen für die Regierbarkeit zu konditionieren, die Schule, das Arbeitsleben, das Gesundheitswesen und die Strafanstalten.[64] Das Leitmotto ist Kontrolle. Kontrolle ist hier kein Selbstzweck. Sie ist das Mittel einer umsorgenden Gewalt. Hinter ihr steht die disziplinierende Gewalt der Polizei. Aber diese Gewalt dient dem Zweck, die Gesellschaft durch

---

[62] Samuel P. Huntington: Kampf der Kulturen. Die Neugestaltung der Weltpolitik im 21. Jahrhundert, 2. Aufl., Berlin 1998 (Erstausg. 1996).
[63] William E. Connolly: Identity/Difference: Democratic Negotiations of Political Paradox, Minneapolis und London 2005; Pluralism, Durham und London 2005.
[64] Ulrich Johannes Schneider: Michel Foucault, Darmstadt 2004, S. 128, 169.

die Fährnisse einer gefährlichen Welt zu leiten, ganz so, wie sich ein Schäfer verhält, der sich um seine Herde kümmert.[65]

Pierre Bourdieu (1930-2002) ist der zweite Referenzdenker. Er sieht die Gesellschaft in gleicher Weise von Macht durchtränkt. Sein Schlüsselbegriff ist der Habitus. Der Habitus ist ein Verhaltensprogramm. Er besteht aus anerzogenen Verhaltensweisen. Diese erlauben es, Macht auszuüben, ohne dass unbedingt Zwang eingesetzt werden muss.[66]

Während sich Macht in den liberalen Staatstheorien durch vertragliche Übereinkunft und faktische Anerkennung vernünftiger Verhaltensnormen konstituiert, geht die Macht hier einfach aus den sozialen Verhältnissen selbst hervor. Sie ist den Adressaten vertraut und wird nicht tagtäglich hinterfragt.

Macht ist in soziale Felder segmentiert. Diese Felder weisen in der Regel eine binäre Struktur auf, z.B. Kapital/Arbeit, Lehrer/Schüler, und diese Struktur artikuliert sich in spezifischen Ressourcen wie Status, Geld und Wissen. Auf dem Felde der Politik geht es um Interpretationsmacht. Sie wird von professionellen Politikern nach allen Regeln der medialen Inszenierung angeboten und vermittelt den nachfragenden Bürgern die Illusion einer öffentlichen Meinung, in der auch sie selbst repräsentiert sind.[67]

Von dieser Überlegung aus werden neue Wege zur Politik in der multikulturellen Gesellschaft konstruiert. Das liberale Paradigma, zuvor ein konsensuelles politisches Gut,[68] also Individualität, Fairness in Verfahrensfragen und Säkularismus, werden in einer Gesellschaft mit vielen Identitäten zur Parteinahme. Parteilichkeit aber verträgt sich schlecht mit der Norm einer gerechten Gesellschaft.[69]

Keine Identität hat das Recht, so James Tully (1946-), Vorrang vor einer anderen zu beanspruchen.[70] Chantal Mouffe (1943-) rehabilitiert das Freund-Feind-Schema Carl Schmitts, um diese These zu untermauern: Identität bildet sich in der Abgrenzung zum anderen. Mouffe folgt Schmitt allerdings nicht darin, dass

---

[65] Michel Foucault: Analytik der Macht, Frankfurt/M. 2005; Ders.: Geschichte der Gouvernementalität, 2., Bde., Frankfurt 2004.
[66] Pierre Bourdieu: Die feinen Unterschiede, Frankfurt/M. 1982 (Erstausg. 1979).
[67] Cornelia Bohn und Alois Hahn: Pierre Bourdieu, in: Dirk Käsler (Hrsg.), Klassiker der Soziologie, Bd. 2: Von Talcott Parsons bis Pierre Bourdieu,, 4. Aufl., München, S. 252-271.
[68] John S. Dryzek: Deliberative Democracy in Divided Societies: Alternatives to Agonism and Analgesia, in: Political Theory, 33. Jg. (2005), S. 221.
[69] David Scott: Culture in Political Theory, in: Political Theory, 31. Jg. (2003), S. 97.
[70] James Tully: Politische Philosophie als kritische Praxis, Frankfurt/New York 2009, S. 54.

8.7 Agonistische Demokratie: Gesellschaftsfrieden ohne Konsens? 143

es jetzt darauf ankommt, dass der Eine den anderen besiegt.[71] Schmitt, hier kommt sie auf den Kern der Sache, definiert das Politische als das Niederringen des als Feind verstandenen anderen. Er denkt antagonistisch. Darum darf es in der Frage Identität/Differenz aber nicht gehen. Hier ergibt sich das Problem vielmehr daraus, dass die vorhandenen Unterschiede nicht verwischt oder gar eliminiert werden dürfen. Die Aufgabe des Politischen besteht nunmehr darin, die Identitäten auch in ihrer Konflikthaftigkeit anzuerkennen und eine friedvolle Koexistenz zu arrangieren. Also Konflikt ja, aber kein Antagonismus, sondern Agonismus: Streit unter Abzug des Vernichtungswillens der Beteiligten. Die Regulative sind hier einerseits die Bereitschaft der Mehrheitsgesellschaft, sich ein Verständnis anderer Kulturen anzueignen,[72] und andererseits die Sensibilisierung aller Beteiligten für die destruktiven Wirkungen einer Verabsolutierung der kulturellen Differenz.[73]

Wer sich mehr oder minder mühsam in den Denkmodus der politischen Theorie eingearbeitet hat, wie sie bis zu diesem Abschnitt dargestellt wurde, wird sich spätestens hier die Frage stellen, wie die Politikveranstaltung denn jetzt geraten soll, da es nicht einmal mehr einen minimalen Werte- und Verfahrenskonsens gibt.[74] Von den Vertragstheorien her gedacht, die sich seit über 400 Jahren als Grundmuster für die Legitimation des Staates gehalten haben, droht jetzt der Rückfall in den Krieg aller gegen alle, wenn es nicht gelingt, das Spill-over der Differenz in den Antagonismus zu verhindern. Polemisch ausgedrückt, lauert in dieser agonistischen Theorie die Selbstvernichtung der Staatstheorie überhaupt. Dies wollen die Agonisten natürlich nicht. Die Identitäten sollen schon stehen bleiben, der Konflikt aber ist unvermeidlich und sogar erwünscht. Aber daraus soll kein Krieg entstehen. Es gilt, sich so zusammenzuraufen, dass keine Wertewelt über die andere obsiegt.[75] Doch wie soll das möglich sein, wenn die Vielfalt der Identitäten den herkömmlichen politischen Konsens überlagert?

Die Agonismustheoretiker bleiben die Antwort schuldig. Wie ihnen die Kritiker vorhalten, wird die Lösung unvermeidlich doch auf irgendeinen neuen

---

[71] Chantal Mouffe: Über das Politische. Wider die kosmopolitische Illusion, Frankfurt/M. 2007, S. 11ff., 15ff.
[72] Tully: Politische Philosophie als kritische Praxis, S. 69ff., 74.
[73] William E. Connolly: Democracy, Pluralism and Political Theory, hrsg. von Samuel A. Chambers und Terrill Carver, London und New York 2008, S. 45.
[74] Robert B. Talisse: Can Value Pluralists Be Comprehensive Liberals? Galston's Value Pluralism, in: Contemporary Political Theory, 3. Jg. (2004), S. 135f.
[75] Siehe auch William M. Curtis: Liberals and Pluralists. Charles Taylor vs. John Gray, in: Contemporary Political Theory, 6. Jg. (2007), S. 86-107.

Konsens hinauslaufen. Doch wird dieser Konsens nicht der alte sein müssen, wenn ihm auch die Anhänger der liberalen Demokratie ohne große Vorbehalte zustimmen können? Oder werden die Demokraten ihre Grundsätze über Bord werfen müssen, um Brücken über die Kulturen hinweg zu bauen? Darf man das noch Demokratie nennen, was dann übrig bleibt? Und geben die anderen, die nicht auf Demokratie gepolten Kulturen, nicht ihre Identität preis, wenn sie sich um des lieben Friedens willen auf Kompromisse einlassen?

Genug der Fragen! Was passiert hier eigentlich? Im Grunde genommen doch nichts anderes, als dass einige Philosophen das, was sie aus den Medien erfahren oder beim sonntäglichen Bummel bei sommerlicher Temperatur in öffentlichen Grünanlagen beobachten, zu einer Theorie verarbeiten. Diese erfüllt ihren Zweck, wenn sie Aufsehen verspricht, Publikationschancen eröffnet und Stoff für Konferenzen und Arbeitskreise produziert.

Gegen die unklare, damit auch nicht kalkulierbare Chance, im Gemenge schwer kompatibler Identitäten einen Konsens auszuloten, für den es weder historische noch theoretische Anhaltspunkte gibt, wirkt die Gedankenführung in der übrigen politischen Theorie geradezu plastisch. Die vage Assoziation von Identität und Differenz mit Immigration aus den verschiedensten Weltwinkeln, mit sozialen Brennpunkten, Moscheen im christlichen Abendland und schwieriger Anpassung an die Bräuche und Werte des „Gastlandes" lässt aufmerken. Derlei kannte man noch nicht in der politischen Theorie.

Das agonistische Denken hängt in der Luft. Es ist nicht konstruktiv, eher das Gegenteil davon, mag es sich auch als kulturell aufgeschlossen präsentieren. Die Tradition eines Jahrhunderte währenden Denkens in den Bahnen der Aufklärung aufzugeben, um die Fachdiskussion unter philosophischen Denksportlern zu befeuern, ist ein zweifelhaftes Unterfangen. Es wirft die Frage auf, was dies alles soll – zumal unter dem Dach einer Politikwissenschaft, die sich als Sozialwissenschaft unter anderem den Fragen zuwendet, warum im Kongo auf tausend Lebendgeburten 250 Menschen kommen, die das Kindesalter nicht überleben, warum verbohrte Dummköpfe in südlicheren Gefilden in nichts anderem Halt finden als in der Überzeugung, das männliche Wesens sei die Krone der Schöpfung, und warum der herrschaftsfreie Diskurs eines Jürgen Habermas keine Chance gegen die Kommunikationsmacht des Boulevards hat.

8.8 Fazit: Philosophie der modernen Demokratie

Gerechtigkeit ist für die Liberalen das Problem eines Staatshandelns, das der Autonomie des Einzelnen vernünftige Grenzen zieht. Die aristotelischen Kommunitaristen kaprizieren sich auf Tugend- und Ordnungsprobleme. Der Kommunitarismus Walzerscher Art setzt sich mit der Frage auseinander, ob ethische Maßgaben an die Politik, ob inhaltlich oder prozedural, über die Gesellschaften und Kulturen hinweg stets gleich lauten können. In der politischen Theorie, so sollte deutlich geworden sein, gibt es drei grobe Richtungen, eine kontraktualistische, eine universalistische und per definitionem kontextneutrale sowie schließlich eine kontextualistische.

Schalten wir kurz zurück auf die weiter oben besichtigte Klassikerauswahl, fallen Parallelen ins Auge. Der alte Hobbes kannte nur den einen Vertrag, der mit dem Gewaltverzicht der Vertragschließenden auch gleich den Staat ins Leben rief. Bei Locke zündet der Staat gleichermaßen in zwei Stufen: Die Menschen treten aus dem Gesellschaftszustand heraus, gründen den Staat, versehen ihn mit repräsentativen und exekutiven Organen und ziehen seinem Wirken en gros erkennbare Grenzen. Anschließend bestimmen die Vertragsparteien durch ihre Vertreter en detail, wie auf den Fall und die Situation bezogene Probleme entschieden werden. Nichts anderes, nur entschlackt vom historischen Kolorit des 17. Jahrhunderts und im Horizont des liberalen und sozialen Rechtsstaates treffen wir bei Rawls gut dreihundert Jahre später an. Dies zieht nichts von seiner Leistung ab. Es zeigt nur, dass die Figur des Vertrages seit Hobbes eine Konstante im politischen Denken ist.

Sehen wir uns weiter um. Die Tugend, sprich: die Freude, das intrinsische Halleluja zur Mitgestaltung des Gemeinwesens, Erziehung und Bildung als Grundlage guter Politik und einer lebenden Verfassung, ein seit Plato und Aristoteles intoniertes Thema, lässt sich zumindest schemenhaft bei Denkern wie Arendt und Barber erkennen, ganz unabhängig davon, ob sie als kommunitaristisch oder liberal einsortiert werden. Diese Konzeption ist elitär und bildungsbürgerlich, auch wenn sie mit dem Beiwerk der bürgerlichen Gleichheit verabreicht wird.

Schließlich haben wir noch die kontextualisierende Variante der politischen Theorie: Sie mag mit der Vertragsfigur hantieren oder auch nicht. Hier ist maßgeblich, dass sie Moral und politische Ordnung vom Konkreten, vom Vorgefundenen herleitet. Als Ahnherr lässt Edmund Burke grüßen. Sein zeitgebundenes anti-revolutionäres Timbre bleibt allerdings auf der Strecke, und im Übrigen lässt auch Burkes Politikbild ja durchaus Platz für Veränderung, für Reform. Die

Freunde der Kontextuntermalung, unter den Zeitgenossen etwa Galston und Walzer, bewegen sich in der größten Distanz zur Konstruktions- und Rationalisierungsbegeisterung in der politischen Theorie.

Wer Politikwissenschaft als ein sozialwissenschaftliches Unterfangen versteht, wird unter den drei hier unterschiedenen Richtungen spontan wohl am ehesten mit der Letzteren sympathisieren und vordergründig eine Reihe von Argumenten und Illustrationen wahrnehmen, die ihm vertraut erscheinen. Aber Vorsicht! Dient der Kontext bloß der Kolorierung philosophischer Ideen? Was macht die Überlegenheit einer kontextualisierenden politischen Theorie vor einer anderen aus?[76] Wer fixiert die Maßstäbe, nach denen über die Brauchbarkeit der einen oder der anderen Theorie befunden werden kann? Vielleicht die Fachwelt, wenn wir kühnerweise einmal davon ausgehen, die geistes- und sozialwissenschaftlichen Fachwelten sprächen mit einer Zunge. Nehmen wir einmal an, es wäre so, welches Fach wäre dann zuständig?

Versuchen wir es zunächst mit der empirisch arbeitenden Politikwissenschaft. Sie würde sich für überfragt erklären. Vorgestellte Politik ist ein anderer Schuh als historisch, soziologisch und psychologisch untersuchbares politisches Handeln. Die politische Theorie hätte wohl keine Scheu, Maßstäbe anzubieten, aber eben gleich mehrere. Die kleine Fiktion geschlossener Fachwelten, die sich mit dem Attribut „politisch" schmücken, ist nicht zu halten. Denn so gewiss die in diesem Kapitel referierten Autoren Philosophen sind, so diffus ist das Erscheinungsbild der politischen Philosophie. Die Aristotelesgläubigen tun pflichtschuldig Rawls und Walzer in Acht und Bann, die Kantianer kritisieren die essentialistische Position der Aristoteliker. Walzer rät dazu, Normen nicht in den historienfreien Raum hineinzukonstruieren.

Der Weg zur historisch-empirischen Theoriebildung *(pt)* ist mit zahlreichen Hürden gepflastert, die sich aus ihrem Objektbereich, d.h. der erfahrbaren Wirklichkeit ergeben. Diese Hindernisse müssen genommen werden. Allzu viele Gegenbeispiele und passend gemachte Erklärungen für eine kurvenreichen Faktenlinie verderben den Theorievorschlag.

Auch in der politischen Theorie geht es nicht regellos zu. Jede Theorie steht unter Begründungszwang. Aber die Prämisse dieser Begründungsarbeit, der Startpunkt der gedanklichen Operation, ist aus einem breiten Angebot klassischer und moderner Philosophien wählbar. Driften Annahmen und Schlussfolgerungen allzu weit aus der Konvention, strapazieren sie über die Maßen, was selbst

---

[76] John G. Gunnell: Between Philosophy and Politics: The Alienation of Political Theory, Amherst 1986, S. 178.

8.8 Fazit: Philosophie der modernen Demokratie

ein zu kühnen Gedankenflügen bereites Fachpublikum für vertretbar hält, dann stürzt auch eine politische Theorie ab. Dies ist verdientermaßen Robert Nozick widerfahren. So manchen Spätaristoteliker hat womöglich der Respekt vor dem Hantieren mit klassischer Bildung davor bewahrt.

Bleiben wir noch eine Weile bei den Eigenarten der politischen Theorie. Konstant begegnet uns das Thema der Demokratie. Der letzte Band einer Bilanz zum Stand der Politikwissenschaft, die seit 1983 etwa alle zehn Jahre veröffentlicht wird, führt von 28 Fachbeiträgen nur noch vier zur politischen Theorie auf, davon drei explizit über Gerechtigkeit, Demokratietheorie und radikale Demokratie.[77]

Es gibt gute Gründe, politische Theorie mit Demokratietheorie gleichzusetzen. Dies ist nur konsequent, wenn man bedenkt, dass ein geringeres Ziel schwerlich mit dem Ansinnen einer zeitgemäßen politischen Ethik vereinbart werden kann. Da wird stark von der Ratio, der Tugend und den Rechten gesprochen, von der sittlichen Qualität politischer Ordnungen und adäquaten Bürgern, von Interessen, Verfahren und Verteilungsregeln. Aber wo bleiben die Institutionen, wo die Rezeption der empirischen Politikforschung?[78] In aller Regel ist beides kein Thema. Der empirische Bezug beschränkt sich auf gehobenes politisches Alltagswissen, wie es aus den besseren Tageszeitungen zu beziehen ist.[79]

Für Klassiker des politischen Denkens wie etwa Locke, Montesquieu, Madison, John St. Mill und politikwissenschaftliche Größen wie Dahl, Lijphart und Sartori sind Gewaltenteilung, Regierung, Parteien, Föderalismus, Wahlsystem u.ä.m. eminent wichtige Themen. Sie wollen die Köpfe der Handelnden und der politisch Denkenden erreichen.

Betrachtet man die modernen politischen Theorien unter diesem Gesichtspunkt: weitgehend Fehlanzeige.[80] Die Liberalen kommen aus dem Gehäuse der historisch erfolgreichen und bekannten Formeln des Verfassungsstaates nicht heraus. Die Aristoteliker vergraben sich in ihrer Ratlosigkeit noch tiefer in die Philologie, wo immer die Frage dräut, wie denn die Kleinstadtpolitik der antiken Polis auf großflächige, pluralistische Industriestaaten übertragen werden könnte.

---

[77] Ira Katznelson und Helen V. Milner (Hrsg.): Political Science: The State of the Discipline, New York und London 2002.

[78] Ian Shapiro: The State of Democratic Theory, in: Ira Katznelson und Helen Milner (Hrsg.), Political Science: The State of the Discipline, New York und London 2002, S. 235.

[79] Exemplarisch das Werk von John S. Dryzek, Bonnie Honig und Anne Phillips (Hrsg.): Political Theory, Oxford und New York 2006.

[80] Ian Shapiro: The Nature of Contemporary Political Science: A Roundtable Discussion, in: Political Science, 23. Jg. (1990), S. 38.

Für Kommunitaristen ist die Entdeckung der Gemeinschaft so überwältigend, dass sie nicht viele Gedanken daran verschwenden, die Artikulation kultureller Eigenheiten in sozialverträgliche Institutionen zu leiten. Warum eigentlich diese Defizite?

Die Frage stellen heißt sie beantworten. Die Philosophie fußt auf anspruchsvollen, der Schulung bedürftigen Kunst- und Argumentationsregeln. Ihr Material sind Texte. Der Rekurs auf die immergleichen Autoren, klassischer wie moderner Provenienz, mag Politikwissenschaftler irritieren, die Politik als ein bewegliches Ziel wahrnehmen, als ein Objekt, das sich ständig andere Formen und Arenen sucht und neue Fragestellungen herausfordert. Die Philosophie sucht neue Erkenntnis auch in alten Texten und betrachtet ein vertrautes Problem aus neuem Blickwinkel.[81] Ihre Vertreter zitieren einander, was in dieser Zunft gängig ist, anderswo aber den Vorwurf des selbstreferentiellen Treibens provozieren würde. In der Variante der politischen Theorie sucht die Philosophie Beachtung und Überzeugungsfähigkeit – hauptsächlich beim Fachpublikum! Machbarkeitsaspekte sind kein philosophisches Thema. Hier und dort wird der Vorwurf laut, die politische Theorie habe die Verbindung zur Politikwissenschaft aufgegeben.[82]

Die Hegemonie des Philosophischen in der politischen Theorie bedarf der Erklärung. Seit der Konfrontation zwischen der politischen Philosophie der Strauss/Voegelin-Tradition mit der frühen empirischen Sozialwissenschaft ist die politische Theorie aus der Politikwissenschaft ausgewandert. Der überzogene szientistische Enthusiasmus der Chicago-Schule mochte ungerechte und kurzsichtige Urteile über den Wert der historischen politischen Theorien produziert haben. Die Gegenwehr der Theoretiker erstarrte aber in der immergleichen Intonierung von Bürgertugend- und Republikgesängen. Mit Rawls ergriff man in der Theorie dankbar die Chance, nicht immer wieder die alten Gestalten durchzunehmen, sondern sich an einer Debatte zu beteiligen, die sich als dauerhaft erweisen sollte. Diese Debatte aber wird philosophisch geführt.

Die Fachphilosophie hat keinen guten Grund, mit einer überwiegend empirisch arbeitenden Politikwissenschaft zu kommunizieren. Es scherte sie daher nicht, dass sie dort kein Interesse fand. Die Vertreter der politischen Theorie unter dem Dach der Politikwissenschaft kommunizierten hingegen prächtig mit den

---

[81] Ruth W. Gant: Political Theory, Political Science, and Politics, in: Political Theory, 30. Jg. (2002), S. 578ff.
[82] William Galston: Political Theory in the 1970s: Perplexity amidst Diversity, in: Ada W. Finifter (Hrsg.), Political Science: The State of the Discipline II, Washington 1993, D.C., S. 40ff.; John G. Gunnell: Philosophy and Political Theory, in: Government & Opposition, 14. Jg. (1979), S. 209.

8.8 Fazit: Philosophie der modernen Demokratie

philosophischen Kollegen. Sie fanden, was sie brauchten, Denken auf gleicher Wellenlänge, Gesprächspartner und Akzeptanz. Die Verbindung zu einer sich sozialwissenschaftlich verstehenden Politikwissenschaft verkümmerte.[83] Die Juniorpartnerrolle der politischen Theorie im Verhältnis zur Philosophie bestimmt heute die Karrieremuster. Die heute betriebene politische Theorie hat ihren Ursprung und ihren Zweck in der Universität – sie verschafft Jobs und Reputation in einer Gemeinde von Peers.[84]

Ob politische Theorie in der übrigen Politikwissenschaft wirklich nachgefragt wird, ist nicht einmal eine offene Frage. Von der Philosophie wird sie willkommen geheißen, ist sie doch ein kräftiger Ast an ihrem Stamm. Aber Politikwissenschaftler, die sich mit Problemen des Regierens, mit Parteien, mit dem internationalen Vergleich politischer Systeme und mit den internationalen Beziehungen herumschlagen, werden kaum vergessen haben, warum sie sich bei der Entscheidung für ein Studium nicht für die Philosophie entschieden haben. Die Geschichte der politischen Ideen bzw. der historischen politischen Theorien ist eine andere Sache, geht es hier doch eigentlich um frühe Politikwissenschaft.[85]

Die historischen Theorien lassen sich zeitgemäß in eine moderne Übersetzung fassen: Sie kreisen im Theorieverständnis Sabines um Ideen, welche die Welt erklären und gleichzeitig auf politische Wirkung zielen. Ein Hobbes, ein Locke, ein Burke und ein Marx wurden von den politisch Gebildeten ihrer Zeit verstanden. Sie drückten sich philosophisch aus, weil dies eben noch der einzige Darstellungsmodus für die Erörterung von Politik und Gesellschaft war. Ihr Anliegen war aber kein philosophisches. Sie wollten die politische Welt erklären. Auch heute noch haben sie deshalb viel mitzuteilen.

Versetzt man die moderne politische Theorie einmal in die Nachfolge dieser Klassiker, wird schlagartig deutlich, dass es sich um eine ganz andere Spezies handelt. Welcher Politiker, welcher Wissenschaftler, geschweige denn Liebhaber politischer Bücher mutet sich die Lektüre philosophischer Fachzeitschriften zu,

---

[83] Gunnell: Between Philosophy and Politics, S. 39ff.; John Simons: The Exile of Political Theory: The Lost Homeland of Legitimation, in: Political Studies, 43. Jg.(1995), S. 686ff.

[84] Ian Shapiro: Gross Concepts in Political Argument, in: Political Theory, 17. Jg.(1989), S. 68; John G. Gunnell: The Nature of Contemporary Political Science: A Roundtable Discussion, in: Political Science & Politics, 23. Jg. (1990), S. 37; Ders.: Philosophy and Political Theory, S. 215; Ders.: Between Philosophy and Politics, S. 135.

[85] Terence Ball: Reappraising Political Theory, Oxford 1995; Bermbach: Über die Vernachlässigung der Theoriegeschichte, S. 253; Ders. (Hrsg.): Politische Theoriengeschichte. Probleme einer Teildisziplin der Politikwissenschaft, Opladen 1984; Richard Ashcraft: Political Theory and the Problem of Ideology, in: Journal of Politics, 42. Jg. (1980), S. 687-705.

wer versteht den Jargon des Kontrafaktischen, wer denkt bei Tugend an etwas anderes als an ein verstaubtes Konfirmandenideal?

An Saft und Kraft und sprachmächtigen Bildern können die akademischen Theorien dieser Tage den Klassikern nicht das Wasser reichen. Von Demokratie konnten die Alten noch nichts wissen. Es ging ihnen schlicht und einfach darum, Herrschaft in all ihren Erscheinungsformen, mit all ihren Gewaltsamkeiten, Schmutzecken, Verfallsmerkmalen, aber auch in ihrer Raffinesse zu enträtseln.

Hier hinkt die moderne politische Theorie nicht nur hinter den Altvorderen, sondern auch hinter der beobachtenden, die Realität erforschenden Politikwissenschaft her. Noch die Teilhaber an der Weimarer Staatsdiskussion standen mitten im Leben. Sie waren mit dem gefährdeten Rechtstaat, mit Krieg und Bürgerkrieg konfrontiert, sie verachteten oder verteidigten den demokratischen Staat als Vehikel des inneren Friedens und als Chance für die Herstellung größerer sozialer Gerechtigkeit. Wie ein Hobbes, ein Locke, ein Burke waren sie mit der Mühsal vertraut, die im wirklichen Leben an Staat und Politik haftet. Zwar ist das Dauer- und Generalthema auch der meisten empirisch arbeitenden Politikwissenschaftler die Demokratie, im Land A, im Land B, in der Variante C oder D, als keimendes Projekt im Land E und absehbares Scheitern im Land F. Doch immerhin wird professionell zu Kenntnis genommen, dass es noch diese Art der Diktatur und eine andere gibt, dass kulturelle Systeme existieren, die das Individuum geringer platzieren, als es der Westen tut, und dies mag wiederum dazu führen, sich auch mit politischen Systemen zu beschäftigen, an denen nicht von vornherein das Gütesiegel eines okzidentalen Werteprogramms haftet.

Belassen wir es dabei: Dies alles lässt sich in dem kurzen Satz ausdrücken, dass die politische Theorie einen soziozentrische Bias besitzt. Über plurale Identitäten lässt sich trefflich reden und schreiben, lässt sich spekulieren und rational diskutieren, lassen sich schöne Sätze formulieren und politische Welten modellieren. Politikwissenschaftler, die sich mit der Frage beschäftigen, warum gerade jene, denen die Verhältnisse auch in der Demokratie übel mitspielen, nicht einmal zur Wahl gehen mögen, warum die Gewalt im Kongo auch bald zehn Jahre nach einem formellen Friedensschluss kein Ende nehmen will, und warum ein weltpolitisch wie weltwirtschaftlich geradezu vor Potenz überschäumendes China das geringste Anzeichen von Dissidenz zur Staatsaffäre macht und den Knüppel der Repression schwingt, können nichts damit anfangen. Eine in Methoden, Formeln und Diagrammen vernarrte Politikforschung hat es ohnehin schon schwer genug, ihre Relevanz bei Politikern und anderen Geldgebern zu rechtfertigen.

Die politische Theorie steht auf dem Trittbrett der Politikwissenschaft und damit eines Fachimages, das die Erforschung der realen Welt verspricht. Der sich

8.8 Fazit: Philosophie der modernen Demokratie

aufdrängende Gegeneinwand, dies sei auch nicht die Aufgabe der politischen Theorie, da sie die Dinge philosophisch ansehe und angehe, bestätigt nur ihr Dilemma, als Fremder am falschen Ort zu leben. Beide, weder die Eingesessenen noch die Fremden, finden Gefallen aneinander. Das Ergebnis ist das gleiche wie im wirklichen Leben: Man geht sich aus dem Wege!

9 Die ökonomische Theorie und die Politik

9.1 Public choice: Die Präferenz für den Minimalstaat

Seit den 1970er Jahren rezipiert die Politikwissenschaft ökonomische Theorien des politischen Verhaltens.[1] Diese Theorien sind das Nebenprodukt einer Modelldebatte in der Volkswirtschaftslehre. In der akademischen Ökonomie setzte sich mit Paul A. Samuelson (1915-2009) zunächst die Mathematisierung der Ökonomie durch. Der Zweck dieses Unterfangens war es, in Kenntnis der Daten brauchbare Prognosen für die wirtschaftliche Entwicklung zu stellen.[2] Die ökonomische Wirklichkeit, von der diese Modelle abstrahierten, hatte die bekannten Merkmale des freien Waren- und Leistungsverkehrs und den Staat als Regulierungs- und Umverteilungsagenten. Das beherrschende Paradigma der Ökonomie war bis dahin noch der Keynesianismus.

Seit Adam Smith' Zeiten ist das Idealbild des Ökonomen die perfekte Selbstregulierung von Angebot und Nachfrage, die unsichtbare Hand des Marktes. Dem Staat wird Legitimität allenfalls als Wächter über Maße, Gewichte und Verträge zugebilligt. Dies sollte sich vorübergehend ändern, als die erste Weltwirtschaftskrise die Eliten schockierte, die Gesellschaften ins Elend stürzte und als Sekundärfolge auch noch einen weiteren Weltkrieg auslöste. Der britische Nationalökonom John Maynard Keynes (1883-1946) wandte sich in zweifacher Hinsicht von der klassischen Ökonomie ab: Er brachte erstens die Psychologie in das Verhalten der Marktteilnehmer ein, zweitens brachte er neben Kapital und Arbeit noch den Staat als weiteren Akteur ins Spiel. Die Erwartung der künftigen Nachfrage stand im Zentrum der Prognostik:

Die Unternehmen und die Beschäftigten allein sind demzufolge außerstande, Absatzerwartungen zu generieren. Die Unternehmen reagieren auf kurzfristige Entwicklungen, z.B. Preissteigerungen, Quartalsbilanzen etc. Allein der Staat besitzt die Mittel, um die langfristige Nachfrage zu beeinflussen. Er kann die

---

[1] Etwa Franz Lehner: Einführung in die Neue Politische Ökonomie, Königstein, Ts. 1981: Brian M. Barry: Neue Politische Ökonomie. Ökonomische und soziologische Demokratietheorie, Frankfurt/M. und New York 1975.
[2] Daniel Bell: Die Sozialwissenschaften seit 1945, Frankfurt/M. und New York 1986, S. 54ff.

Steuern erhöhen oder senken, öffentliche Aufträge vergeben und Kredite aufnehmen. Lassen private Nachfrage und private Investitionen nach, fragt der Staat ersatzweise selbst Güter und Dienstleistungen nach. Er senkt ferner den Preis des Geldes, indem die Notenbank den Leitzins verbilligt.

Im Idealfall fängt die öffentliche Nachfrage den privaten Nachfrageausfall auf, billige Kredite erleichtern den Unternehmern ihre Entscheidung, die Anlagen zu modernisieren und ihre Produkte zu verbessern. Springt die Konjunktur dank dieser Maßnahmen wieder an, fährt der Staat seine Intervention in das Marktgeschehen zurück. Er tilgt seine in der Krise aufgenommenen Kredite und reduziert das Auftragsvolumen der öffentlichen Haushalte. In der Beschleunigungsphase expansiver Staatstätigkeit geht es darum, die private Nachfrage zu flankieren und Arbeitslosigkeit zu verhindern. In der Bremsphase geht es darum, die wiederbelebte private Nachfrage sich selbst zu überlassen. Der Staat soll sich als Nachfrager zurückziehen. Unterlässt er dies, fördert er die Geldentwertung.

Keynes ging es nicht vorrangig darum, die Konjunkturausschläge zu mäßigen. Er hatte vor allem das Ziel politischer Stabilität vor Augen. Er bot den Regierungen eine Heuristik an, um Arbeitslosigkeit und Inflation abzuwenden. Keynes war durchaus klar, dass es schwierig ist, komplexe Volkswirtschaften zu steuern. Öffentliche Aufträge, Leitzinsentscheidungen, die Innovation des Maschinenparks und die Stimulierung der Nachfrage – dies alles wird erst mit schwer kalkulierbarer Verzögerung wirksam, vielleicht erst so spät, dass sie schon gar nicht mehr nötig sind und das Gegenteil des Gewollten bewirken. Doch alles in allem war Keynes von der positiven Wirkung makroökonomischer Weichenstellungen durch die Politik überzeugt.[3]

In den ersten drei Nachkriegsjahrzehnten wurde die Keynessche Ökonomie zum Leitparadigma der Wirtschaftspolitik. Doch klassische Ökonomen stießen sich an seiner positiven Sicht des Staates. Mit Friedrich v. Hayek (1899-1992) ging ein prominenter Ökonom bereits in den 1940er Jahren zum Angriff über:[4] Der Markt ist der unübertreffbare Regelmechanismus für Markt und Politik. Gewiss produzieren die ungebändigten Marktkräfte Ungleichheit. Aber nichts daran ist schlecht oder ungerecht. Wo findige Köpfe einen Markt für neue Produkte entdecken, entsteht neuer Reichtum. Wo bekannte Produkte billiger hergestellt und neuen Konsumentenschichten zugänglich gemacht werden, profitieren auch andere. Der Staat würgt jedoch mit Steuern und öffentlichem Konsum Wohlstand

---

[3] John Maynard Keynes: Allgemeine Theorie der Beschäftigung, des Zinses und des Geldes, 9. Aufl., Berlin 2002 (Erstaus. 1946).
[4] Friedrich A. von Hayek: Der Weg zur Knechtschaft, München 1991 (Erstausg. 1944).

9.1 Public choice: Die Präferenz für den Minimalstaat

und Wachstum ab. Umverteilung belohnt jene, die am Markt nichts leisten. Eine Gesellschaft, die den Leistungsträgern in die Tasche greift, verspielt den Lohn der Freiheit, nämlich Innovation und Gewinn als Prämie auf Risiko und Experimentierfreude.[5]

Hayek ist ein krachlederner Liberaler. Seine Generalparole lautet auf Freiheit, vor allem auf die Freiheit des Tüchtigen, des Eigentümers. Für die Demokratie hat er nicht viel übrig. Demokratie mit ihrem Ordnungsprinzip der Mehrheitsherrschaft generiert keine Freiheit, sie kann zur Bedrohung für die Freiheit werden. Fand Keynes Beifall bei Sozialdemokraten und Christlich-Sozialen, avancierte Hayek zur weltanschaulichen Autorität für Liberale und Libertäre. Erst mit Hayek fand die ökonomische Theorie Beachtung bei Politiktheoretikern. Der politische Markt des allgemeinen und gleichen Wahlrechts ist allein schon deshalb dubios, weil er überhaupt kein Markt ist. Auch der Tüchtige hat nur eine Stimme. Kollisionen zwischen Markt und Demokratie lassen sich nur dann vermeiden, wenn die Aufgaben des Staates auf Sicherheit, Ordnung und die Einhaltung von Verträgen beschränkt bleiben.

Hayeks jüngerer Kollege Milton Friedman (1912-2006) hat Keynes seit langem als beherrschende Referenzfigur der akademischen Ökonomie abgelöst. Er geht noch ein Stück weiter als Hayek und überlegt, den Staat sogar im Bildungsbereich abzutakeln. Statt selbst Volksbildung zu organisieren, soll der Staat besser geldwerte Berechtigungsscheine für Bildung ausgeben und es Eltern und Jugendlichen überlassen, diese bei privaten Schulen eigener Wahl einzulösen.[6]

Den Theorien der Public choice liegt der paradigmatische Vorrang des Marktes vor dem Staat zu Grunde. Sie schafften es schon in den 1980er Jahren in den Kanon der modernen politischen Theorien. Einige sollen im Folgenden kurz vorgestellt werden. Dazu eine weitere Vorbemerkung:

Wie Kenneth Arrow (1921-) betont, ist jede Entscheidung für die Bereitstellung öffentlicher Güter (Transferleistungen, Vorhaltung von Sicherheit) ein Verstoß gegen individuelle Präferenzen: Was die Politiker an den Hebeln des Staates mit der einen Hand geben, nehmen sie mit der anderen! Individuen mit großen persönlichen Ressourcen brauchen öffentliche Güter womöglich nicht, aber sie müssen dafür zahlen.[7] Und die Begünstigten erhalten Leistungen, die sie unter Marktbedingungen nicht bezahlen könnten. Die Herausforderung an die Theorie besteht nun darin, die Reichweite der Autorität, die Verteilungsentscheidungen

---

[5] Friedrich A. von Hayek: Die Verfassung der Freiheit, Tübingen 1978 (Erstausg.1960).
[6] Milton Friedman: Kapitalismus und Freiheit, Stuttgart 1971 (Erstausg.1962).
[7] Kenneth Arrow: Social Choice and Individual Values, New Haven 1951.

trifft, so zu konstruieren, dass die größtmögliche Übereinstimmung mit den vielfältigen individuellen Präferenzen erzielt wird. Damit ist das Kernproblem im Verhältnis von Markt und Staat im Großen und Ganzen umschrieben: Es braucht Institutionen, denen es ohne die Unterdrückung individueller Freiheit gelingt, die Einzelwillen zu koordinieren.[8] Der springende Punkt ist die angemessene Mehrheitsregel.

Die Theoretiker der Public choice gehen davon aus, dass ein Gut, also eine Leistung oder ein Produkt, nur dann dem Markt entzogen und in ein staatliches Monopol überführt werden darf, wenn jeder Marktteilnehmer zustimmt. Der Grund liegt im Postulat, dass die Freiheit des Einzelnen absolute Priorität hat: Die staatliche Leistung setzt den Mechanismus von Angebot und Nachfrage außer Kraft Der Mehrheitsentscheid, der sie legitimiert, zwingt jene, die nicht einverstanden sind, mit ihren Steuern für eine Leistung zu zahlen, die sie nicht brauchen oder die sie lieber zwischen verschiedenen Anbietern ausgewählt hätten. Wenn der Staat eine Aufgabe übernimmt, muss deshalb in einer freien Ordnung jeder zustimmen. Sind alle einverstanden, ist an einschlägiger Staatstätigkeit nichts auszusetzen. Was aber, wenn eine Mehrheit dafür, eine starke Minderheit aber dagegen ist?

Ökonomische Autoren haben ein Einsehen, dass der allumfassende Konsens schlecht taugt, um Entscheidungsfähigkeit herzustellen. Dieses Einsehen ist freilich von der Alltagsbeobachtung diktiert. Die Idealwelt des Modells, so zeigt sich, hat denn doch zu kurze Beine, um ein Publikum zu überzeugen, das schon unter der Entscheidungsunfähigkeit eines Systems ächzen mag, das nach der Mehrheitsregel entscheidet.

Diese Konzession an das hässliche wirkliche Leben erinnert an die Verrenkungen so manchen Autors der politischen Theorie, der im Angesicht der Alltagserfahrung seine Idealwelt hier und dort korrigiert, um den zu erwartenden Einwand zu entkräften, dass er meilenweit am Leben vorbeidenkt. Die „reine" Theorie, so lässt sich daraus erkennen, hat überall die gleichen Probleme, ob in einer vorgestellten ökonomischen oder in einer vorgestellten politischen Welt.

James Buchanan (1919-1986) und Gordon Tullock (1922-) gewinnen der Mehrheitsregel zwar wenig ab.[9] Doch um überhaupt Entscheidungen zu ermöglichen, definieren sie Quoren weit oberhalb der einfachen Mehrheit. Bleiben wir bei Buchanan, der mit verschiedenen Koautoren das immergleiche Thema into-

---

[8] B. Guy Peters: Institutional Theory in Political Science: The "New Institutionalism", London und New York 1999, S. 44ff.
[9] James M. Buchanan und Gordon Tullock: The Calculus of Consent: Logical Foundations of Constitutional Democracy, Ann Arbor 1965.

9.1 Public choice: Die Präferenz für den Minimalstaat

niert.[10] Entscheidet sich nun eine Mehrheit, eventuell sogar eine sehr große Mehrheit dafür, Produkte und Leistungen nicht über den Markt zu beschaffen, dann gilt es zu bedenken, dass die nachfolgende Generation anders darüber denken mag. Der Gedanke ist interessant, aber politikwissenschaftlich alles andere als originell. Die Gesetzes- und Verfassungsänderung bietet alle Möglichkeiten, frühere Entscheidungen im gegebenen politischen Rahmen zu überdenken und zu revidieren. Doch um praktische Fragen geht es Buchanan nicht.

Sein Verfassungsproblem ist die Verteilungsordnung. Die wenigsten Verfassungsdokumente machen sie überhaupt zum Thema, sieht man einmal vom Schutz des Eigentums und von der Garantie der persönlichen Handlungsfreiheit ab. Buchanan will diese Ordnung in festen Abständen neu aushandeln lassen.[11]

Die politisch-rechtliche Ordnung definiert öffentliche Güter (public goods). Schränkt sie dabei individuelle Freiheiten ein, produziert sie öffentliche Übel (public bads). In einem Verfassungsvertrag wird zunächst geregelt, auf welche Weise die Einzelnen in den Entscheidungsprozess über öffentliche Güter eingebunden werden. In einer zweiten Vertragsstufe befinden die Bürger dann nach festgelegten Regeln, welche Güter nach Menge und Kosten als öffentlich definiert werden sollen. Im Idealfall sollte auch hier einstimmig beschlossen werden. Aus Gründen der institutionellen Effizienz lässt sich Buchanan aber auf ein Quorum ein, das deutlich über der einfachen Mehrheit, aber unterhalb der Einstimmigkeit liegt. Besonders originell ist dieses Stufenmodell übrigens nicht. Offensichtlich ist es John Rawls entlehnt.

Ein Verfassungsvertrag unterhalb der Einstimmigkeitsschwelle kommt einem Enteignungsakt gleich. Die Minderheit, die mit der Einführung öffentlicher Güter nicht einverstanden ist, muss gegen ihren Willen auf einen Teil ihrer Ressourcen verzichten, mit dem fortan staatliche Leistungen bezahlt werden.

Überschreitet diese Minderheit eine kritische Größe, ist davon auszugehen, dass Vermeidungs-, Täuschungs- und Ausweichverhalten den Vertragszweck untergraben. Gelingt es nicht, alle Bürger fortwährend zu überzeugen, dass sie für die womöglich von den Vorfahren vereinbarten öffentlichen Güter die Kosten aufbringen müssen, werden in großem Umfang Steuern hinterzogen und werden Bürger die Justiz bemühen, um ihre Belastungen mit rechtlichen Mitteln zu mindern. Soweit dies geschieht, schrumpft unvermeidlich die Ressourcenbasis für öffentliche Leistungen.

---

[10] James M. Buchanan: Freedom in Constitutional Choice: Perspectives of a Political Economist, College Station und London 1977.
[11] James M. Buchanan: Die Grenzen der Freiheit, Tübingen 1984 (Erstausg.1975).

Die Leserin und der Leser seien an dieser Stelle abermals darauf hingewiesen, dass dieses Argument nicht zwingend aus dem Denkmodell folgt. Es handelt sich schlicht um Alltagserfahrung, um Beobachtung. Dieser Einwand passt Buchanan gut ins politische Konzept, für das er wirbt: der Minimalstaat. Diese Vision lässt sich stets gegen Umverteilung ins Feld führen. Ebenso gut ließe sich aber einwenden, dass ohne Umverteilung soziales Elend und Zunahme der Kriminalität drohen. Als Kronzeuge lässt sich sogar der schon aus historischen Gründen sozialstaatlicher Umtriebe unverdächtige John Locke anführen. Doch dieses Argument ist unerwünscht und wird gar nicht erst erörtert. Der ideologische Charakter dieser Theorie ist mit den Händen zu greifen.

Man möchte hinzufügen: Da ist es doch am besten, man fasst die Verteilungsordnung gar nicht erst an. Damit stabilisiert man nicht nur den Markt, sondern auch die Geltung des Rechts.[12]

Ein weiteres Problem, um jetzt Buchanan zu verlassen: Mit öffentlichen Gütern entstehen staatliche Bürokratien. Faktisch agieren Bürokraten wie die Eigentümer jener Ressourcen, die sie verwalten, obgleich sie ihnen lediglich treuhänderisch anvertraut sind. Wir treffen auf das Principal-agent-Dilemma, das zum Standardrepertoire der ökonomischen Literatur gehört.[13] Dieses Theorem kommt aus der Unternehmensforschung, es beschreibt die Macht des Managements und die Ohnmacht der Aktionäre. Der Staat, so W. A. Niskanen (1933-), tritt tatsächlich nicht als ausführendes Organ der Vertragschließenden, also des Volkes auf.[14] Vielmehr diktiert er, welches Quantum des Lohns ihrer Arbeit die Bürger abgeben müssen, um den politisch-bürokratischen Betrieb aufrechtzuerhalten. Die Bürokratie hat den unablässigen Drang zur Budgetmaximierung. Sie verhält sich, obgleich ein kollektiver Akteur, nicht anders als das seinen Nutzen maximierende Individuum. Und aus genau diesem Grund ist die fortwährende Prüfung und Neuverhandlung des Verfassungsvertrages, wir sprechen hier besser von einem Verteilungsvertrag, so wichtig!

Theorie dieser Art hat stromlinienförmigen und deduktiven Charakter. Sie trifft klare, nachvollziehbare Aussagen über die menschliche Natur – das Streben nach Nutzenmaximierung bzw. Kostenvermeidung. Akzeptiert man ihre Prämissen, ist es ein Leichtes, politische Zustände und Prozesse zu beurteilen. Gehen wir nun zu Ökonomen über, die sich an das Thema der politischen Institutionen heranwagen.

---

[12] Dazu John S. Dryzek: How Far Is It from Virginia and Rochester to Frankfurt? Public Choice as Critical Theory, in: British Journal of Political Science, 22. Jg. (1991), S. 397-417.
[13] John W. Pratt und Richard J. Zeckhauser (Hrsg.): Principals and Agents, Boston 1985.
[14] W. A. Niskanen: Bureaucracy and Representative Government, Chicago 1971.

9.2 Die ökonomische Theorie der Politik

Anthony Downs (1930-) ist der wohl bekannteste Vertreter der ökonomischen Theorie der Politik. Er steht auf den Schultern Joseph A. Schumpeters, der eine im Kanon der Politikwissenschaft fest verankerte Theorie der Demokratie entworfen hat. Zur Erinnerung: Die Programme und das Auftreten der politischen Parteien folgen den Gesetzen der kommerziellen Werbung – Überzeugen und Überreden als die Seele des politischen Geschäfts! Die Parteieliten kümmern sich um die Wähler und die parlamentarische Mehrheitsbeschaffung. Worüber entschieden wird, ist nicht ihre Sache. Dies besorgen die Fachbeamten in den Ministerien. Politik, so folgt daraus, macht lediglich Ansagen für das Publikum. Die Inhalte sind eine zu ernste Sache, um sie gewählten Politikern zu überlassen (siehe oben Kapitel 7, 7.1).

Anthony Downs übersetzt diese so einfache wie elegante Konzeption in Formeln und Gleichungen. Er beherrscht den Gestus der theoretischen Ökonomie, während Schumpeter noch einer Generation angehörte, die es vorzog, für das Leserpublikum verständlich zu schreiben. Denn Downs traf bereits den Stil des heute dominierenden, modellorientierten Argumentierens. Der Wähler ist ein politischer Konsument. Er prüft auf der Basis seiner Präferenzen das Parteienangebot und entscheidet sich für diejenige Partei, die seine Präferenzen am besten bedient.[15] Die Parteien ihrerseits versuchen, mit Werbung alle Nachfrager des gleichen Produkts, hier eines politischen Programms, zu erreichen. Ein allzu starkes Eingehen auf Rand- oder Wechselwähler – Grenzkosten – läuft aber Gefahr, einen Teil der Treuekunden abspenstig zu machen. Wähler und Parteien operieren unter Nullsummenprämissen. Was die eine Partei dazugewinnt, verliert die andere. Sind mehrere Parteien und eine breitere Streuung der Wählerpräferenzen im Spiel, wird das Parteien- und Wählerkalkül schwieriger. Der Wettbewerb erweitert sich zum Mehrsummenspiel.

Das Bild des rationalen Konsumenten wird hier konsequent auf den politischen Markt übertragen. Es erlaubt, eine Präferenz mit unterschiedlichen Inhalten zu füllen: ökonomischer Vorteil, Konfession, kulturelle Identität, was auch immer. Von daher ist es nicht erstaunlich, dass die Parteien- und Wählerverhaltensforschung Downs' Gedanken mit Emphase begrüßten und ihn bis heute noch als Klassiker hochleben lassen.

---

[15] Anthony Downs: Ökonomische Theorie der Demokratie, Tübingen 1968 (Erstausg. 1957).

William Riker (1920-1993) bringt die Rationalität politischen Handelns in den Prozess der Mehrheitsbildung ein.[16] Kandidaten, die um Mehrheiten werben, und Parteien, die parlamentarische Mehrheiten bilden wollen, machen Abstriche von ihren originären Präferenzen, hier also von ihren Programmen – aber nur solange, bis sie die Mehrheitsschwelle überwinden. Alles, was über diese „minimum winning coalition" hinausgeht, sind vermeidbare Mehrheitskosten. Der Kompromiss wird teurer, als er sein müsste.

Riker hat ganze Heerscharen von Koalitionsforschern beflügelt. Aber Koalitionen, das ist eine durch Beobachtung gesicherte Erkenntnis, kommen nicht allein durch Stimmenzählen, sondern in aller Regel durch politische Schnittmengen zustande, oder sie kommen eben nicht zustande, weil die Partner, die rechnerisch eine Mehrheit bilden könnten, keinen gemeinsamen inhaltlichen Nenner für das Regierungsprogramm finden.

Mancur Olson (1932-1998) überträgt das Paradigma des nutzenmaximierenden Individuums auf Interessengruppen. Wer immer motiviert ist, sich einem Verband anzuschließen, tut dies in der Erwartung, damit einen Vorteil zu gewinnen, d.h. eine Präferenz zu realisieren, die ohne diese Mitgliedschaft außerhalb der Reichweite bliebe.[17] Gruppen und Verbände werden nicht sonderlich schmeichelhaft als Verteilungskoalitionen bezeichnet.

In kleinen Gruppen lassen sich persönlicher Vorteil und Einsatz am besten überschauen und kontrollieren. Für den gemeinsamen Zweck, die Erwirtschaftung des dem Einzelnen zugute kommenden Vorteils, eignen sie sich besser als große, mitgliederstarke Gruppen. Dort hat das Beitrag zahlende Mitglied so gut wie keinen Einfluss auf die Geschäftsführung, ohne die ein verzweigter, flächendeckender Verband nicht auskommt. Zwangsläufig gerät eine Organisation von dieser Größe in das Principal-agent-dilemma: Sie handelt so, wie es der Vorstand beschließt. Das einfache Mitglied ist überhaupt nicht imstande, im komplexen Organisationsgeschehen seinen greifbaren Vorteil zu erkennen. Es könnte die Mitgliedschaft kündigen, um die Beitragskosten zu sparen. Die Trittbrettfahrer, also andere mit den gleichen Interessen, die der Organisation aber nicht beitreten, gewinnen doppelt: sie zahlen keine Beiträge und profitieren von den Vorteilen, die im Namen der Mitglieder erkämpft oder ausgehandelt werden! Großgruppen halten unter diesen Auspizien nur dann zusammen, wenn sie ihren Mitgliedern

---

[16] William Riker: The Theory of Political Coalitions, New Haven1968 (Erstausg.1962).
[17] Mancur Olson: Die Logik des kollektiven Handelns. Kollektivgüter und die Theorie der Gruppen, 2. Aufl., Tübingen 1985 (Erstausg.1965).

9.2 Die ökonomische Theorie der Politik

exklusive materielle Vorteile gewähren, die mit dem eigentlichen Gruppenzweck nichts mehr zu tun haben (Beratung, Versicherung, Mitgliederzeitung).

So oder so verursacht die Organisiertheit des Wirtschaftslebens volkswirtschaftliche Kosten und beeinträchtigt sie das optimale Funktionieren des Marktes.[18] Das Nachsehen hat der Investor und Konsument, der für ein Produkt aus den gewerkschaftlich organisierten Industriezweigen mehr zahlt, als gäbe es dort keine kollektiven Akteure. Immerhin, so Olson, sind große Gruppen mit zahlreichen Mitgliedern weniger schädlich als kleinere. Das Verbandsmanagement mag sich zu vernünftigem Gebaren verstehen. Die Triebfeder ist auch hier wieder Nutzenkalkül! Politiker wollten Wahlen gewinnen, Verbandsführer wollen den zur Verteilung anstehenden Kuchen mindestens so groß wie gehabt – und beide wissen, dass ausgedehnte Streiks, Arbeitslosigkeit und Geldentwertung das Gegenteil bewirken! In kleinen Verteilungskoalitionen gibt es keine intakte Hierarchie. Die Mitglieder sehen ihren Vertretern auf die Finger, und dieser Basisdruck verhindert ein volkswirtschaftlich eigentlich gebotenes Nachgeben.

Im Vergleich mit den zuvor besprochenen Autoren wechselt Olson die Perspektive. Das Nutzenmaximieren Einzelner wirkt sich nachteilig für den Markt aus, wenn es sich im kollektiven Gleichtakt vollzieht und wenn es dazu führt, dass sich viele gemeinsam von wenigen vertreten lassen. Unter den allesamt unerfreulichen Varianten kollektiven Handelns gibt es einige, die erträglicher sind, weil sie dem Einzelnen praktisch die Möglichkeit nehmen, seinen Vorteil überhaupt noch zu erkennen und zu verwalten: die Großverbände.

Fazit: Nutzenorientiertes Verhalten, die Prämisse der ökonomischen Politiktheorie, schlägt ins Negative um, sobald sie sich im Kollektiv geltend macht. Und wo macht sich Kollektivverhalten in der Marktwirtschaft bemerkbar? – Bei der Parteienwahl und in der Tarifverhandlung. Damit sind die Hauptschurken in der wirtschaftsliberalen Dämonologie benannt – Staat und Gewerkschaften. Letztere treten zwischen den freien Kontrakt zwischen dem Arbeitgeber und dem singulären Beschäftigten. Der Staat greift per Steuern in das persönliche Vermögen ein. Der Kreis schließt sich. Olson landet beim gleichen Thema wie Buchanan.

Lassen wir zuletzt noch Albert O. Hirschman (1932-) zu Worte kommen. Er konstatiert, dass die ökonomischen Politiktheorien allein Policies und Konflikte ins Auge fassen, die typischerweise in Marktgesellschaften auftreten. Diese Konflikte werden im Wege des Kompromisses, des Verhandelns und der Kompensation für Zugeständnisse gelöst. Hier geht es um teilbare Politik. Doch heute treten

---

[18] Mancur Olson: Aufstieg und Niedergang von Nationen. Ökonomisches Wachstum, Stagflation und soziale Starrheit, 2. Aufl., Tübingen 1991 (Erstausg.1982).

immer stärker Konflikte über nicht-teilbare Güter zutage. Exemplarisch sind Identitätsfragen, Auseinandersetzungen über das Ausleben kultureller und religiöser Zugehörigkeit im Nationalstaat, Fragen wie das Recht auf Abtreibung und die Abschaffung des Religionsunterrichts an öffentlichen Schulen, die Diskriminierung von Frauen sowie religiösen und ethnischen Minderheiten. Das Plädoyer für den Minimalstaat hilft hier nicht weiter. Hier geht es nicht um Geld, Umverteilung und Eigentumsrechte.[19]

Die Vorstellung, allein mit der Interessen- und Organisationsstruktur des liberalen politischen Systems ließen sich die grundlegenden Ereignisse in der Politik erklären, erscheint Hirschman zweifelhaft. Neben der Reaktion des Widerspruchs, des Protests und der Entscheidung für eine andere Partei gibt es noch die Option des Abwanderns.[20] Mag es sich um den Wähler handeln oder um das Mitglied einer auf Freiwilligkeit basierenden Organisation, ja auch um den Bürger als solchen: Stets gibt es die Möglichkeit, unliebsame Betroffenheit von der Politik mit Widerspruch, also Protest, Rechtsklage, Kritik, Gruppenbildung oder Parteienwechsel, oder aber eben ganz anders mit Abwanderung zu quittieren, wobei der politische Konsument dann einfach nicht mehr mitspielt, etwa Steuern hinterzieht und andere Gesetze missachtet oder einfach aus dem Arbeitgeberverband austritt, um nicht mehr an das Regelwerk eines Tarifvertrags gebunden zu sein.

Gewisse Phänomene des politischen Alltags vermag das ökonomische Denken gar erst nicht zu erfassen. Politisches Engagement erwächst nicht aus dem Blick auf die Gehaltsabrechnung, sondern auch aus dem intrinsischen Wert des Einsatzes für öffentliche Zwecke. Viele engagieren sich in politischen Vereinen und Parteien, mag es auch fraglich sein, ob sie auf absehbare Zeit überhaupt in die Parlamente kommen. Politikverdrossene Wähler ziehen es vielleicht vor, fortan dem Wahllokal fernzubleiben. Verkaufen können sie ihre Stimme nicht. Rabatte oder Aufschläge, mit denen Wähler, Parteien und Kandidaten für Mehrheiten werben könnten, sind nicht zulässig. Der politische Markt ist eben keiner.[21]

---

[19] Hirschman: Social Conflict as Pillars of Democratic Market Society, S. 203-218.
[20] Albert O. Hirschman: Abwanderung und Widerspruch, Tübingen 1974 (Erstausg.1970).
[21] Albert O. Hirschman: Engagement und Enttäuschung. Über das Schwanken der Bürger zwischen Privatwohl und Gemeinwohl, Frankfurt/M. 1988.

10 Rational choice (RC): Die Präferenz als Angelpunkt politischen Handelns

Die Rational choice (RC) unterstellt wie das Bild des Homo oeconomicus in der Wirtschaftswissenschaft die Fähigkeit, unter verschiedenen Handlungsmöglichkeiten diejenige auszuwählen, die mit dem geringsten Aufwand zum Ziel führt.[1] Die RC ist zum zweiten großen Paradigma insbesondere in der empirisch orientierten Politikwissenschaft aufgestiegen. [2]

Entscheidend für die Anwendbarkeit der RC ist, wie William Riker es drastisch formuliert, die Annahme, dass der Akteur weiß, was er will und weitere Wünsche nachrangig ordnet. In Beispielen, die beim Leser einen schalen Geschmack hinterlassen, führt er die Aufopferung eines Soldaten für seine Kameraden auf den rationalen Entschluss zurück, das eigene Überleben auf der Präferenzskala niedriger einzustellen als die Zufallschance, bei der Deckung ihres Rückzugs vielleicht doch mit heiler Haut davonzukommen. Im schlimmsten Fall winkt immerhin die Gewissheit, als aufopferungsvoller Held und womöglich mit einem posthum verliehenen Orden geehrt zu werden.[3] Die Investition in einen guten Ruf, um ein weiteres Beispiel zu geben, mag ein rationales Motiv sein, die Chance auf leichten und sicheren Gewinn auszuschlagen.[4]

Die individuelle Präferenz ist der Angelpunkt der RC. Für die Ökonomen George Stigler (1911-1991) und Gary Becker (1930-) gibt es eigentlich nichts ande-

---

[1] Mark P. Petracca: The Rational Actor Approach to Politics: Science, Self-Interest, and Normative Democratic Theory, in: Kristen Renwick Monroe (Hrsg.), The Economic Approach to Politics: A Critical Reassessment of the Theory of Rational Action, New York 1991, S. 178.

[2] David Marsh und Heather Savigny: Political Science as a Broad Church: The Search for a Pluralist Discipline, in: Politics, 24. Jg. (2004), S. 166.

[3] William H. Riker: The Political Psychology of Rational Choice Theory, in: Political Psychology, 16. Jg. (1995), S. 23-44.

[4] Victor Vanberg: Morality and Economics: De Moribus Non Est Disputandum, New Brunswick und London 1988, S. 23.

res als stabile, nicht weiter hinterfragbare „tastes."[5] Sie sind einfach vorhanden. Überträgt man die Geschmäcker in die politische Arena, trifft man Akteure an, von denen jeder zwar seine Präferenz hat, diese aber kooperativ, in einem Prozess des Gebens und Nehmens realisieren muss. Jeder Akteur versucht, das Beste aus seinen Ressourcen herauszuholen. Dass er diese Präferenz nur mit Abstrichen wird realisieren können, steht von vornherein fest. Er ist in Institutionen und Prozesse eingebunden, die fortwährend dazu zwingen, die Präferenz neu zu justieren.

Dem Ökonomen mag es genügen, damit zu operieren. Sein Gegenstand sind Kauf- oder Verzichtentscheidungen, die auf den Geschmack zurückgehen, sofern denn genügend Kaufkraft vorhanden ist, um sich geschmackvolle Dinge leisten zu können. Mit dem Geschmacksargument lässt sich im Gegenstandsbereich von Staat und Politik wenig anfangen. Lassen sich politisches Engagement und Passivität mit Geschmackslagen umschreiben, wie die Wahl zwischen einem VW Golf und einem Honda Civic?

Dazu einige Beispiele: Die Rational choice ist kein naives Unterfangen. Sie will das Rad in der Politikwissenschaft keinesfalls neu erfinden und nimmt unbefangen Einsichten in die Informalität politischer Strukturen zur Kenntnis. Nach George Tsebelis (1952-) ist Politik ein „nested game": Sie spielt sich auf verschiedenen Bühnen ab. Dies kann bedeuten, dass sich ein rationaler Akteur entscheiden muss, welche Bühne ihm wichtiger ist. Die Präferenz für die Politik in der Gemeinde oder in einem Landesteil (Teilstaat, Region) diktiert ein Handeln, das von der Präferenz für die nationale Politik abweichen kann. Bewertet man nun den Akteur nach der Handlungsrationalität derjenigen Ebene, die für ihn die geringere Priorität hat, mag das dort zu beobachtende Handeln irritieren. Blickt man auf die für ihn maßgebliche Ebene, enträtselt sich das Verhalten auf beiden Ebenen.[6] Für den Aufstieg an die Spitze einer Partei sind andere Strategien angezeigt als für einen Parteiführer, der für sich selbst und seine Partei eine Wählermehrheit gewinnen will. Ein Politiker, der ein Vorhaben zum Scheitern bringt, verhält sich vernünftig, wenn er mit dem Image des prinzipientreuen Streiters im innerparteilichen Machtkampf Punkte gewinnt.

Ganz ähnlich das folgende Beispiel von Robert Putnam (1941-): Er erinnert daran, dass Verhandlungen zwischen den Staaten in einem Ratifizierungsdilemma stehen. Es genügt nicht, wenn die Verhandlungsführer auf internationaler

---

[5] George J. Stigler, und Gary S. Becker: De Gustibus Non Est Disputandum, in: American Economic Review, 67. Jg. (1977), S. 76-90.
[6] George Tsebelis: Nested Games: Rational Choice in Comparative Politics, Berkeley, Los Angeles und Oxford 1990.

10 Rational choice (RC): Die Präferenz als Angelpunkt politischen Handelns 165

Ebene eine Einigung erzielen. Sie müssen auch sicherstellen, dass ihre Parlamente die Verhandlungsergebnisse ratifizieren. Die Regierungen werden ihre Parteien, die Öffentlichkeit und die wichtigsten gesellschaftlichen Gruppen hinter sich bringen müssen. Falls dies nicht gelingt und die Parlamentsmehrheit das Verhandlungsergebnis dennoch absegnet, riskieren die Regierungsparteien ihre Abstrafung bei der nächsten Wahl. Der stetige Blickwechsel zwischen dem heimischen Publikum und den internationalen Verhandlungspartnern ist die Ursache für so manches bizarr erscheinendes Taktieren, dessen Rationalität sich erst erschließt, wenn man beide Ebenen im Blick behält.[7] Tarifverhandlungen folgen der gleichen Ratio, ebenso Verhandlungen zwischen Koalitionspartnern, die gemeinsam ein Regierungsprogramm erarbeiten. Diese Mehrebenenmodelle sind von der Politikwissenschaft breit angenommen worden und in allerlei empirische Forschungsvorhaben eingeflossen.

Das Bild der Vetospieler zielt auf die Transaktionskosten im Verlauf der Entscheidungsprozesse. Der Betrachter wählt eine Policy, die erfolgreich durch die Engpässe des politischen Prozesses gesteuert werden muss. Die Bedenkenträger und Gegner nutzen Fristen, Stimmenquoren und eingespielte Usancen, um im weiteren Vorfeld der Entscheidung zu bremsen und zu verhindern. Es handelt sich hier um Vetopunkte, deren Passieren Mehrkosten verursacht. Um solche Engpässe ranken sich informelle Institutionen, d.h. Regeln, die allen Beteiligten die Verständigung erleichtern, oder anders ausgedrückt: die Entscheidungskosten reduzieren.[8] Die auseinanderstrebenden Präferenzen der Schleusenwärter und die der Promoter einer Policy lassen sich algebraisch ausdrücken und in Gleichgewichtsformeln fassen. Ein politisches System wie das der USA wimmelt geradezu von Vetospielern, das britische Westminister-System ist bedeutend einfacher.

Arend Lijphart (1936-) unterscheidet die Konsens- und die Wettbewerbsdemokratie. Diese Typisierung vermittelt eine weitere gute Anschauung des Konsensdrucks, den die mehr oder minder dichte Staffelung von Vetospielern erzeugt. Mit Kriterien wie dem Ein- und Zweikammersystem, der Einheitsstaatlichkeit, dem Föderalismus, der regionalen Autonomie, dem Vorhandensein eines Verfassungsgerichts, der Konzentration der Parteipräferenzen in der Wählerschaft, der Koalitionsregierung und der Einparteiregierung benennt Lijphart

---

[7] Robert D. Putnam: Diplomacy and Domestic Politics: The Logic of Two-level games, in: International Organization, 42. Jg. (1988), S. 427-460.
[8] George Tsebelis: Veto Players: How Institutions Work, Princeton 2002; Ders.: Decision-Making in Political Systems: Veto Players in Presidentialism, Parlamentarism, Multicameralism and Mulitpartyism, in: British Journal of Political Science, 25. Jg. (1995), S. 289-325.

Prüfpunkte, die sich eignen, den konsensualen oder majoritären Charakter eines Systems abzuschätzen.[9]

Es geht bei alledem, was besonders bei Tsebelis deutlich wird, um die Ökonomie der politischen Institution. Die Institution ist ein Kostenfaktor für die Realisierung eines politischen Programms, von dem sich die Betreiber gewisse Wohlfahrtseffekte versprechen.

Dies alles ist plausibel, es hat bei aller Vereinfachung unübersehbaren Kontakt zur Realität und inzwischen vielfach seinen Niederschlag in der Politikforschung gefunden. Die harte Rational choice ist Welten davon entfernt. Das historisch und behavioralistisch unverwässerte Institutionenverständnis in der Politikwissenschaft dokumentiert Kenneth A. Shepsle. Er konzediert, dass die Präferenzen politisch handelnder Menschen zwar von sozialen Rollen und Persönlichkeitsmerkmalen konditioniert sein mögen. An die Adresse der Behavioralisten gewandt, fügt er aber gleich hinzu, dass die psycho-soziologische Politikanalyse zu kurz springt. Sie registriert bloß den Rahmen, in dem Einzelne ihre Präferenzen artikulieren und ihre Entscheidungen treffen. Die Rational choice, so konzediert er, macht öfters den umgekehrten Fehler.[10] Sie ignoriert, dass sich das Wünschen und Wollen nicht biographiefrei bilden. Doch entscheidend ist für Shepsle, ganz im Einklang mit Stigler und Becker, die Bekanntheit der Präferenz.[11] Institutionen entstehen demnach wie in der mikroökonomischen Theorie als Schnittpunkte individueller Präferenzen, sozusagen als das Nebenprodukt des Kooperationsdrucks, auf den sich Einzelne einlassen, wenn sie öffentliche Güter anstreben.

Das ökonomische Denken, so Almond schon vor 20 Jahren, war in der Sozialwissenschaft nie so dominant wie heute.[12] In den 1980er Jahren, als der Neoliberalismus in Großbritannien und in den USA seine Triumphe feierte, setzte es sich in den Köpfen auch der Politiker fest. Es wurde imperial. Die Politikanalyse blieb nicht davon verschont.

Die ökonomische Theorie hat ein Kausalitätsmodell, einfache Prinzipien und ein Feld sozialen Handelns, auf dem sie nicht auf den ersten Blick versagt, eben

---

[9] Arend Lijphart: Democracies: Patterns of Majoritarian and Consensus Government in Twenty-One Countries, New Haven und London 1984.
[10] Kenneth A. Shepsle: Studying Interitutions: Some Lessons from the Rational Choice Approach, in: Journal of Theoretical Politics, 1. Jg. (1989), S. 131-147.
[11] Kenneth A. Shepsle und Mark S. Bonchek: Analyzing Politics: Rationality, Behavior, and Institutions, New York und London 1997, S. 16f.
[12] Gabriel A. Almond: Rational Choice Theory and the Social Sciences, in: Kristen Renwick Monroe (Hrsg.), The Economic Approach to Politics: A Critical Reassessment of the Theory of Rational Action, New York 1991, S. 44f.

10 Rational choice (RC): Die Präferenz als Angelpunkt politischen Handelns

das ökonomische Handeln.[13] Zudem lässt sie sich gut mathematisieren und sie baut viele Brücken zur Begegnung mit Behavioralisten und RC-Liebhabern. Sie ist zwar immer noch Second best im Vergleich mit den Gesetzmäßigkeiten, mit denen die Naturwissenschaften operieren dürfen. Aber sie ist aus einem Guss, hat eine logische Struktur und erlaubt stringentere Ergebnisse als das soziologische, psychologische und historische Argument.

---

[13] Randall L. Calvert: Lowi's Critique of Political Science: A Response, in: Political Science & Politics, 26. Jg. (1993), S. 197.

11 Die Kontextualisierung des rationalen Handelns in den politikwissenschaftlichen Theorien

11.1 Die Auflösung des behavioralistischen Konsenses

In den 1960er Jahren trug sich das Label des Behavioralismus in der Politikwissenschaft ab. Zu groß wurde das Bedürfnis, sich vom im teilweise sektiererisch anmutenden Treiben der in ihre Methoden vernarrten Datenverarbeiter zu distanzieren. Der Vorwurf: Die Behavioralisten ignorierten beharrlich, dass der Gegenstand Politik nur bedingt für Erklärungen taugt, die sich in Häufigkeitsverteilungen und Zeitreihen darstellen lassen. In der Sache freilich blieben etliche Politikwissenschaftler bei dieser Art Politikforschung. Ein Teil der Politikwissenschaftler wandte sich vom Methodenimperialismus der Statistikgelehrten ab und machte darauf aufmerksam, dass Sozialwissenschaft letztlich auf ein vernünftiges Urteil über Probleme zielt. Das wissenschaftliche Urteil verlange wirklichkeitsgebundene, belegbare und gleichwohl originelle Interpretation.[1]

Könnte man bei dieser Feststellung bleiben, würde man sich mit einem Achselzucken begnügen: Na und? Eine Dualität wissenschaftlicher Schulen gibt es auch in anderen Fächern: System und Akteur in der Soziologie, Keynesianer und Monetaristen in der Ökonomie, Psychoanalyse versus experimentelle Psychologie, ereignisgestaltende Staatsmänner gegen die Gestaltungsmacht der sozialen Verhältnisse in der Geschichtswissenschaft.

Die urteilende Auseinandersetzung mit der politischen Realität impliziert stets den Blickwinkel des Wünschbaren, also eine vorgestellte bessere Realität, die sich dem katastermäßigen Registrieren entzieht.

---

[1] Sheldon Wolin: Political Theory as a Vocation, in: American Political Science Review, 63. Jg. (1969), S. 1073.

Die bevorzugte Zielscheibe der Kritik war die Fraktion der „self-styled behavioralists (SSBs)", wie Sheldon Spiro[2] sie bezeichnet hat: die starke Riege derjenigen, die das vielgestaltige Gegenstandsfeld der Politikwissenschaft in Planquadrate einteilen, in die sie dann Kolonnen von Landschaftsgärtnern einrücken lassen, um Wege und Bepflanzung so zu gestalten, dass sie gut vermessen und mit denselben wenigen Gerätschaften gepflegt werden können.

Eines der Hauptargumente gegen die SSBs trug Robert A. Dahl bereits 1961 vor. Bei allen bleibenden Verdiensten des „behavioralist mood" kommt die Datenanalyse aus der blanken Beschreibung nicht heraus. Auf die Gründe für all die Muster und Häufungen, die sie mit großer Präzision ermittelt, weiß sie keine Antwort. Diese kann sie auch nicht geben, weil diese Gründe unübersehbar auf die Geschichte und die Persönlichkeit der Handelnden deuten.[3]

Ähnlich setzte John G. Gunnells Kritik an. Eine Sozialwissenschaft, die sich dem naturwissenschaftlichen Paradigma verpflichtet, verfängt sich in den Fallstricken des Deduktionismus. Sie rückt mit einer Erklärungslogik, die Disziplinen mit perfektem Wissen adäquat ist, einem Gegenstand zu Leibe, bei dem nicht recht klar ist, was man über ihn weiß. Allein vollständiges Wissen über Kausalzusammenhänge erlaubt das Deduzieren von einem Fall mit bestimmten Merkmalen auf den anderen Fall mit denselben Merkmalen.[4]

Lassen wir zuletzt noch Gabriel A. Almond zu Worte kommen. Er schrieb in einem mit Stephen G. Genco verfassten Artikel den SSBs ins Stammbuch, sie hätten nicht einmal die Forschungslogik der Physik verstanden. Bezugnehmend auf einen bekannten Aufsatz Karl Poppers[5] führt er an, selbst die Physik arbeite mit elastischen, verstehenden Theorien, wenn sie mit den präzisen, durch Messung und Experiment gestützten Modellen nicht weiterkomme. Die politische Welt sei aber nun einmal so beschaffen, dass sie nach elastischen Erklärungen verlange. Hätte sich die Politikwissenschaft stärker auf die kontrollierte Interpretation eingelassen, wäre die Reaktion auf den Imperialismus der statistischen Methoden auch nicht so harsch ausgefallen und wären die statistischen Beweisführungen vielleicht auch leichter von denjenigen Fachvertretern akzeptiert wor-

---

[2] Sheldon Spiro: Critique of Behavioralism in Political Science. in: Klaus von Beyme (Hrsg.), Theory and Politics. Theorie und Politik. Festschrift zum 70. Geburtstag für Carl-Joachim Friedrich, Den Haag 1971, S. 314-327.
[3] Robert A. Dahl: The Behavioral Approach to Political Science: Epitath for a Monument to a Successful Protest, in: American Political Science Review, 55. Jg. (1961), S. 771f.
[4] John G. Gunnell: Deduction, Explanation, and Social Scientific Inquiry, in: American Political Science Review, 63. Jg. (1969), S. 1239.
[5] Karl Popper: Objektive Erkenntnis. Ein evolutionärer Entwurf, Hamburg 1973, S. 230ff.

den, die der quantifizierenden Analyse von vornherein mit einer großen Portion Skepsis begegneten.[6]

Diese Kritiken umfassen eine Spanne von 15 Jahren. Sie besagen auf unterschiedliche Weise alle das Gleiche. Eine Politikwissenschaft, die sich ganz auf die Methoden kapriziert, segelt um Längen am Erklärungsbedarf ihres Gegenstandes vorbei. Gunnell und Almond/Genco argumentieren wissenschaftstheoretisch – ein beliebter Stil der 1960er und 1970er Jahre. Kuhns Paradigmenwechsel hatte das Spektrum der wissenschaftsanalytischen Sprachbilder erweitert und selbst den Erklärungsmodus der exakten Wissenschaften als soziale Aktivität entzaubert. Wissenschaft also als Sache einer Übereinkunft unter Wissenschaftlern! Die Konvention hält nur solange, bis eine Generation daherkommt, die andere Erklärungen für besser hält! Wenn Theorie schon so menschlich, allzu menschlich ist, dann gebührt dem, was die meisten für richtig halten, auch kein herausragender Respekt. Der Außenseiter mag am Ende richtiger liegen.

In dieser Debatte ist die Stimmung für den Dialog mit den Nachbarwissenschaften mit den Händen zu greifen. Einige der Theoreme, die darin reiften, sollen im Folgenden vorgestellt werden.

11.2 Herbert Simon: Bounded rationality

Herbert A. Simon (1916-2001) präsentiert in einem Buch, das keine zehn Jahre nach seinem Erscheinen als Klassiker gehandelt wurde, eine Theorie des Verhaltens in der Organisation. Sie basiert auf einem fundamentalen Einwand gegen die Verhaltensannahme der Wirtschaftstheorie und der Rational choice: Diese Theorien irren darin, dass sie einen Menschen voraussetzen, der über alle möglichen Informationen verfügt, um in einer Entscheidungssituation die optimale Wahl treffen zu können.[7]

Simon hält aber auch nicht viel von den Affekten als Antriebskraft des Handelns. Ausgebildeter Politikwissenschaftler, der allerdings mehr in der Ökonomie als in der Sozialwissenschaft gewirkt hat, fordert er Wirtschafts- und Politikwissenschaftler gleichermaßen auf, den Dialog mit der Psychologie zu pflegen. Diese analysiert die Prozesse, die den Menschen befähigen, die komplexe Welt im Ho-

---

[6] Gabriel A. Almond und Stephen Genco: Clocks, Clouds, and the Study of Politics, in: World Politics, 29. Jg. (1976), S. 489-522.
[7] Herbert A. Simon: Administrative Behavior: A Study of Decision-Making Process in Administrative Organization, 2. Aufl., New York 1957 (Erstausg. 1947), S. xxiiff.

rizont persönlicher Erfahrung wahrzunehmen und sein Handeln auf diese Wahrnehmung einzustellen. Simon, der sich intensiv mit der Psychologie der Persönlichkeit vertraut gemacht hat, geht es um die Verarbeitung von Informationen in einem Schema. Ein Schema bildet sich auf der Basis biographischer Erfahrung heraus. Es blendet gewisse Fakten aus, andere nimmt es auf, und es interpretiert sie im Einklang mit früheren Wahrnehmungen. Das Ergebnis ist soziales, in dem hier interessierenden Zusammenhang also politisches Verhalten.[8] Dieses Verhalten lässt sich mit den Methoden der Sozialwissenschaft und der Psychologie beobachten und messen. Nicht von ungefähr liegen hier auch die Ursprünge der behavioralistischen Forschung. Simon nun, wieder ganz Ökonom, hält sich an das Axiom des ökonomischen Denkens, dass sich der Einzelne rational verhält. Doch die Erfahrung, die Beobachtung und die Psychologie lehren ihn, dass rationales Verhalten mit einer sehr viel geringeren Informationsmenge auskommt, als sie im Menschenbild der ökonomischen Theorie unterstellt wird.

Dem Einzelnen genügt es, wenn er hinreichend Informationen besitzt, um zu einer Entscheidung zu kommen. Der Mensch ist ein Satisficer, die vollständige Informiertheit hingegen ein lebensfremdes Konstrukt. Maximale Informationsgewissheit in einer Entscheidungssituation verlangt übermäßig viel Zeit und Aufwand. Im Übrigen ist sie schier unmöglich. Deshalb werden Entscheidungen tatsächlich unter der Bedingung eingeschränkter Rationalität – Bounded rationality – getroffen: Präzedenzfälle, Analogien mit früheren Entscheidungen, Gewohnheit und bewährte Daumenregeln vereinfachen Entscheidungsprozesse, oft so erfolgreich, dass sie habituell und als Routinehandlung ablaufen.[9]

11.3 James March und Johan Olsen: Institutionen

Das Leben ist, folgt man Simon, vermutlich zu 99 Prozent eine Abfolge von Standardsituationen mit gleichbleibenden Beteiligten, die sich in kalkulierbarer Weise

---

[8] Franz J. Schermer: Grundlagen der Psychologie, 2. Aufl., Stuttgart 2005, S. 26; Ulric Neisser (Hrsg.): The Perceived Individual Self : Ecological and Interpersonal Sources of Self-Knowledge, Cambridge und New York 1993; Ders.: The Self Perceived, in: Ders. (Hrsg.): The Perceived Individual Self : Ecological and Interpersonal Sources of Self-Knowledge, Cambridge und New York 1993, S. 3-21; Ders.: Kognition und Wirklichkeit. Prinzipien und Implikationen der kognitiven Psychologie, Stuttgart 1979.
[9] Herbert A. Simon: Rationality in Political Behavior, in: Political Psychology, 16. Jg. (1995), S. 45-61; Ders.: Human Nature in Politics: The Dialogue of Psychology with Political Science, in: American Political Science Review, 79. Jg. (1985), S. 293-304.

verhalten. Im Allgemeinen wissen sie, was geht und was nicht, ob ein Verstoß gegen das Erwartete gleich eine Sanktion nach sich zieht oder erst im Wiederholungsfall, wie die Kollegin nach aller Wahrscheinlichkeit reagiert, wenn ein Vorgang so oder anders beurteilt wird, oder wen man am besten anruft, um eine Information zu bekommen und eine Einschätzung abzusichern.

Erfahrung dieser Art verbraucht sich nicht von heute auf morgen. Mit dieser Feststellung gelangen wir zu einem Thema, das in der gegenwärtigen Politikwissenschaft in vielerlei Varianten abgehandelt wird: die Institution als Handlungssystem! In der gleichen Bedeutung ist auch von den neuen Institutionen in Abgrenzung zu den alten, durch Verfassung und Recht definierten Institutionen die Rede.[10] Die so verstandene Institution, also ein Wiederholungs- und Routinehandeln, mag sich in einer formalen Institution, einer Bürokratie, einem Parlament oder einer internationalen Organisation einspielen. Sie kann aber auch ganz unabhängig von formalen oder bürokratischen Strukturen existieren. Weil die Gesellschaft mehr oder weniger organisiert ist, jegliche Organisation aber auf Berechenbarkeit abhebt, sind institutionalisierte Verhaltensweisen im weitesten Sinne Bestandteile der organisierten Welt.

Institutionen bilden sich nicht auf einer Tabula rasa, sie haben ihre Geschichte. Letztlich lassen sie sich allein im Rückblick auf ihre Ursprünge und durch ihre Beobachtung verstehen.[11] James March (1928-) und Johan P. Olsen (1939-) lassen sogar äußere Gegebenheiten wie die Parlaments- und Hauptstadtarchitektur als Institutionen gelten.[12]

Institutionen bringen Ordnung, Stabilität und Erwartungsgewissheit in die politische Welt. Sie bieten Anhaltspunkte, was erwartet wird, was der Vorgänger an derselben Stelle getan hat, welche Mitteilungen aus der Flut von Informationen unwichtig, welche mit Vorrang zu beachten sind. March und Olsen sprechen in diesem Zusammenhang von Angemessenheit und Identität, die in der Institution gelernt werden.[13] Nicht alles, was getan werden könnte, wird getan, weil man es einfach nicht tut, und falls man es doch tut, weil es missverstanden und missbilligt wird, auch deshalb, weil es Vertrauen kostet.

---

[10] Stuart McConnell: The Old Institutionalism and the New, in: Polity, 40. Jg. (2008), S. 326-331.
[11] Peter Berger und Thomas Luckmann: Die gesellschaftliche Konstruktion der Wirklichkeit, 21. Aufl., Frankfurt/M. 2007. S. 58.
[12] James March und Johan P. Olsen: The New Institutionalism: Organizational Factors in Political Science, in: American Political Science Review, 78. Jg. (1984), S. 741, 743.
[13] Ebd., S. 743.

Dieser Mensch, der typischerweise eine bürokratische Institution bewohnt, ist keineswegs von Bequemlichkeit motiviert. Im eigenen Auftreten und Handeln antizipiert er die Werte, die Empfindsamkeiten und die Interessen anderer. Die Institution wird zur Plattform sogar für persönliche Fähigkeiten wie Empathie. Die Redensart, den Verlierer in einer Auseinandersetzung nicht auch noch bloßzustellen, um sein Gesicht zu wahren, drückt als Beispiel recht gut aus, was March und Olson unter Angemessenheit verstehen.

Institutionen erleichtern die politische Arbeit. Sie verkürzen in einem schon gar nicht mehr bewusst gemachten Code Überlegungen und Auseinandersetzungen, die in grauer Vorzeit nach langem Hin und Her damit geendet haben, dass man sich darauf geeinigt hat, gewisse Regeln anzuerkennen.[14] Eine Institution manifestiert sich etwa in der Tatsache, dass in den meisten Demokratien die Parteien das Parlamentsgeschehen steuern. In der US-amerikanischen Demokratie hat man damit zu leben gelernt, dass über 500 ausgeprägte Egos im Kongress in einem mit scheinbaren Zufälligkeiten gespickten Prozess des Gebens und Nehmen zu einer Mehrheitsentscheidung finden.

Das für das Funktionieren der Institution wichtige Wissen teilt sich den Akteuren ganz von selbst mit. Die parlamentarischen Akteure müssen die Geschichte des Parlamentarismus nicht kennen. Sie brauchen auch nicht herzuleiten, warum der Parlamentarismus ein vernünftiges Entscheidungssystem ist. Vielleicht mag die eine oder die andere Institution sogar ihre originäre Vernunft eingebüßt haben. Aber man geht davon aus, dass sie ihre Berechtigung hat, solange sie augenscheinlich funktioniert.

In erster Linie gilt es die Institutionen zu betrachten, so der Kern der hier zugrunde liegenden Überlegung, dann weiß man schon das Wichtigste über das Verhalten politischer Akteure! Persönlichkeiten kapseln die Erfahrungen des Akteurskollektivs ein und nehmen sie als Leitfaden für das eigene Verhalten in Gegenwart und Zukunft.[15]

Das Problem der Institution sind Herausforderungen, die das vertraute Verhaltensrepertoire überfordern.[16] Auf neue Situationen, auf gravierende, plötzliche Veränderungen reagieren Institutionen träge. Hier liegen ihre politischen Kosten. Werfen säkulare Veränderungen gleich mehrere Institutionen aus der Bahn, droht eine Krise des politischen Systems. Ein in vielen Situationen bewährtes

---

[14] James March und Johan P. Olsen: Rediscovering Institutions: The Organizational Basis of Politics, New York und London 1989.
[15] Mary Douglas: How Institutions Think, London 1987, S. 92.
[16] Robert C. Lieberman: Ideas, Institutions, and Political Order: Explaining Political Change, in: American Political Science Review, 96. Jg. (2002), S. 698.

Denken aus der Vergangenheit konserviert Werte und Machtverteilungen, die im Laufe der Zeit ihre Legitimität verlieren mögen. Institutionalisiertes Verhalten trägt dann nicht zur Lösung der Probleme bei, sondern verursacht womöglich noch größere und ganz neue Probleme.[17] Bei entsprechender Informationsdichte trauen March und Olsen der Institutionentheorie sogar zu, den Einfluss der Institutionen auf historische Prozesse nachzuweisen.[18]

11.4 Aaron Wildavsky und Robert Putnam: Kultur

Der Schlüsselbegriff der ökonomischen Theorie ist, wie wir oben gesehen haben, die Präferenz. Wie denn, so fragt Aaron Wildavsky (1930-1993), kommen Präferenzen überhaupt zustande?[19] Seine Antwort: durch die Kultur. Was Wildavsky unter Kultur versteht, lässt sich am besten mit Lebensweise oder Way of life umschreiben. Wie die Institutionen sind Kulturen sozial konstruiert. Es handelt sich um vorgestellte Welten, um Milieus, die es erlauben, im Einklang mit den eigenen Werten und Empfindungen zu leben.[20] Durch die Wahl des Freundes- und Bekanntenkreises gliedern sich Menschen in eine Erwartungsgemeinschaft ein. Behagt es ihnen dort nicht mehr, halten sie Ausschau nach einer Alternative und wechseln in eine andere Kultur. Wildavsky unterscheidet eine fatalistische, eine individualistische, eine hierarchische und eine egalitäre Kultur.[21]

Damit verfeinert er ein von Mary Douglas (1921-2007) entwickeltes sozialanthropologisches Analyseraster.[22] Das „grid" beschreibt die Grenzen einer Kultur (was muss ich tun?), die „group" hingegen den Handlungsspielraum im Ver-

---

[17] Mary Douglas und Aaron Wildavsky: Risk and Culture: An Essay on the Selection of Technological and Environmental Dangers, Berkeley, Los Angeles und London 1982, 69; Douglas: How Institutions Think, S. 135f.

[18] March und Olsen: Rediscovering Institutions, S. 743.

[19] Gunnar Grendstad und Per Selle: Cultural Theory and the New Institutionalism, in: Journal of Theoretical Politics, 7. Jg. (1995), S. 5-27.

[20] Aaron Wildavsky: Choosing Preferences by Constructing Institutions: A Cultural Theory of Preference Formation, in: American Political Science Review, 81. Jg. (1987), S. 8f.

[21] Michael Thompson, Richard Ellis und Aaron Wildavsky: Cultural Theory, Boulder und Oxford 1990, S. 26ff.; Wildavsky: Choosing Preferences, S. 6; siehe auch Werner Jann: Vier Kulturtypen, die alles erklären? Kulturelle und Institutionelle Ansätze der neueren amerikanischen Politikwissenschaft, in: Politische Vierteljahresschrift, 27. Jg.(1986), S. 359-377.

[22] Mary Douglas: In the Active Voice, London, Boston und Henley 1982, S. 188ff.; Dies.: Natural Symbols: Explorations in Cosmology, Barry & Rockliff 1970, S. 54ff.

hältnis zu anderen, die dem gewählten Milieu angehören (was darf ich tun?). In diesem Raster lassen sich (a) Individualisten identifizieren, die sich nicht in Hierarchien einbinden und stets ein eigenes Urteil bilden. Des Weiteren gibt es (b) passive Menschen (Fatalisten), die sich einem Führer unterordnen, ferner (c) wache Menschen, die meinen, dass Ungleichheit und ungleiche Behandlung entsprechend Leistung und Ressourcen vertretbar sind. Andere schließlich wollen (d) Hierarchien überhaupt beseitigen und Ungleichheiten bekämpfen, ordnen sich aber bereitwillig in Gruppen ein.

Die Rational choice, so Wildavsky, irrt darin, dass sie als Handlungsmotiv allein das Verfolgen des persönlichen Nutzens gelten lässt. Die Motive, die zum Handeln bewegen, sind in Kulturen eingebettet. Der Einzelne ist aber nicht ein für allemal in eine Kultur eingemauert. Er kann seine Kultur wählen und diese Wahl später revidieren. Die Kultur legt keineswegs fest, welche Interessen die Persönlichkeit verfolgt. Sie zieht allerdings Grenzen, was die Art und die Reichweite dieser Interessen betrifft. Erst durch das Nebeneinander der Kulturen gewinnt die Politik ihre Struktur. Alle denkbaren und realistischen Kulturen, man könnte auch von Lebenswelten sprechen, lassen sich einem dieser vier Basistypen zuordnen. Jede Kultur bildet ihre eigenen Institutionen aus. Diese befähigen Menschen, die sich in dieser Kultur bewegen, ein Problem einzuschätzen und zu entscheiden, ob sie sich engagieren wollen.

Die hierarchische Kultur hat ein pessimistisches Menschenbild. Sie will starke Institutionen, weil sie auf Autorität hält. Die Egalitaristen haben ihre Schwierigkeiten mit Institutionen, weil diese Teilnehmer und Nicht-Teilnehmer definieren, also Ungleichheit erzeugen. Liberale schreiben den Eigenwert der Institutionen klein und lassen sie nur als nützlich gelten. Fatalisten brauchen keine Institutionen. Ihnen genügt bereits die Existenz eines gesellschaftlichen Oben, in das sie sich ohne großes Lamento fügen.

Kulturen existieren, weil sich Menschen ein Bild von sich selbst machen: was sie sind, wie sie sein möchten, was ihre Identität ausmacht: Jeder stellt sich eine Lebensart vor, die er jeder anderen vorzieht.[23]

Wildavsky unterstellt, dass sich Menschen rational verhalten. Die Rationalität ist aber an die Werte der betreffenden Kultur gebunden. Weil jede Gesellschaft eine Pluralität von Kulturen beherbergt, sind Konflikte unvermeidlich. Diese Konflikte bestimmen den politischen Problemhaushalt einer Gesellschaft.[24]

---

[23] Aaron Wildavsky: Why Self-Interest Means Less Outside of a Social Context: Cultural Contributions to a Theory of Rational Choices, in: Journal of Theoretical Politics, 6. Jg. (1994), S. 131-159.
[24] Thompson, Ellis und Wildavsky: Cultural Theory, S. 86, 216.

11.4 Aàron Wildavsky und Robert Putnam: Kultur

Allein die historische Betrachtung ermöglicht es, die konstanten Interessen zu ermitteln, die in einer Kultur gereift sind. Hier gilt es Tradition und Religion zu berücksichtigen, kurz: die Erfahrungen und Erwartungen zu eruieren, die in zahlreichen Einzelgedächtnissen gespeichert sind.[25] Wildavsky gelangt damit zu derselben Einsicht, die bereits von der Bounded rationality vermittelt wird. Die Theorie stellt lediglich Begriffe bereit. Bewähren muss sie sich an handfesten Fakten, handle es sich nun um Daten, historisches Geschehen und gesicherte Beobachtung.

Kritisch sei dazu angemerkt, dass sich Wildavskys Theorie der Kulturen im vertrauten Sprengel der Wertewelten bewegt, die in den westlichen Gesellschaften heimisch sind, namentlich Konservatismus, Liberalismus und Egalitarismus.

Wäre sein Modell auch noch mit dem an die Anthropologie angelagerten Potenzial für das Verstehen außereuropäischer Kulturen geladen, könnte man sich noch mehr dafür begeistern. Hier allerdings steht auch Wildavsky im Hauptstrom einer Politikwissenschaft, deren Sujet unverändert, zwar inzwischen nicht mehr ausschließlich, doch im Schwerpunkt die Standardgesellschaft der westlichen Demokratie ist. Zur Vervollständigung dieser Betrachtung sei noch kurz auf einen weiteren, höchst produktiven Autor eingegangen, der zeigt, dass die Kulturperspektive durchaus weiter trägt.

Robert D. Putnam (1941-) untersucht in einer vielbeachteten Arbeit „Making Democracy Work" die Politik in den Anfang der 1970er Jahre geschaffenen italienischen Regionen. Sie waren ein krasser Bruch mit der zentralistischen Staatstradition. Putnams Ausgangsthese lautet: Wenn die selbstbestimmte Politik näher an die Bürger heranrückt, wächst das Vertrauen in die Demokratie. Mit Umfragen und historischen Vergleichen stellt Putnam dann fest, dass die traditionelle Kluft zwischen Nord- und Süditalien keineswegs kleiner geworden ist. Dort, wo sich die Bürger schon immer rege am politischen Leben ihrer Gemeinden beteiligt haben, im nördlichen Italien, erfüllen auch die neuen Regionalregierungen die Erwartungen an eine funktionierende Selbstverwaltung. Im südlichen Italien ist jedoch alles beim Alten geblieben. Die von jeher mächtigen Familien und Klans haben sich der neuen Selbstverwaltungen bemächtigt.[26]

Diesen Unterschied erklärt Putnam mit dem Vertrauensfundus der örtlichen Gesellschaft. Er definiert ihn als Sozialkapital. Wer bei einem Gegenüber in Vorleistung geht, indem er Unterstützung anbietet und Dinge ermöglicht, erwartet

---

[25] Ebd., S. 218.
[26] Zum Folgenden Robert D. Putnam: Making Democracy Work: Civic Traditions in Modern Italy, Princeton 1993.

keine sofortige und keine spezifische Gegenleistung. Er geht indes davon aus, dass ihm sein Gegenüber die Hilfe nicht versagen wird, wenn er sie selbst braucht. Es mag sein, dass diese Situation nicht eintritt. Wenn es aber an Sozialkapital mangelt, d.h. wenn bei einem unkonditionierten Entgegenkommen keine eventuelle Gegenleistung zu erwarten ist, dann wird auch niemand in Vorleistung gehen. In dieser Kultur beschränken sich die Beziehungen strikt auf Leistung und kalkulierbare Gegenleistung.

Die Ursachen für das fehlende Sozialkapital liegen in der Vergangenheit. Bereits in der Renaissance hat sich in den oberitalienischen Stadtrepubliken ein Bürgerbewusstsein ausgebildet. Es hat sich über die Jahrhunderte hinweg gehalten und den veränderten Verhältnissen angepasst. Oberitalien ist die Heimat des modernen Zahlungsverkehrs; wirtschaftliche Transaktionen beinhalten stets ein Vertrauensmoment. Süditalien hingegen war bis weit in das 19. Jahrhundert eine rückständige Feudalgesellschaft mit Untertanen, die dem Herrscher und seinen Vertretern mit Misstrauen, Täuschung und Ausweichen begegneten. Im Staat lauert eine fremde Macht, auf die man sich nur einlässt, wenn sie einen greifbaren Vorteil bringt. Putnam fügt hinzu, was sich hier im Mikrokosmos der italienischen Regionen zeige, deute weit über Italien hinaus. Wenn schon der Mezzogiorno in einem sonst hochmodernen Land wegen seiner historischen Hypotheken die Angebote der Demokratie nicht verarbeiten könne, dann sei von den durch Klientelismus und Staatsklassen gekennzeichneten Gesellschaften Afrikas und Asiens nicht viel anderes zu erwarten.

Putnam geht davon aus, dass sich die Italiener prinzipiell rational verhalten, gleich wo sie leben. Die Bürger in der Emilia-Romagna und in Mailand handeln vernünftig, wenn sie ein lebendiges Kommunalleben kultivieren und an der Demokratie partizipieren. Sie haben damit keine schlechten Erfahrungen gemacht. Ihre Landsleute in Reggio Calabria und Neapel folgen seit Generationen der Lektion, auf Distanz zueinander zu bleiben. Hier wäre es unvernünftig, sich öffentlich zu exponieren und Vertrauen zu schenken, das auf immer ohne Erwiderung bleiben wird. Putnams Buch gilt als eines der wichtigsten in der neueren Politikwissenschaft.

Auch Putnams Ausgangspunkt ist der Einzelne. Auch dieser Einzelne steht im breiten Strom der Handlungstheorien. Aber er handelt im historisch konditionierten Raum.

11.5 Fazit: Erklärungsvorschläge, keine politische Theorie

In den hier vorgestellten Theorien ist der Ausgangspunkt des Behavioralismus, der methodologische Individualismus, noch gut zu erkennen.[27] Aber der Einzelne hat jetzt eine Vergangenheit, er hat seine Erfahrung und zieht Lehren daraus; seine Persönlichkeit wird erkennbar. Er existiert in einem sozialen Kontext.

Fragen wir zu guter Letzt noch, ob diese Theorien Sabines Erwartungen an eine politische Theorie genügen. Sie argumentieren durchweg auf dem Stand der sozialwissenschaftlichen Forschung. Sie beschreiben auf recht hohem Abstraktionsniveau Strukturen, die jeder Interessierte aus persönlicher Erfahrung und aus dem Studium der einschlägigen Literatur kennt. Aber wo bleibt das normative Moment, die Idee eines idealen, besseren Staates? Hier kommt man an der Fehlanzeige nicht vorbei. Es handelt sich, was keinesfalls abwertend gemeint ist, um Gunnells *pt*. Sie haben keinen anderen Anspruch als die Erforschung der politischen Wirklichkeit zu strukturieren, also um politikwissenschaftliche, nicht um politische Theorie!

Wie geht die politikwissenschaftliche Forschung mit diesen Theorien um? Welchen Stellenwert haben sie im Erscheinungsbild politikwissenschaftlicher Veröffentlichungen? Halten wir uns einige Bücher vor Augen, die aus der wissenschaftlichen Deutung politischer Phänomene nicht mehr fortzudenken sind, so etwa Gerhard Lehmbruchs Büchlein vom „Parteienwettbewerb im Bundesstaat", erstmals erschienen im Jahr 1976.[28] Es brachte ein Phänomen auf den Begriff, das inzwischen wohl das herausragende Charakteristikum des deutschen politischen Systems sein dürfte: der Bundesrat und ganz allgemein die bundesstaatlichen Strukturen als Arena des Ringens der Parteien um die Beherrschung und Mitgestaltung der Bundespolitik. Gemessen an den hier vorgestellten Theorien handelt es sich um ein gänzlich theoriefreies Buch. Es argumentiert historisch, mit dem Common sense und mit der Prämisse, dass der stärkste in der Politik wirkende Anreiz der Willen zum Regieren ist – und zwar mit allem, was dazu gehört, Karrieren, Klientelbedienung, Ideen einer gerechteren Gesellschaft, mediale Wahrnehmung, vielleicht sogar ein Eintrag in die Geschichtsbücher.

Oder nehmen wir die inzwischen weit über die Politikwissenschaft hinaus zum Gemeingut politischer Bildung gewordene Unterscheidung zwischen den

---

[27] Keith Dowding: The Compatibility of Behavioralism, Rational Choice and „New Institutionalism", in: Journal of Theoretical Politics, 6. Jg. (1994), S. 105-117.
[28] Gerhard Lehmbruch: Parteienwettbewerb im Bundesstaat, Stuttgart 1976, 3. Aufl., Wiesbaden 2000 (Erstausg. 1976).

beiden Grundtypen des parlamentarischen und des präsidentiellen Regierungssystems. Ihre Urheber waren einfach gute Beobachter mit typologischem Gespür, Karl Loewenstein,[29] Ernst Fraenkel[30] und Winfried Steffani.[31] Das Gleiche gilt für jene, die diese Typologien mit dem Fundus profunden historischen Wissens untermauerten, wie Klaus von Beyme,[32] und die sie um den Typus des semipräsidentiellen Regierungssystems ergänzten, wie Maurice Duverger.[33]

Wenn man es denn Theorie nennen will, hat Lipsets und Rokkans Modell der politischen Konfliktlinien immense Wirkung entfaltet. Es gab der international vergleichenden Parteienforschung einen nachhaltigen Anstoß. Es weist nach, dass die großen weltanschaulichen Parteienfamilien Europas auf die säkularen Umwälzungen von Politik und Gesellschaft im 19. und 20. Jahrhundert zurückgehen.[34] Das Modell leistet auch heute, da die klassischen Parteien dramatisch an Bindekraft verloren haben, eine gute Erklärung. Doch gerade diese Beobachtung verweist auf postmaterialistische, dem Natur- und Klimaschutz verpflichtete Milieus, die in den grünen Parteien eine Adresse gefunden haben,[35] oder auf populistische Parteien, die Bedrohungs- und Verdrängungsängste in Gesellschaften artikulieren, in denen mittlerweile viele Menschen aus anderen Kulturkreisen leben.[36] Die Parteien als solche stecken in einem kontinuierlichen Wandel. Die Volksparteien schwinden: Sie sind von professionellen politischen Dienstleistungsbetrieben beerbt worden, die nicht mehr brauchen als Geld, Nachwuchs für die Aktiven und Interessenten für Ämter und Mandate.[37]

Schauen wir uns weiter um: Da haben wir das Paradigma des pluralistischen Systems in der Forschung über Interessengruppen. Es datiert in seinen Ursprüngen auf den klugen Journalisten Arthur Bentley. Einer der ersten und herausragenden Behavioralisten, David B. Truman, griff es auf und garnierte es mit Daten und Umfrageergebnissen. Aber viel mehr Theorie steckt in dieser Ar-

---

[29] Karl Loewenstein: Verfassungslehre, Tübingen 1959.
[30] Ernst Fraenkel: Deutschland und die westlichen Demokratien.
[31] Winfried Steffani: Parlamentarische und präsidentielle Demokratie, Opladen 1979.
[32] Klaus von Beyme: Die parlamentarischen Demokratien, Wiesbaden 1999 (Erstausg. 1970).
[33] Duverger, Maurice (Hrsg.) 1986: Les régimes semi-présidentiels, Paris.
[34] Seymour M. Lipset und Stein Rokkan: Cleavage Structures, Party Systems , and Voter Aligments: An Introduction, in: Dies. (Hrsg.), Party Systems and Voter Alignments, New York 1967, 1-64.
[35] Ferdinand Müller-Rommel: Grüne Parteien in Westeuropa, Opladen 1993.
[36] Frank Decker: Der neue Rechtspopulismus, 2. Auf., Opladen 2004.
[37] Richard S. Katz: How Parties Organize: Change and Adaptation in Western Democracies, London 1994.

11.5 Fazit: Erklärungsvorschläge, keine politische Theorie

beit nicht, als dass es gewisse Schwellen gibt, ab denen ein Verein zum politischen Verein wird, und dass einige kleine Interessen überaus mächtig sind, andere aber, die eigentlich von sehr vielen geteilt werden müssten, kaum eine Stimme haben, Alte, Kranke, Kinder und Behinderte, und deshalb eher darauf angewiesen sind, dass sich ihre Abgeordneten in den Parlamenten um sie kümmern.[38]

Auch das Korporatismus-Paradigma, die zweite große Linie der Interessen- und Verbändeforschung, schert sich wenig um Handlungs- oder Systemtheorie. Sein Erfinder Philippe Schmitter hatte, ausgehend vom Studium autoritärer Systeme in der iberischen Welt, den Geistesblitz, das, was er dort beobachtete, die Kommunikation des Staates mit privilegierten Interessen, auf die Verbände in den Demokratien zu übertragen.[39] Eine intensive und erkenntnisreiche Forschung über das Verbändesystem und die Eignung der politischen Systeme für korporatistische Interessenvermittlung schloss sich an.

Auf dem weiten Forschungsfeld der Policy-Studien sieht es nicht anders aus. Hier sind einige Konzepte fest eingerastet, die sich Mal für Mal bewähren: Politikarten (regulativ, verteilend, umverteilend)[40] und der Politikzyklus vom Anstoß für eine Politik über die Konkurrenz der Lösungsvorschläge bis hin zur Anwendung.[41]

Beenden wir nun diesen Abstecher ins politikwissenschaftliche Hauptgeschäft. Was hier geschieht, steuert die gesellschaftliche Wahrnehmung der Politikwissenschaft. Hier gibt es Antworten auf komplexe Fragen und hier werden Muster bereitstellt, in denen scheinbar unübersichtliche Ereignisse und Entwicklungen eine Erklärung finden.

Die meisten Politikwissenschaftler, die sich mit diesen Dingen beschäftigen, interessieren sich wenig für die Theoriehaltigkeit ihres Treibens. Es verhält sich ähnlich wie in anderen Wissenschaften. Die Ökonomie verdankt ihre Beachtung schließlich auch nicht den algebraisierten Modellen, mit denen akademische Meriten erworben werden, sondern allein der Tatsache, dass es noch zahlreiche Volkswirte gibt, die sich mit der realen Wirtschaft befassen und als Berater und Entscheidungshelfer von der Politik und der Geschäftswelt schwer entbehrt wer-

---

[38] Truman: The Governmental Process..

[39] Philippe C. Schmitter: Corporatism Is Dead! Long Live Corporatism!, Government and Opposition 24 (1989), 54-73; Ders.: Still the Century of Corporatism, in: Review of Politics, 36. Jg. (1974), 85-131.

[40] Theodore J. Lowi: Four Systems of Polity, Politics, and Choice, in: Public Administration Quarterly, 32. Jg. (1972), S. 298-310.

[41] Zum Beispiel John W. Kingdon: Agendas, Alternatives, and Public Policies, 2. Aufl., Boston und Toronto 2003.

den können. Weil die politikwissenschaftlichen Theorien – Bereichstheorien *(pt)* – keine tragenden Säulen des Fachs sind, war es für die politische Theorie umso leichter, sich mit der Philosophie in dasselbe Bett zu kuscheln. Gäbe es nicht das Gesamtfach der Politikwissenschaft, von dem die politische Theorie in Stellen- und Studienplänen mitgezogen wird, müsste diese ihren Wohnsitz wohl in der Fachphilosophie nehmen, wobei sich allerdings die Frage stellen würde, ob die Philosophie überhaupt so viele politische Philosophen in ihren Reihen haben wollte.

12 Politische Theorie als Politikwissenschaft: ein Verpackungsfehler

Wie die einen Autoren nüchtern, die anderen bedauernd feststellen, hat die Politikwissenschaft keinen theoretischen Mittelpunkt. Ähnlich wie die Soziologie, die Geschichtswissenschaft und die Psychologie beschreibt man sie am besten mit dem Gegenstand, den sie unter die Lupe nimmt. Dazu gehören in der Politikwissenschaft auch die politischen Theorien. Aber eine Politikwissenschaft, aus der die politische Theorie auswandern würde, hätte unverändert großen Wiedererkennungswert. Eine Wirtschaftswissenschaft übrigens, die sich vom Homo oeconomicus als theoretischem Mittelpunkt verabschiedete, gäbe ebenso wenig ihre Identität preis.

Die Randlage der politischen Theorie im Gesamt der Politikwissenschaft konstatieren heißt nicht behaupten, dass das Fach ohne Theorien auskäme. Aber es begnügt sich mit Theorien kurzer und mittlerer Reichweite, und es übernimmt von Ökonomie und Soziologie Theorien und Theorieelemente, die es braucht, um Beobachtungen zu verallgemeinern und behauptete Zusammenhänge zu überprüfen.

Was leisten diese Theorien? Sie modellieren beobachtetes Verhalten, will sagen: Sie verallgemeinern Tatsachen, zeigen Zusammenhänge auf und richten Beobachtungspunkte ein, um die politische Wirklichkeit mit Hilfe des Modells zu erklären oder um sie besser zu verstehen. Das Modell typisiert Verhaltensmuster. Das Rollenspektrum des parlamentarischen Regierungssystems bildet ein anderes Muster als das variantenreiche autoritäre System, und das im politikwissenschaftlichen Teilgebiet der Internationalen Beziehungen als Regime diskutierte Phänomen der Regierungskooperation bildet wieder ein anderes Muster als die politischen Integration in Europa, um nur einige Beispiele zu nennen. Modelle, die Zustände beschreiben, sind eine andere Sache als solche, die Prozesse erfassen. Dass man derlei Theorie nennen darf, ist Konsens in der Politikwissenschaft.

Zum geringeren Teil handelt es sich hier aber um politische Theorien mit allen drei von Sabine bemühten Schlüsselmerkmalen der Faktenbeschreibung, der Ursachenzuschreibung und eines Ordnungsmodells. Diese Theorien im fachlichen Mainstream sehen es nicht als ihre Aufgabe an, das Projekt einer besseren Staats- oder Weltordnung zu umreißen.

Die Historie lehrt, dass große politische Ideen, wenn sie denn breit in die Gesellschaft hineinwirken, als komprimierte und politikhandwerklich handhabbare Botschaften ankommen, dass gesellschaftlich im großen Maßstab etwas falsch gelaufen ist und der Status quo radikaler Veränderung bedarf. In verflossenen Jahrhunderten hatten politische Denker als Berufsintellektuelle ihren Anteil an diesen Vorgängen. Politik wurde ohnehin nur von Wenigen gemacht, die Privilegien genossen und denen überhaupt eine nennenswerte Bildung zuteil geworden war. Aber die Zeiten, die Verhältnisse und auch Politik und Wissenschaft haben sich geändert. Ohne den nachhaltigen Empirieschub des frühen, enthusiastischen Behavioralismus' gäbe es keine Politikwissenschaft vom heute vertrauten Zuschnitt.

Bei den institutionalistischen und kulturalistischen Theorien, die zuletzt skizziert wurden, handelt es sich nicht um *PT*, sondern um *pt* in der Sprache Gunnells. Trotz aller Verdienste, Einsichten und Anstöße, die sie vermitteln, geriete das Fach nicht in die Krise, wenn es auf diese Beiträge verzichten müsste. Das spricht natürlich nicht gegen diese Theorien. Es deutet aber darauf hin, dass ein so reichhaltiges Reservoir von Theorien, Annahmen und Deutungsmustern vorhanden ist, dass man damit weiterkommt. Und tatsächlich verhält es sich ja auch so, dass beileibe nicht alle Politikwissenschaftler diese Theorien in ihre Arbeit aufnehmen, weil sie andere Deutungsmodelle bevorzugen. Das mag im einen oder anderen Fall vielleicht misslich sein, mehr aber nicht!

Für die Theorien dieser Tage, die sich nach dem dritten, dem normativen Kriterium Sabines als politische Theorien qualifizieren, gilt dies um keinen Deut weniger! Auch diese „eigentliche" politische Theorie widmet sich dem Modellieren. Sie modelliert aber nicht die politische Realität, sondern eine vorgestellte politische Welt. In deutschen Landen kommt noch hinzu, dass sich Texte gern mit philosophischem Jargon schmücken, um den Geist exquisiter Bildung wehen zu lassen. Ganz ohne Bodenkontakt kommt aber auch diese Art der Theorie nicht aus. Hier und dort hebt sie gleichsam im Vorübergehen bekannte Tatsachen auf, nimmt diese in Augenschein und lässt sie weniger durch die Hand als durch den Kopf gleiten. Sonst werden Theorien ob ihrer Eleganz bestaunt, oder wenn es daran fehlt, mit Kritik überzogen. Allemal bieten sie eine gute Gelegenheit, eventuell einen eigenen, ästhetisch ansprechenderen Entwurf beizusteuern oder aber das Werk unter einem anderen Aspekt zu betrachten. Dies alles ist legitim, vielleicht sogar anregend. Aus der Perspektive einer Wirklichkeitswissenschaft nimmt es sich wie Glasperlenspielerei aus.

12 Politische Theorie als Politikwissenschaft: ein Verpackungsfehler

Umso erstaunlicher, dass so wenige Politikwissenschaftler Anstoß daran nehmen, dass politische Theorien als politische Philosophie deduktiv, unempirisch und unsozialwissenschaftlich daherkommen! Vermutlich waltet hier schlichtes Desinteresse. So sind sie eben, die Theoretiker!

Die Inhalte der politischen Theorie sind von der Philosophie bestimmt. Eine Kommunikation mit der sozialwissenschaftlich gestimmten Politikwissenschaft findet nicht statt. Dies müsste nicht so sein. Die politische Theorie könnte sich Verdienste um den Dialog zwischen beiden Disziplinen erwerben. Etliche Politikwissenschaftler nehmen schließlich Anstöße aus der Ökonomie, Psychologie und Soziologie auf.

Die politische Theorie ist in ihrer philosophischen Prägung wohl überall dort etabliert, wo Politikwissenschaft betrieben wird. Deshalb die Frage: Wozu eine politische Theorie, die sich der Philosophie ausliefert? Die gleiche Frage würde sich bei einer politischen Theorie stellen, die sich ganz der theoretischen Ökonomie an den Hals würfe. Wäre es nicht besser, Verpackungsehrlichkeit zu praktizieren und die politische Philosophie dort unterzubringen, wo Philosophie nun einmal hingehört, und für das theoretische Treiben, das im Fach dann noch bleibt, eine andere Bezeichnung, etwa politikwissenschaftliche Theorien, zu wählen?

Literatur

Adams, William 1989: History, Interpretation & the Politics of Theory, in: Polity, 21. Jg., S. 45-66.
Almond, Gabriel A. 1991: Rational Choice Theory and the Social Sciences, in: Kristen Renwick Monroe (Hrsg.), The Economic Approach to Politics: A Critical Reassessment of the Theory of Rational Action, New York, S. 32-52.
Alemann, Ulrich von 1994: Grundlagen der Politikwissenschaft, Opladen.
Almond, Gabriel A., und Stephen J. Genco 1976: Clocks, Clouds, and the Study of Politics, in: World Politics, 29. Jg., S. 489-522.
Almond, Gabriel A., und John B. Powell 2004: Comparative Politics: A Theoretical Framework, 4. Aufl., New York.
Almond, Gabriel A., und John B. Powell 1966: Comparative Politics: A Developmental Approach, Boston.
Almond, Gabriel A., und Verba, Sidney 1963: The Civic Culture, Boston.
American Political Science Review, Supplement 1950: A Report on the Committe on Political Parties, American Political Science Association, Washington, D.C.
Andrew, Vincent 1999: The Nature of Political Theory, Oxford und New York.
Arendt, Hannah 1994 (Erstausg.1963): Über die Revolution, München.
Arendt, Hannah 1994 (Erstausg.1958): Vita Activa oder Vom tätigen Leben, München.
Aristoteles, Politik 1981, übers. u. hrsg. von Olof Gigon, München.
Arrow, Kenneth 1951: Social Choice and Individual Values, New Haven.
Ashcraft, Richard 1980: Political Theory and the Problem of Ideology, in: Journal of Politics, 42. Jg., S. 687-705.
Bader, Veit 1995: Citizenship and Exclusion: Radical Demokracy, Community, and Justice, or, What Is Wrong with Communitarianism?, in: Political Theory, 23. Jg., S. 211-246.
Bagehot, Walter 1963 (Erstausg.1867): The English Constitution, eingel. von R.H.S. Crossman, London.
Ball, Terence: Reappraising Political Theory, Oxford 1995.
Ballestrem, Karl Graf, und Henning Ottmann (Hrsg.) 1990: Politische Philosophie des 20. Jahrhunderts, München.
Barber, Benjamin 1994 (Erstausg.1984): Starke Demokratie. Über die Teilhabe am Politischen, Hamburg.
Barben, Daniel 1996: Theorientechnik und Politik bei Niklas Luhmann. Grenzen einer universalen Theorie der modernen Gesellschaft, Opladen.
Barry, Brian 1990: How Not to Defend Liberalism, in: British Journal of Political Science, S. 1-14.

Barry, Brian 1981: Do Neighbors Make Good Fences? Political Theory and the Territorial Imperative, in: Political Theory, 9. Jg., S. 293-301.
Barry, Brian M. 1980: The Strange Death of Political Philosophy, in: Government & Opposition, 15. Jg., S. 276-288.
Barry, Brian M. 1975: Neue Politische Ökonomie. Ökonomische und soziologische Demokratietheorie, Frankfurt/M. und New York.
Bärsch, Claus-E. 1981: Vom Sinn der politischen Ideengeschichte für das Studium, in: Politische Vierteljahresschrift, 12. Jg., S. 327-333.
Beard, Charles E. 1974 (Erstausg.1913): Eine ökonomische Interpretation der amerikanischen Verfassung, Frankfurt/M.
Beardsley, Philip L. 1974: Political Science: The Case of the Misleading Paradigm, in: Political Theory, 2. Jg., S. 46-61.
Bell, Daniel 1986: Die Sozialwissenschaften seit 1945, Frankfurt/M. und New York.
Benedict, Ruth 1957 (Erstausg.1934): Urformen der Kultur, Hamburg.
Bentley, Arthur F. 1908: The Process of Government: A Study of Social Processes, Cambridge.
Berger, Peter L., und Thomas Luckmann 1977: Die gesellschaftliche Konstruktion der Wirklichkeit. Eine Theorie der Wissenssoziologie, 5. Aufl., Frankfurt/M.
Bergius, R. 1972: Behaviorismus, in: Wilhelm Bernsdorf (Hrsg.), Wörterbuch der Soziologie, Neubearb., Frankfurt/M., S. 81-85.
Berlin, Isaiah 1978: Does Political Theory Still Exist?, in: Ders., Concepts and Categories: Philosophical Essays, hrsg. von Henry Hardy, London.
Bermbach, Udo Hrsg.) 1984: Politische Theoriengeschichte. Probleme einer Teildisziplin der Politikwissenschaft, Opladen.
Bermbach, Udo 1984: Über die Vernachlässigung der Theoriengeschichte als Teil der Politischen Wissenschaft, in: Politische Vierteljahresschrift, Sonderheft 15, S. 9-31.
Berndtson, Erkki 1987: The Rise and Fall of American Political Science, in: International Political Science Review, 8. Jg., S. 85-100.
Beyme, Klaus von 2002: Politische Theorien im Zeitalter der Ideologien 1789-1945, Opladen.
Beyme, Klaus von 1999 (Erstausg. 1970): Die parlamentarischen Demokratien, Wiesbaden.
Beyme, Klaus von 1992: Die politischen Theorien der Gegenwart. Eine Einführung, 7. Aufl., Opladen.
Beyme, Klaus von 1991: Theorie der Politik im 20. Jahrhundert. Von der Moderne zur Postmoderne, Frankfurt/M.
Beyme, Klaus von 1984: Die Rolle der Theoriegeschichte in der amerikanischen Politikwissenschaft, in: Politische Vierteljahresschrift, Sonderheft 15, S. 181-193.
Beyme, Klaus von 1972: Die politischen Theorien der Gegenwart. Eine Einführung, 1. Aufl., München.
Beyme, Klaus von 1969: Politische Ideengeschichte. Probleme eines interdisziplinären Forschungsbereiches, Tübingen.
Bleek, Wilhelm 1972: Von der Kameralausbildung zum Juristenprivileg. Studium, Prüfung und Ausbildung der höheren Beamten des allgemeinen Verwaltungsdienstes im Deutschland des 18. und 19. Jahrhunderts, Berlin.

Bohn, Cornelia, und Alois Hahn 2003: Pierre Bourdieu, in: Dirk Käsler (Hrsg.), Klassiker der Soziologie, Bd. 2: Von Talcott Parsons bis Pierre Bourdieu,, 4. Aufl., München, S. 252-271.

Bourdieu, Pierre 1982 (Erstausg. 1979): Die feinen Unterschiede, Frankfurt/M.

Brecht, Arnold 1959: Political Theory: The Foundations of Twentieth Century Thought, Princeton.

Breier, Karl-Heinz 1992: Hannah Arendt zur Einführung, Hamburg.

Brodocz, André: Die politische Theorie des Dezisionismus: Carl Schmitt, in: André Brodocz u. Gary S. Schaal (Hrsg.), Politische Theorien der Gegenwart, Bd. 1, 3. Aufl., Opladen 2009, S. 277-311.

Brodocz, André, und Gary S. Schaal (Hrsg.) 2009: Politische Theorien der Gegenwart, 2 Bde., 3. Aufl., Opladen.

Bryce, James 1959 (Erstausg.1888): The American Commonwealth, New York.

Buchanan, James M. 1984 (Erstausg.1975): Die Grenzen der Freiheit, Tübingen.

Buchanan, James M. 1977: Freedom in Constitutional Choice: Perspectives of a Political Economist, College Station und London.

Buchanan, James M., und Gordon Tullock 1965: The Calculus of Consent: Logical Foundations of Constitutional Democracy, Ann Arbor.

Buchstein, Hubertus 1998: Ernst Fraenkel als Klassiker, in: Leviathan, 26. Jg., S. 458-481.

Buchstein, Hubertus und Gerhard Göhler (Hrsg.) 2007: Politische Theorie und Politikwissenschaft, Wiesbaden.

Buchstein, Hubertus, und Gerhard Göhler 2005: Ernst Fraenkel, in: Wilhelm Bleek und Hans J. Lietzmann (Hrsg.), Klassiker der Politikwissenschaft. Von Aristoteles bis David Easton, München.

Budde, Kerstin 2009: Constructivism All the Way Down – Can O'Neill Succeed Where Rawls Fails, in: Contemporary Political Theory, 8. Jg., S. 199-223.

Burke, Edmund 1987 (engl. Erstausg. 1790): Betrachtungen über die Französische Revolution, aus dem Englischen übertragen von Friedrich Gentz, hrsg. von Ulrich-Frank Planitz, Zürich.

Campbell, Angus, Philip E. Converse, Warren E. Miller und Donald E. Stokes 1960: The American Voter, New York.

Calvert, Randall L. 1993: Lowi's Critique of Political Science: A Response, in: Political Science & Politics, 26. Jg., S. 196-198.

Campagna, Norbert 2001: Charles de Montesquieu. Eine Einführung, Düsseldorf .

Charlesworth, James C. (Hrsg.) 1967: Contemporary Political Analysis, New York und London.

Charlesworth, James C. 1967: Introduction, in: James C. Charlesworth (Hrsg.), Contemporary Political Analysis, New York und London, S. 1-10.

Charpa, Ulrich 1991: Aristoteles, Frankfurt/M. und New York.

Connolly, William E. 2008: Democracy, Pluralism and Political Theory, hrsg. von Samuel A. Chambers und Terrill Carver, London und New York.

Connolly, William E. 2005: Identity/Difference: Democratic Negotiations of Political Paradox, Minneapolis und London.

Connolly, William E. 2005: Pluralism, Durham und London 2005.
Crick, Bernhard 1971: On Theory and Practice, in: Klaus von Beyme (Hrsg.), Theory and Politics. Theorie und Politik. Festschrift zum 70. Geburtstag für Carl-Joachim Friedrich, Den Haag, S. 275-300.
Crick, Bernhard 1959: The American Science of Politics, London 1959.
Curtis, William E. 2007: Liberals and Pluralists. Charles Taylor vs. John Gray, in: Contemporary Political Theory, 6. Jg., S. 86-107.
Dahl, Robert A. 1989: Democracy and Its Critics, New Haven und London.
Dahl, Robert A. 1975: Und nach der Revolution?, Frankfurt/M. und New York
Dahl, Robert A. 1971: Polyarchy: Participation and Opposition, New Haven und London.
Dahl, Robert A. 1967: Vorstufen zur Demokratietheorie, Tübingen.
Dahl, Robert A. 1965: Who Governs? Democracy and Power in an American City, New Haven.
Dahl, Robert A. 1961: The Behavioral Approach to Political Science: Epitath for a Monument to a Successful Protest, in: American Political Science Review, 55. Jg., S. 763-772.
Decker, Frank 2004: Der neue Rechtspopulismus, 2. Auf., Opladen.
Douglas, Mary 1987: How Institutions Think, London.
Douglas, Mary 1982: In the Active Voice, London, Boston und Henley.
Douglas, Mary 1970: Natural Symbols: Explorations in Cosmology, Barry & Rockliff.
Douglas, Mary, und Aaron Wildavsky 1982: Risk and Culture: An Essay on the Selection of Technological and Environmental Dangers, Berkeley, Los Angeles und London.
Dowding, Keith 1994: The Compatibility of Behavioralism, Rational Choice and „New Institutionalism", in: Journal of Theoretical Politics, 6. Jg., S. 105-117.
Downs, Anthony 1968 (Erstausg.1957): Ökonomische Theorie der Demokratie, Tübingen.
Dryzek, John S. 2006: Revolutions without Enemies: Key Transformations in Political Science, in: American Political Science Review, 100. Jg., S. 487-492.
Dryzek, John S. 2005: Deliberative Democracy in Divided Societies: Alternatives to Agonism and Analgesia, in: Political Theory, 33. Jg., S. 218-242.
Dryzek, John S. 1992: How Far Is It from Virginia and Rochester to Frankfurt? Public Choice as Critical Theory, in: British Journal of Political Science, 22. Jg., S. 397-417.
Dryzek, John S. 1990: Discoursive Democracy: Politics, Policy and Political Science, Cambridge.
Dryzek, John S., Bonnie Honig und Anne Phillips (Hrsg.) 2006: The Oxford Handbook of Political Theory, Oxford.
Dye, Thomas R. 1976: Policy Analysis: What Governments Do, Why They Do It, and What Difference it Makes, Tuscaloosa.
Dunn, John 1985: Rethinking Modern Political Theory. Essays 1979-83, Cambridge u.a.
Dunning, William Archibald 1922: A History of Political Theories: From Rousseau to Spencer, New York.
Durkheim, Émile 1984 (frz. Erstausg.1895): Die Regeln der soziologischen Methode, hrsg. von René König, Frankfurt/M.
Duverger, Maurice (Hrsg.) 1986: Les régimes semi-présidentiels, Paris.

Dye, Thomas R. 1976: Policy Analysis: What Governments Do, Why They Do It, and What Difference it Makes, Tuscaloosa.
Dye, Thomas R. 1972: Understanding Public Policy, Eaglewood Cliffs.
Easton, David 1985: Political Science in the United States: Past and Present, in: International Political Science Review, 6. Jg., S. 133-152.
Easton, David 1979 (Erstausg. 1965): A Systems Analysis of Political Life, New York.
Easton, David 1965: A Framework for Political Analysis, Englewood Cliffs, N.J.
Easton, David 1951: The Decline of Modern Political Theory, in: Journal of Politics, 13. Jg., S. 36-58.
Eckstein, Harry 1956: Political Theory and the Study of Politics: Report on a Conference, in: American Political Science Review, 50. Jg., S. 475-487.
Eisenstadt, Shmuel K. 1973: Traditional Patrimonialism and Modern Neopatrimonialism, Beverly Hills und London.
Euchner, Walter 1996: John Locke zur Einführung, Hamburg.
Euchner, Walter 1969: Naturrecht und Politik bei John Locke, Frankfurt/M.
Falter, Jürgen 1982: Der „Positivismusstreit" in der amerikanischen Politikwissenschaft. Entstehung, Ablauf und Resultate der sogenannten Behavioralismus-Kontroverse in den Vereinigen Staaten 1945-1975, Opladen.
Falter, Jürgen W., und Gerhard Göhler 1986: Politische Theorie. Entwicklung und gegenwärtiges Erscheinungsbild, in: Politische Vierteljahresschrift, 17. Jg., S. 118-141.
Falter, Jürgen W., Harro Honolka und Ursula Ludz 1990: Politische Theorie in den USA. Eine empirische Analyse der Entwicklung von 1950 bis 1980, Opladen.
Fetscher, Iring 1999: Marx, Freiburg.
Fetscher, Iring, und Herfried Münkler (Hrsg.) 1985ff.: Pipers Handbuch der politischen Ideen, 5 Bde., München.
Fetscher, Iring 1981: Rousseaus politische Philosophie. Zur Geschichte des demokratischen Freiheitsbegriffs, 3. Aufl., Frankfurt/M.
Fetscher, Iring (Hrsg.) 1970: Lenin-Studienausgabe, Frankfurt/M.
Feyerabend, Paul K. 1983 (Erstausg.1975): Wider den Methodenzwang, Frankfurt/M.
Flax, Jane 1993: The Play of Justice: Justice as a Transitional Sphere, in: Political Psychology, 14. Jg., S. 331-346.
Foucault, Michel 2005: Analytik der Macht, Frankfurt/M.
Foucault, Michel 2004: Geschichte der Gouvernementalität, 2., Bde., Frankfurt.
Fraenkel, Ernst 1991 (Erstausg. 1964): Deutschland und die westlichen Demokratien, 2. Aufl., Stuttgart.
Fraenkel, Ernst 1975: Reformismus und Pluralismus, hrg. von Falk Esche und Frank Grube, Hamburg.
Friedenthal, Richard 1990: Karl Marx. Sein Leben und seine Zeit, 2. Aufl., München.
Friedman, Milton 1971 (Erstausg.1962): Kapitalismus und Freiheit, Stuttgart.
Fung, Archon 2007: Democratic Theory and Political Science: A Pragmatic Method of Constructive Engagement, in: American Political Science Review, 101. Jg., S.443-458.

Galston, William L. 1993: Political Theory in the 1970s: Perplexity amidst Diversity, in: Ada W. Finifter (Hrsg.), Political Science: The State of the Discipline II, Washington, D.C., S. 27-54.
Galston, William L. 1989: Community, Democracy, Philosophy: The Political Thought of Michael Walzer, in: Political Theory, 17. Jg., S. 119-130.
Galston, William 1988: Liberal Virtues, in: American Political Science Review, 82. Jg., S.1277-1290.
Galston, William 1982: Moral Personality and Liberal Theory: John Rawl's Dewey Lectures, in: Political Theory, 10. Jg., S. 492-519.
Galston, William 1980: Justice and the Human Good, Chicago und London.
Galston, William 1980: Defending Liberalism, in: American Political Science Review, 76. Jg., S. 621-629.
Gaul, Jens Peter 2001: Jean-Jacques Rousseau, München.
Gaulke, Jürgen 1996: John Stuart Mill, Reinbek.
Gellner, Ernest 1988: The Politics of Anthropology, in: Government & Opposition, 23. Jg., S. 290-303.
Germino, Dante 1963: The Revival of Political Theory, in: Journal of Politics, 25. Jg., S. 437-460.
Gill, Emily R. 1988: Walzer's Complex Equality: Constraints & the Right to Be Wrong, in: Polity, 20. Jg., S. 32-48.
Grant, Ruth W. 2004: Political Theory, Political Science, and Politics, in: Stephen K. White und J. Donald Moon (Hrsg.), What Is Political Theory?, London, Thousand Oaks und New Delhi, S. 174-192.
Grant, Ruth W. 2002: Political Theory, Political Science, and Politics, in: Political Theory, 30. Jg., S. 577-595.
Grendstad, Gunnar, und Per Selle 1995: Cultural Theory and the New Institutionalism, in: Journal of Theoretical Politics, 7. Jg., S. 5-27.
Greven, Michael Th. 1994: Kritische Theorie und historische Politik, Opladen.
Gunnell, John G. 1996: The Genealogy of American Pluralism: From Madison to Behavioralism, in: International Political Science Review, 17. Jg., S. 253-265.
Gunnell, John G. 1990: The Nature of Contemporary Political Science: A Roundtable Discussion, in: Political Science & Politics, 23. Jg., S. 36-37.
Gunnell, John G. 1988: American Political Science, Liberalism, and the Invention of Political Theory, in: American Political Science Review, 82. Jg., S. 71-87.
Gunnell, John G. 1986: Between Philosophy and Politics: The Alienation of Political Theory, Amherst.
Gunnell, John G. 1983: Political Theory: The Evolution of a Sub-Field, in: Ada W. Finifter (Hrsg.), Political Science: The State of the Discipline, Washington/D.C., S. 3-45.
Gunnell, John G. 1979: Philosophy and Political Theory, in: Government & Opposition, 14. Jg., S. 198-216.
Gunnell, John G. 1978: The Myth of the Tradition, in: American Political Science Review, 72. Jg., S. 122-134.

Gunnell, John G. 1969: Deduction, Explanation, and Social Scientific Inquiry, in: American Political Science Review, 63. Jg., S. 1233-1246.

Habermas, Jürgen 1994: Faktizität und Geltung. Beiträge zur Diskurstheorie des Rechts und des demokratischen Rechtsstaates, 4. Aufl., Darmstadt.

Habermas, Jürgen 1992: Drei normative Modelle der Politik. Zum Begriff deliberativer Politik, in: Herfried Münkler (Hrsg.), Die Chancen der Freiheit. Grundprobleme der Demokratie, München, S. 11-24.

Habermas, Jürgen 1990: Strukturwandel der Öffentlichkeit. Untersuchungen zu einer Kategorie der bürgerlichen Gesellschaft, mit einem Vorwort zur Neuauflage, Frankfurt/M.

Habermas, Jürgen 1988: Theorie des kommunikativen Handelns, 2 Bde., 4. Aufl., Frankfurt/M.

Habermas, Jürgen 1986: Moralität und Sittlichkeit. Treffen Hegels Einwände gegen Kant auch auf die Diskusethik zu?, in: W. Kuhlmann (Hrsg.), Moralität und Sittlichkeit. Das Problem Hegels und die Sittlichkeit, Frankfurt/M., S. 16-37.

Hacker, Andrew 1961: Political Theory: Philosophy, Ideology, Science, New York

Hallowell, John H. 1950: Main Currents in Modern Political Thought, Lanham, New York und London.

Hamilton, John, James Madison und John Jay 1994 (engl. Erstausg., 1788): Die Federalist-Artikel, hrsg. u. übers. von Angela u. Willi-Paul Adams, Paderborn.

Hartmann, Jürgen 2009: Internationale Beziehungen, 2. Aufl., Wiesbaden.

Hartmann, Jürgen 2003: Geschichte der Politikwissenschaft. Grundzüge der Fachentwicklung in den USA und Europa, Opladen.

Hartmann, Jürgen, und Bernd Meyer 2005: Politische Theorien der Gegenwart, Wiesbaden.

Haskell, Thomas L. 1977: The Emergence of Professional Social Science: The American Social Science Association and the Nineteenth Century Crisis of Authority, Urbana, Chicago und London.

Hayek, Friedrich A. von 1991 (engl. Erstausg. 1944): Der Weg zur Knechtschaft, München.

Hayek, Friedrich A. von 1978 (Erstausg.1960): Die Verfassung der Freiheit, Tübingen.

Hegel, G.W.F. 2002: Vorlesungen über die Philosophie der Geschichte, in: Werke in zwanzig Bänden, Bd. 12, 6. Frankfurt/M.

Hegel, G.W.F. 2000: Grundlinien der Philosophie des Rechts oder Naturrecht und Staatswissenschaft im Grundrisse, in: Werke in zwanzig Bänden, Bd. 7, 6. Aufl., Frankfurt/M..

Held, David 1991: Editor's Introduction, in: David Held (Hrsg.), Political Theory Today, Cambridge, S. 1-21.

Heller, Hermann 1992 (Erstausg. 1928): Politische Demokratie und soziale Homogenität, in: Herrmann Heller, Gesammelte Schriften. Zweiter Band. Recht, Staat, Macht, 2. um ein Nachwort erw. Aufl. hrsg. v. Christoph Müller, Tübingen.

Hennis, Wilhelm 1963: Politik und praktische Philosophie. Eine Studie zur Rekonstruktion der poltischen Wissenschaft, Neuwied.

Hereth, Michael 1995: Montesquieu zur Einführung, Hamburg.

Hirschman, Albert O. 1994: Social Conflict as Pillars of Democratic Market Society, in: Political Theory, 22. Jg., S. 203-218.

Hirschman, Albert O. 1988: Engagement und Enttäuschung. Über das Schwanken der Bürger zwischen Privatwohl und Gemeinwohl, Frankfurt/M.

Hirschman, Albert O. 1987: Leidenschaft und Interessen. Politische Begründungen des Kapitalismus vor seinem Sieg, Frankfurt/M.

Hirschman, Albert O. 1974 (Erstausg.1970): Abwanderung und Widerspruch, Tübingen.

Hobbes, Thomas 2000 (engl. Erstausg.1651): Thomas Hobbes: Leviathan oder Stoff, Form und Gewalt eines kirchlichen und bürgerlichen Staates, hrsg. und eingeleitet von Iring Fetscher, 10. Aufl., Frankfurt/M.

Hobbes, Thomas 1994 (engl. Erstausg. 1642): Vom Menschen. Vom Bürger, eingel. und hrsg. von Günter Gawlick, 3. Aufl., Hamburg 1994.

Höffe, Otfried 2000: Immanuel Kant, 5. überarbeitete Aufl., München.

Höffe, Otfried 1999: Aristoteles, 2. Aufl., München.

Huntington, Samuel P. 1998 (engl. Erstausg. 1996): Kampf der Kulturen. Die Neugestaltung der Weltpolitik im 21. Jahrhundert, 2. Aufl., Berlin.

Husserl, Edmund 1954 (Erstausg.1936): Die Krisis der europäischen Wissenschaften und die transzendentale Phänomenologie. Eine Einleitung in die phänomenologische Philosophie, hrsg. v. W. Biemer, Den Haag.

Jacobitti, Suzanne D. 1991: Individualism & Political Community: Arendt & Tocqueville on the Current Debate in Liberalism, in: Polity, 23. Jg., 585-604.

Jann, Werner 1986: Vier Kulturtypen, die alles erklären? Kulturelle und Institutionelle Ansätze der neueren amerikanischen Politikwissenschaft, in: Politische Vierteljahresschrift, 27. Jg, S. 359-377.

Jellinek, Georg 1976 (Nachdruck der Aufl. von 1928): Allgemeine Staatslehre, 3. Aufl., Kronberg/Ts.

Jennings, M. Kent 1991: Thinking about Social Justice, in: Political Psychology, 12. Jg., S. 187-204.

Kant, Immanuel 2000 (Erstausg. 1785): Grundlagen zur Metaphysik der Sitten. Kant-Werke, hrsg. von Wilhelm Weischedel, Bd. 7, 15. Aufl., Frankfurt/M. und Darmstadt.

Karl, Barry D. 1974: Charles E. Merriam and the Study of Politics, Chicago und London.

Käsler, Dirk 1998: Max Weber: Eine Einführung in Leben, Werk und Wirkung, 2. Aufl., Frankfurt/M. und New York.

Kateb, George 1984: Democratic Individuality and the Claims of Politics, in: Political Theory, 12. Jg., S. 331-360.

Kateb, George 1983: Hannah Arendt: Politics, Conscience, Evil, Oxford.

Katz, Richard S. 1994: How Parties Organize: Change and Adaptation in Western Democracies, London.

Katznelson, Ira, und Helen V. Milner (Hrsg.) 2002: Political Science: The State of the Discipline, New York und London.

Kaufman-Osborne, Timothy V. 2006: Dividing the Domain of Political Science: On the Fetishism of Subfields, in: Polity, 38. Jg. (2006), S. 41-71.

Kelsen, Hans 2000 (Erstausg. 1934): Reine Rechtslehre, Nachdruck der 2. vollst. neu bearb. und erw. Aufl. von 1960, Wien.

Kelsen, Hans 1981 (Nachdruck der Aufl. von 1929): Vom Wesen und Wert der Demokratie, Aalen.
Kelsen, Hans 1925: Allgemeine Staatslehre, Berlin..
Kersting, Wolfgang 1994: Die politische Philosophie des Gesellschaftsvertrags, Darmstadt.
Kersting, Wolfgang 1993: John Rawls zur Einführung, Hamburg.
Kettler, David 2006: The Political Theory Question in Political Science, in: American Political Science Review, 100. Jg., S. 531-538.
Key, V.O. 1959: Secular Realignment and the Party System, in: Journal of Politics, 22. Jg., S. 198-210.
Key, V.O. 1958: The State of the Discipline, in: American Political Science Review, 52. Jg., S. 961-971.
Key, V.O. 1955: A Theory of Critical Elections, in: Journal of Politics, 18. Jg., S. 3-18.
Key, V.O. 1949: Southern Politics in State and Nation, New York.
Keynes, John Maynard 2002 (Erstausg. 1936): Allgemeine Theorie der Beschäftigung, des Zinses und des Geldes, 9. Aufl., Berlin 2002.
Kingdon, John W. 2003: Agendas, Alternatives, and Public Policies, 2. Aufl., Boston und Toronto.
Klosko, George 1993: Rawl's „Political Philosophy and American Demokracy, American Political Science Review, 87. Jg., S. 348-359.
Kluckhohn, Clyde 1951: Spiegel der Menschheit. Die Beziehung der Anthropologie zum heutigen Leben, Zürich.
Krell, Gert 2009: Weltbilder und Weltordnung. Eine Einführung in die Theorie der internationalen Beziehungen, 4. Aufl., Baden-Baden.
Krockow, Christian Graf von 1990: Eine Untersuchung über Ernst Jünger, Carl Schmitt, Martin Heidegger, Frankfurt/M.
Kuhn, Thomas S. 1976 (engl. Erstausg.1962): Die Struktur wissenschaftlicher Revolutionen, Frankfurt/M.
Kymlicka, Will 1996: Politische Philosophie heute. Eine Einführung, Frankfurt/M. und New York.
Laband, Paul 2004 (Erstausg. 1911): Staatsrechtliche Vorlesungen. Vorlesungen zur Geschichte des Staatsdenkens, zur Staatstheorie und Verfassungsgeschichte und zum deutschen Staatsrecht des 19. Jahrhunderts, gehalten an der Kaiser-Wilhelms-Universität Staßburg 1872-1918, bearb. u. hrsg. von Bernd Schlüter, Berlin.
Lakatos, Imre 1982: Die Geschichte der Wissenschaft und ihre rationale Rekonstruktion, in: John Worrall und Gregorie Currie (Hrsg.), Imre Lakatos: Philosophische Schriften, Bd. 1, Braunschweig und Wiesbaden.
Lasswell, Harold D. 1963: The Future of Political Science, Westport, Conn. 1963
Lasswell, Harold D. 1958 (Erstausg.1936): Politics: Who Gets What, When, How, New York.
Lasswell, Harold D. 1956: The Political Science of Science: An Inquiry into the Possible Reconciliation of Mastery and Freedom, in: American Political Science Review, 50. Jg., S. 961-976.
Lasswell, Harold D. 1951: The Policy Orientation, in: Harold D. Lasswell und Daniel Lerner (Hrsg.), The Policy Sciences, Stanford, S. 3-15.

Lasswell, Harold D. 1948: The Analysis of Political Behavior: An Empirical Approach, London.
Lasswell, Harold D. 1930: Psychopathology and Politics, Chicago.
Lasswell, Harold D., und Lerner, Daniel (Hrsg.) 1951: The Policy Sciences, Stanford.
Lazarsfeld, Paul., Bernard Berelson und Hazel Gaudet 1969 (Erstausg.1944): Wahlen und Wähler, Neuwied.
Lehmbruch, Gerhard 2000 (Erstausg. 1976): Parteienwettbewerb im Bundesstaat, 3. Aufl., Stuttgart.
Lehner, Franz 1981: Einführung in die Neue Politische Ökonomie, Königstein, Ts.
Leiserson, Avery 1975: Charles Merriam, Max Weber, and the Search for Synthesis in Political Science, in: American Political Science Review, 69. Jg., S. 175-185.
Lieber, Hans Joachim 2000: Politische Theorien von der Antike bis zur Gegenwart, Wiesbaden.
Lieberman, Robert C. 2002: Ideas, Institutions, and Political Order: Explaining Political Change, in: American Political Science Review, 96. Jg., S. 679-712.
Lijphart, Arend 1984: Democracies: Patterns of Majoritarian and Consensus Government in Twenty-One Countries, New Haven und London.
Linz, Juan J. 2003: Totalitäre und autoritäre Regime, 2. Aufl., Berlin.
Lipset, Seymour M. 1962: Political Man, New York.
Lipset, Seymour M., und Stein Rokkan (Hrsg.) 1967: Party Systems and Voter Alignments, New York.
Llanque, Marcus 2008: Politische Ideengeschichte. Ein Gewebe politischer Diskurse, München.
Locke, John 2000 (Erstausg.1690): Zwei Abhandlungen über die Regierung, hrsg. und eingeleitet von Walter Euchner, 8. Aufl., Frankfurt/M.
Loewenberg, Gerhard 2006: The Influence of European Emigré Scholars on Comparative Politics, in: American Political Science Review, 100. Jg., S. 597-604.
Loewenstein, Karl 1959: Verfassungslehre, Tübingen.
Loewenstein, Karl 1944: Report on the Research Panel on Comparative Government, in: American Political Science Review, 38. Jg., 540-548.
Lowell, A. Lawrence 1896: Governments and Parties in Continental Europe, Cambridge.
Lowi, Theodore J. 1972: Four Systems of Polity, Politics, and Choice, in: Public Administration Quarterly, 32. Jg., S. 298-310.
Luhmann, Niklas 1989: Politische Steuerung. Ein Diskussionsbeitrag, in: Politische Vierteljahresschrift, 30. Jg., S. 4-9.
Luhmann, Niklas 1987: Soziale Systeme. Grundriss einer allgemeinen Theorie, Frankfurt/M.
Luhmann, Niklas 1981: Politische Theorie im Wohlfahrtsstaat, München
Machiavelli, Niccoló 2000 (Erstausg.1532): Der Fürst, hrsg. von Horst Günther, Frankfurt/M.
Machiavelli, Niccoló 2000 (Erstausg. 1532): Discorsi. Staat und Politik, hrsg. von Horst Günther, Frankfurt/M..
MacPherson, Crawford B. 1990: Die politische Theorie des Besitzindividualismus, Frankfurt/M.
MacPherson, Crawford B. 1980: Burke, Oxford.

Maier, Hans, 1986: Politische Wissenschaft in Deutschland. Lehre und Wirkung, erw. Neuaufl., München.
Maier, Hans, und Horst Denzer (Hrsg.) 2007: Klassiker des politischen Denkens, 2 Bde, 3. Aufl., München.
Mara, Gerald M. 1990: Virtue & Pluralism: The Problem of the One and the Many, in: Polity, 22. Jg., S. 25-48.
March, James G., und Johan P. Olsen 1989: Rediscovering Institutions: The Organizational Basis of Politics, New York und London.
March, James G., und Johan P. Olsen 1984: The New Institutionalism: Organizational Factors in Political Science, in: American Political Science Review, 78. Jg., S. 734-749.
Marsh, David, und Heather Savigny 2004: Political Science as a Broad Church: The Search for a Pluralist Discipline, in: Politics, 24. Jg., S. 155-168.
Marx, Karl und Friedrich Engels 1971: Manifest der kommunistischen Partei, in: Karl Marx und Friedrich Engels Werke, Bd. 4, 5. Aufl., Berlin: Dietz.
Marx, Karl 1971: Das Elend der Philosophie, in: Karl Marx und Friedrich Engels Werke, Bd. 4, 5. Aufl., Berlin.
Mayer-Tasch, Peter-Cornelius 1976: Hobbes und Rousseau, Aalen.
McConnell, Stuart 2008: The Old Institutionalism and the New, in: Polity, 40. Jg., S. 326-331
McIntyre, Alasdair 1987: Der Verlust der Tugend. Zur moralischen Krise der Gegenwart, Frankfurt/M. und New York
Mead, George Herbert 1973 (engl. Erstausg.1934): Geist, Identität und Gesellschaft. Aus der Sicht des Sozialbehaviorismus, Frankfurt/M.
Mehring, Reinhard (Hrsg.) 2003: Carl Schmitt. Der Begriff des Politischen. Ein kooperativer Kommentar, Berlin.
Merkl, Peter H. 1965: „Behavioristische" Tendenzen in der amerikanischen politischen Wissenschaft, in: Politische Vierteljahresschrift, 6. Jg., S. 58-86.
Merriam, Charles E. 1945: Systematic Politics, Chicago und London.
Merriam, Charles E. 1939: Prologue to Politics, New York.
Merriam, Charles E. 1923: Progress Report on the Committe on Political Research, in: American Political Science Review, 17. Jg., S. 274-295.
Merriam, Charles E. 1921: The Present State of the Study of Politics, in: American Political Science Review, 15. Jg., S. 173-185.
Merton, Robert K. 1968: Social Theory and Social Structure, 3. Aufl., New York.
Mill, John Stuart 1988 (Erstausg.1859): Über die Freiheit, übers. von Manfred Schlenke, Stuttgart.
Mill, John Stuart 1971 (engl. Erstausg.1861): Betrachtungen über die repräsentative Demokratie, hrsg. u. eingel. von Kurt L. Shell, Paderborn.
Mill, John Stuart 1968 (1881): Gesammelte Werke, Bd. 5: Grundsätze der politischen Ökonomie, Bd. 1, übers. von Theodor Gompertz, Aalen.
Miller, David 1990: The Resurgence of Political Theory, in: Political Studies, 38. Jg., S. 421-437.
Mohr, Arno 1995: Politische Ideengeschichte, in: Arno Mohr (Hrsg.), Grundzüge der Politikwissenschaft, München, S. 143-235.

Mohr, Arno 1988: Politikwissenschaft als Alternative. Stationen einer wissenschaftlichen Disziplin auf dem Weg zu ihrer Selbständigkeit in der Bundesrepublik Deutschland, Bochum.

Monroe, Kristen Renwick (Hrsg.) 2005: Perestroika: The Raucous Rebellion in Political Science, New Haven und London.

Montesquieu, Charles de 1992 (frz. Erstausg.1748): Vom Geist der Gesetze, eingel. u. übers. von Ernst Forsthoff, 2 Bde., Tübingen.

Mouffe, Chantal 2007: Über das Politische. Wider die kosmopolitische Illusion, Frankfurt/M.

Müller-Rommel, Ferdinand 1993: Grüne Parteien in Westeuropa, Opladen.

Müller, Wolfgang C. 1994: Politische Theorie und Ideengeschichte: Wozu?, in: Österreichische Zeitschrift für Politikwissenschaft, 23. Jg., S. 213-228.

Münkler, Herfried 1995: Machiavelli. Die Begründung des politischen Denkens der Neuzeit aus der Krise der Republik Florenz, 2. Aufl., Frankfurt/M.

Münkler, Herfried 1993: Thomas Hobbes, Frankfurt/M. und New York.

Narr, Wolf-Dieter 1994: Recht-Demokratie-Weltgesellschaft. Überlegungen anläßlich der rechtstheoretischen Werke von Jürgen Habermas und Niklas Luhmann, in: Prokla, 24. Jg., S. 87-112, 324-344.

Narr, Wolf-Dieter 1971: Theoriebegriffe und Systemtheorie. Einführung in die moderne politische Theorie, 2. Aufl., Stuttgart.

Narr, Wolf-Dieter 1969: Theoriebegriffe und Systemtheorie: Einführung in die moderne politische Theorie, München.

Naschold, Frieder 1970: Politische Wissenschaft, Freiburg/München.

Neal, Patrick 1994: Does He Mean What He Says? (Mis)Understanding Rawl's Practical Turn, in: Polity, 27. Jg., S. 77-111.

Neisser, Ulric (Hrsg.) 1993: The Perceived Individual Self : Ecological and Interpersonal Sources of Self-Knowledge, Cambridge und New York.

Neisser, Ulric 1993: The Self Perceived, in: Ulric Neisser (Hrsg.), The Perceived Individual Self: Ecological and Interpersonal Sources of Self-Knowledge, Cambridge und New York 1993, S. 3-21.

Neisser, Ulric 1979: Kognition und Wirklichkeit. Prinzipien und Implikationen der kognitiven Psychologie, Stuttgart.

Niskanen, W.A. 1971: Bureaucracy and Representative Government, Chicago.

Nohlen, Dieter, und Rainer-Olaf Schulze 1995: Theorie, in: Dieter Nohlen und Rainer-Olaf Schulze Hrsg.)., Lexikon der Politik, Bd. 1: Politische Theorien, München S. 650-657.

Nozick, Robert 1974: Anarchy, State, and Utopia, Oxford.

O'Donnell, Guillermo 1973: Modernization and Bureaucratic-Authoritarianism: Studies in South American Politics, Berkeley.

Oertzen, Peter von 1974: Die soziale Funktion des staatsrechtlichen Positivismus. Eine wissenssoziologische Studie über die Entstehung des formalistischen Positivismus in der deutschen Staatsrechtswissenschaft, Frankfurt/M.

Olson, Mancur 1991 (Erstausg.1982): Aufstieg und Niedergang von Nationen. Ökonomisches Wachstum, Stagflation und soziale Starrheit, 2. Aufl., Tübingen.

Olson, Mancur 1985 (Erstausg.1965): Die Logik des kollektiven Handelns. Kollektivgüter und die Theorie der Gruppen, 2. Aufl., Tübingen.

Opitz, Peter J. 1968: Thomas Hobbes, in: Eric Voegelin (Hrsg.), Zwischen Revolution und Restauration. Englisches politisches Denken im 16. und 17. Jahrhundert, München 1968, S. 47-82.

Oren, Ido 2006: Can Political Science Emulate the Natural Sciences? The Problem of Disconforming Analysis, in: Polity, 38. Jg., S. 72-100.

Parsons, Talcott 2003 (Erstausg. 1951): Das System moderner Gesellschaften, Weinheim/München.

Parrow, Nathan, und Thomas L. Pangle 1987: Leo Strauss and the History of Political Philosophy, in: Leo Strauss und Joseph Cropsey (Hrsg.), History of Political Philosophy, 3. Aufl., Chicago und London, S. 920ff.

Petracca, Mark P. 1991: The Rational Actor Approach to Politics: Science, Self-Interest, and Normative Democratic Theory, in: Kristen Renwick Monroe (Hrsg.), The Economic Approach to Politics: A Critical Reassessment of the Theory of Rational Action, New York, S. 171-203.

Peters, B. Guy 1999: Institutional Theory in Political Science: The "New Institutionalism", London und New York.

Platon 1961: Der Staat, über das Gerechte, übers. u. erl. von O. Apel, Hamburg.

Pocock, J.G.A. 1985: Virtue, Commerce, and History: Essays on Political Thought and History, Chiefly in the Eighteenth Century, Cambridge u.a..

Popper, Karl 2003 (Erstausg. 1972): Alles Leben ist Problemlösen. Über Erkenntnis, Geschichte und Politik, Sonderausgabe, München.

Popper, Karl 1973: Objektive Erkenntnis. Ein evolutionärer Entwurf, Hamburg.

Popper, Karl 1972: Wissenschaftslehre in entwicklungstheoretischer und in logischer Sicht, in: Karl R. Popper, Alles Leben ist Problemlösen. Über Erkenntnis, Geschichte und Politik, Sonderausgabe, München 2003 (Erstausg. 1972), S. 15-46.

Popper, Karl 1969 (Erstausg.1934): Logik der Forschung, Tübingen.

Pratt, John W., und Richard J. Zeckhauser (Hrsg.) 1985: Principals and Agents, Boston.

Putnam, Robert D. 1993: Making Democracy Work: Civic Traditions in Modern Italy, Princeton.

Putnam, Robert D 1988.: Diplomacy and Domestic Politics: The Logic of Two-level games, in: International Organization, 42. Jg., S. 427-460.

Rae, Douglas W. 1981: Political Theory and the Division of Labor in Society: Asleep Aboard the Titanic and Steaming into Halifax, in: Political Theory, 9. Jg.; S. 369-378.

Ranney, Austin 1962: The Doctrine of Responsible Party Government, Urbana.

Ranney, Austin 1951: Toward a More Responsible Party Government: A Commentary, in: American Political Science Review, 45. Jg., S. 488-499.

Ranney, James W. (Hrsg.) 1962: Essays on the Behavioral Study of Politics, Urbana.

Rapp, Christop 2001: Aristoteles zur Einführung, Hamburg.

Rawls, John 2003: Gerechtigkeit als Fairness: ein Neuentwurf, Frankfurt/M.

Rawls, John 2003: Politischer Liberalismus, Frankfurt/M.

Rawls, John 1979 (engl. Erstausg.1971): Eine Theorie der Gerechtigkeit, Frankfurt/M.

Rawls, John 1994: Die Idee des politischen Liberalismus, Aufsätze 1978-1989, hrsg. von Wilfried Hinsch, Frankfurt/M.
Rehfeld, Andrew 2010: Offensive Political Theory, in: Perspectives on Politics, 8. Jg., S. 465-487.
Reese-Schäfer, Walter 1994: Was ist Kommunitarismus?, Frankfurt/M. und New York
Reese-Schäfer, Walter 1991: Jürgen Habermas, Frankfurt/M. und New York
Ricci, David M. 1984: The Tragedy of Political Science: Politics, Scholarship, and Democracy, New Haven und London.
Riker, William H. 1995: The Political Psychology of Rational Choice Theory, in: Political Psychology, 16. Jg., S. 23-44.
Riker, William 1968 (Erstausg.1962): The Theory of Political Coalitions, New Haven.
Rinderle, Peter 2000: John Stuart Mill, München.
Rousseau, Jean-Jacques 1986 (frz. Erstausg.1762): Der Gesellschaftsvertrag oder die Grundsätze des Staatsrechts, Stuttgart.
Rousseau, Jean-Jacques 2001 (frz. Erstausg. 1755): Diskurs über die Ungleichheit, neu ediert, übersetzt und kommentiert von Heinrich Meier, 5. Aufl., Paderborn u.a.
Sabine, George H. 1973 (Erstausg.1937): A History of Political Theory, 4. Aufl., rev. by Thomas L. Thorson, Hinsdale.
Sabine, George H. 1939: What Is a Political Theory?, in: Journal of Politics, 1. Jg., S. 1-16.
Salkever, Stephen G. 1990: Finding the Mean, in: Theory and Practice in American Political Philosophy, Princeton.
Salkever, Stephen G. 1974: Virtue, Obligation, and Politics, in: American Political Science Review, 68. Jg., S. 78-92.
Sandel, Michael J. 1993: Die verfahrensrechtliche Republik und das ungebundene Selbst, in: Axel Honneth (Hrsg.), Kommunitarismus. Eine Debatte über die moralischen Grundlagen moderner Gesellschaften, Frankfurt/M. und New York, S. 18-35.
Sandel, Michael J. 1982: Liberalism and the Limits of Justice, Cambridge.
Sartori, Giovanni 2004: Where Is Political Science Going?, in: PS: Political Science & Politics, 37. Jg., S. 785-786.
Sartori, Giovanni: 1974: Philosophy, Theory and the Science of Politics, in: Political Theory, 2. Jg., S. 133-162.
Sartori, Giovanni 1991: Comparing and Miscomparing, in: Journal of Theoretical Politics, 3. Jg., S. 243-257.
Schaal, Gary S., und Felix Heidenreich 2009: Einführung in die politischen Theorien der Moderne, Opladen.
Schaal, Gary S. 2009: Die politische Theorie der liberal-prozeduralistischen Demokratie: Robert A. Dahl, in: André Brodocz u. Gary S. Schaal (Hrsg), Politische Theorien der Gegenwart, Bd. 1, 3. Aufl., Opladen, 2009, S. 347-276.
Scharpf, Fritz W. 1989: Politische Steuerung und politische Institutionen, in: Politische Vierteljahresschrift, 30. Jg., 10-21.
Schattschneider, E.E. 1960: The Semi-Sovereign People, New York.
Schattschneider, E.E. 1942: Party Government, New York.

Schattschneider, E.E. 1935: Politics, Pressures, and the Tarriff: A Study of Free Enterprise in Pressure Politics, as Shown in the 1929/30 Revision of the Tarriff, New York.
Schermer, Franz J. 2005: Grundlagen der Psychologie, 2. Aufl., Stuttgart 2005.
Schluchter, Wolfgang 1968: Entscheidung für den sozialen Rechtsstaat. Hermann Heller und die staatstheoretische Diskussion in der Weimarer Republik, Köln.
Schmitt, Carl 2002: Der Begriff des Politischen, 7. Aufl., Berlin.
Schmitt, Carl 1996 (Nachdruck der Ausg. von 1926): Die geistesgeschichtliche Lage des heutigen Parlamentarismus, 8. Aufl., Berlin.
Schmitt, Carl 1996: Der Hüter der Verfassung, 4. Aufl., Berlin.
Schmitter, Philippe C. 1989: Corporatism Is Dead! Long Live Corporatism!, Government and Opposition 24. Jg., S. 54-73.
Schmitter, Philippe C. 1974: Still the Century of Corporatism, in: Review of Politics, 36. Jg., S. 85-131.
Schneider, Johannes Ulrich 2004: Michel Foucault, Darmstadt.
Schulte, Günter 1991: Immanuel Kant, Frankfurt/M. und New York.
Schumpeter, Joseph A. 1993 (engl. Erstausg.1942): Sozialismus, Kapitalismus, Demokratie, 2. Aufl., München.
Scott, David 2003: Culture in Political Theory, in: Political Theory, 31. Jg., S. 92-115.
Seidelman, Raymond 1985: Disenchanted Realists: Political Science and the American Crisis 1884-1984, Albany.
Shapiro, Ian 2004: Problems, Methods, and Theories: What's Wrong with Political Science and What to Do about It, in: Stephen K. White und J. Donald Moon (Hrsg.), What Is Political Theory?, London, Thousand Oaks and New Delhi, S. 193-215.
Shapiro, Ian (Hrsg.) 2002: The State of Democratic Theory, in: Ira Katznelson und Helen Milner (Hrsg.), Political Science: The State of the Discipline, New York und London, S. 235-265.
Shapiro, Ian 1990: The Nature of Contemporary Political Science: A Roundtable Discussion, in: Political Science, 23. Jg. (1990), S. 37-39.
Shapiro, Ian 1994: Three Ways to Be a Democrat, in: Political Theory, 22. Jg., S. 124-151.
Shapiro, Ian 1989: Gross Concepts in Political Argument, in: Political Theory, 17. Jg., S. 51-76.
Shapiro, Ian 1986: The Evolution of Rights in Liberal Theory, Cambridge.
Shepsle, Kenneth A. 1989: Studying Interitutions: Some Lessons from the Rational Choice Approach, in: Journal of Theoretical Politics, 1. Jg., S. 131-147.
Shepsle, Kenneth A., und Mark S. Bonchek 1997: Analyzing Politics: Rationality, Behavior, and Institutions, New York und London.
Simon, Herbert A. 1995: Rationality in Political Behavior, in: Political Psychology, 16. Jg., S. 45-61.
Simon, Herbert A. 1985: Human Nature in Politics: The Dialogue of Psychology with Political Science, in: American Political Science Review, 79. Jg., S. 293-304.
Simon, Herbert A. 1957 (Erstausg.1947): Administrative Behavior: A Study of Decision-Making Process in Administrative Organization, 2. Aufl., New York.

Simons, John 1995: The Exile of Political Theory: The Lost Homeland of Legitimation, in: Political Studies, 43. Jg., S. 683-697.
Skinner, Quentin 1985: Introduction: The Return of Grand Theory, in: Quentin Skinner (Hrsg.), The Return of Grand Theory in the Human Sciences, Cambridge, S. 3-20.
Skinner, Quentin 1978: The Foundations of Modern Political Thought, Cambridge.
Skinner, Quentin 1969: Meaning and Understanding in the History of Ideas, in: History & Theory, 8. Jg., S. 3-53.
Smend, Rudolf 1928: Verfassung und Verfassungsrecht, München/Leipzig.
Somit, Albert, und Tanenhaus, Joseph 1967: The Development of American Political Science. From Burgess to Behavioralism, Boston.
Sorzano, J.S. 1975: David Easton and the Invisible Hand, in: American Political Science Review, 69. Jg., S. 91-106.
Spiro, Sheldon 1971: Critique of Behavioralism in Political Science. in: Klaus von Beyme (Hrsg.), Theory and Politics. Theorie und Politik. Festschrift zum 70. Geburtstag für Carl-Joachim Friedrich, Den Haag, S. 314-327.
Steffani, Winfried 1979: Parlamentarische und präsidentielle Demokratie, Opladen.
Sternberger, Dolf 1978: Drei Wurzeln der Politik, 2 Bde., München.
Stigler, George J., und Becker, Gary S. 1977: De Gustibus Non Est Disputandum, in: American Economic Review, 67. Jg., S. 76-90.
Strauss, Leo 1989 (Erstauf. 1956): Naturrecht und Geschichte, 2. Aufl., Frankfurt/M.
Strauss, Leo 1965 (Erstausg.1936): Hobbes' politische Wissenschaft, Neuwied und Berlin.
Strauss, Leo 1959: What Is Political Philosophy? And Other Studies, Glencoe.
Strauss, Leo 1958: Thoughts on Machiavelli, Glencoe.
Straßenberger, Grit, und Herfried Münkler 2007: Was das Fach zusammenhält. Die Bedeutung der politischen Theorie und Ideengeschichte für die Politikwissenschaft, in: Hubertus Buchstein und Gerhard Göhler (Hrsg.), Politische Theorie und Politikwissenschaft, Wiesbaden, S. 45-79.
Sturma, Dieter 2001: Jean-Jacques Rousseau, München.
Talisse, Robert B. 2004: Can Value Pluralists Be Comprehensive Liberals? Galston's Value Pluralism, in: Contemporary Political Theory, 3. Jg., S. 127-139.
Thompson, Michael, Richard Ellis und Aaron Wildavsky 1990: Cultural Theory, Boulder und Oxford.
Tocqueville, Alexis de 1976 (Erstausg.1835/40): Über die Demokratie in Amerika, München.
Truman, David B. 1965: Disillusion and Regeneration: The Quest for a Discipline, in: American Political Science Review, 59. Jg., S. 865-873.
Truman, David B. 1959: The Congressional Party, New York.
Truman, David B. 1951: The Governmental Process, New York.
Tsebelis, George 2002: Veto Players: How Institutions Work, Princeton 2002.
Tsebelis, George 1995: Decision-Making in Political Systems: Veto Players in Presidentialism, Parlamentarism, Multicameralism and Mulitpartyism, in: British Journal of Political Science, 25. Jg., S. 289-325
Tsebelis, George 1990: Nested Games: Rational Choice in Comparative Politics, Berkeley, Los Angeles und Oxford.

Tully, James 2009: Politische Philosophie als kritische Praxis, Frankfurt/New York.
Turner, Julius 1951: Responsible Party: A Dissent from the Floor, in: American Political Science Review, 45. Jg., 143-153.
Vanberg, Victor 1988: Morality and Economics: De Moribus Non Est Disputandum, New Brunswick und London.
Voegelin, Eric 1959 (engl. Erstausg.1952): Die neue Wissenschaft von der Politik, München.
Walker, Thomas C. 2010: The Perils of Paradigm Mentalities: Revisiting Kuhn, Lakatos, and Popper, in: Perspectives on Politics, 8. Jg., S. 433-452.
Walzer, Michael 1996: Lokale Kritik – globale Standards, Hamburg.
Walzer, Michael 1994: Moralischer Minimalismus, in: Deutsche Zeitschrift für Philosophie, 42. Jg., S. 3-13.
Walzer, Michael 1992: Zivile Gesellschaft und amerikanische Demokratie, Berlin.
Walzer, Michael 1992: Sphären der Gerechtigkeit. Ein Plädoyer für Pluralität und Gleichheit, Frankfurt/M. und New York.
Walker, Thomas G. 2010: The Perils of Paradigm Mentalities: Revisiting Kuhn, Lakatos, and Popper, in: Perspectives on Politics, 8. Jg., S. 433-452.
Weber, Max 2002: Schriften 1894-1922, ausgew. u. hrsg. von Dirk Käsler, Stuttgart.
Weber, Max 1968: Gesammelte Aufsätze zur Wissenschaftslehre, hrsg. von Johannes Winckelmann, Tübingen
Wildavsky, Aaron 1994: Why Self-Interest Means Less Outside of a Social Context. Cultural Contributions to a Theory of Rational Choices, in: Journal of Theoretical Politics, 6. Jg., S. 131-159.
Wildavsky, Aaron 1987: Choosing Preferences by Constructing Institutions: A Cultural Theory of Preference Formation, in: American Political Science Review, 81. Jg., S. 3-21.
Willke, Helmut 1995: Theoretische Verhüllungen der Politik – der Beitrag der Systemtheorie, in: Klaus von Beyme und Claus Offe (Hrsg.), Politische Theorien in der Ära der Transformation, Politische Vierteljahresschrift, Sonderheft 26, Opladen, S. 131-147.
Wilson, Woodrow 1956 (Erstausg.1884): Congressional Government, New York.
Wolin, Sheldon 1969: Political Theory as a Vocation, in: American Political Science Review, 63. Jg., S. 1062-1082.
Wolin, Sheldon 1960: Politics and Vision. Continuity and Innovation in Western Political Thought, Boston und Toronto.
Zimmer, Robert 1995: Edmund Burke zur Einführung, Hamburg.

Neu im Programm Politikwissenschaft

Blanke, Bernhard / Nullmeier, Frank / Reichard, Christoph / Wewer, Göttrik (Hrsg.)
Handbuch zur Verwaltungsreform
4., akt. u. erg. Aufl. 2011. XXI, 616 S. Br.
EUR 49,95
ISBN 978-3-531-17546-1

Das Handbuch liefert einen Beitrag zur Einordnung unterschiedlicher Konzepte und Orientierung für die Umsetzung der Verwaltungsreform. In 66 Beiträgen werden vielfältige Ansätze der Verwaltungsreform vorgestellt, ihr Entstehungszusammenhang erläutert, praktische Anwendungsfelder beschrieben und Entwicklungsperspektiven untersucht. Die Beiträge stammen von renommierten WissenschaftlerInnen und erfahrenen PraktikerInnen. Themenblöcke: Staat und Verwaltung, Reform- und Managementkonzepte, Steuerung und Organisation, Personal, Finanzen, Ergebnisse und Wirkungen, Erfahrungen und Perspektiven.

Boeckh, Jürgen / Huster, Ernst-Ulrich / Benz, Benjamin
Sozialpolitik in Deutschland
Eine systematische Einführung
3., grundl. überarb. u. erw. Aufl. 2011.
491 S. Br. EUR 22,95
ISBN 978-3-531-16669-8

Der Band führt systematisch in das breite Spektrum von Geschichte, Strukturen, Problemlagen, Lösungswegen und die europäischen Zusammenhänge von Sozialpolitik in Deutschland sowie in die Theorie des Sozialstaates ein. Der besseren Verständlichkeit dienen ausführliche geschichtliche Dokumente und aktuelle Daten zur sozialen Entwicklung bzw. zur Sozialpolitik. Gibt es Grenzen des Sozialstaates? Diesen sucht sich der Band im geschichtlichen Rückgriff auf die Weimarer Republik systematisch und sozialräumlich zu nähern.

Dingwerth, Klaus / Blauberger, Michael / Schneider, Christian
Postnationale Demokratie
Eine Einführung am Beispiel von EU, WTO und UNO
2011. 236 S. (Grundwissen Politik) Br.
EUR 24,95
ISBN 978-3-531-17490-7

Internationale Organisationen stehen im Zentrum der Diskussion über das „Demokratiedefizit" internationaler Politik. Während politische Entscheidungen zunehmend auf internationaler Ebene getroffen werden, zweifeln Kritiker immer wieder an der Legitimation dieser Entscheidungen. Das Buch führt ein in die Diskussion über demokratisches Regieren „jenseits des Staates", es stellt die Funktionsweise von EU, WTO und UNO vor und diskutiert, inwieweit das Regieren in diesen Organisationen demokratischen Grundsätzen genügt bzw. wie sich Demokratiedefizite beheben lassen.

Erhältlich im Buchhandel oder beim Verlag.
Änderungen vorbehalten. Stand: Juli 2011.

www.vs-verlag.de

VS VERLAG

Abraham-Lincoln-Straße 46
65189 Wiesbaden
tel +49 (0)6221.345 - 4301
fax +49 (0)6221.345 - 4229

Elemente der Politik

Hrsg. von Bernhard Frevel / Klaus Schubert / Suzanne S. Schüttemeyer / Hans-Georg Ehrhart

Blum, Sonja / Schubert, Klaus
Politikfeldanalyse
2., akt. Aufl. 2011. 198 S. Br. EUR 16,95
ISBN 978-3-531-17276-7

Dehling, Jochen / Schubert, Klaus
Ökonomische Theorien der Politik
2011. 178 S. Br. EUR 16,95
ISBN 978-3-531-17113-5

Dobner, Petra
Neue Soziale Frage und Sozialpolitik
2007. 158 S. Br. EUR 12,90
ISBN 978-3-531-15241-7

Frantz, Christiane / Martens, Kerstin
Nichtregierungsorganisationen (NGOs)
2006. 159 S. Br. EUR 14,90
ISBN 978-3-531-15191-5

Frevel, Bernhard
Demokratie
Entwicklung – Gestaltung – Problematisierung
2., überarb. Aufl. 2009. 177 S. Br. EUR 12,90
ISBN 978-3-531-16402-1

Fuchs, Max
Kulturpolitik
2007. 133 S. Br. EUR 14,90
ISBN 978-3-531-15448-0

Jahn, Detlef
Vergleichende Politikwissenschaft
2011. 124 S. Br. EUR 12,95
ISBN 978-3-531-15209-7

Jaschke, Hans-Gerd
Politischer Extremismus
2006. 147 S. Br. EUR 14,95
ISBN 978-3-531-14747-5

Johannsen, Margret
Der Nahost-Konflikt
2., akt. Aufl. 2009. 167 S. Br. EUR 16,95
ISBN 978-3-531-16690-2

Kevenhörster, Paul / Boom, Dirk van den
Entwicklungspolitik
2009. 112 S. Br. EUR 12,90
ISBN 978-3-531-15239-4

Kost, Andreas
Direkte Demokratie
2008. 116 S. Br. EUR 12,90
ISBN 978-3-531-15190-8

Meyer, Thomas
Sozialismus
2008. 153 S. Br. EUR 12,90
ISBN 978-3-531-15445-9

Schmitz, Sven-Uwe
Konservativismus
2009. 170 S. Br. EUR 16,90
ISBN 978-3-531-15303-2

Erhältlich im Buchhandel oder beim Verlag.
Änderungen vorbehalten. Stand: Juli 2011.

www.vs-verlag.de

Abraham-Lincoln-Straße 46
65189 Wiesbaden
tel +49 (0)6221.345 - 4301
fax +49 (0)6221.345 - 4229